古代歷史文化研究輯刊

初 編

王明蓀 主編

第 3 冊

反秦集團滅秦與分裂戰爭成敗之研究

詹士模 著

國家圖書館出版品預行編目資料

反秦集團滅秦與分裂戰爭成敗之研究／詹士模 著 — 初版 —
台北縣永和市：花木蘭文化出版社，2009〔民98〕
目 6+198 面；19×26 公分
（古代歷史文化研究輯刊 初編：第 3 冊）

ISBN：978-986-6449-31-4（精裝）

1. 楚漢相爭　2. 秦史

621.95　　　　　　　　　　　　　　　　　98002275

ISBN - 978-986-6449-31-4

9 789866 449314

古代歷史文化研究輯刊
初　編　第三　冊　　　　　ISBN：978-986-6449-31-4

反秦集團滅秦與分裂戰爭成敗之研究

作　　者　詹士模
主　　編　王明蓀
總 編 輯　杜潔祥
出　　版　花木蘭文化出版社
發 行 所　花木蘭文化出版社
發 行 人　高小娟
聯絡地址　台北縣永和市中正路五九五號七樓之三
　　　　　電話：02-2923-1455／傳眞：02-2923-1452
網　　址　http://www.huamulan.tw 信箱 sut81518@ms59.hinet.net
印　　刷　普羅文化出版廣告事業
初　　版　2009 年 3 月
定　　價　初編 20 冊（精裝）新台幣 31,000 元

反秦集團滅秦與分裂戰爭成敗之研究

詹士模　著

作者簡介

詹士模，臺灣省嘉義縣人，1953 年生，臺灣大學歷史系畢業，臺灣大學歷史研究所碩士，中正大學歷史研究所博士，曾任成功大學歷史系兼任講師、助理教授，嘉義農專共同科講師、副教授，嘉義技術學院共同科副教授，現任嘉義大學史地系副教授。著作有：《清宣統朝的政治領導階層》、《漢初的黃老思想》、《反秦集團滅秦與分裂戰爭成敗之研究》及《秦楚漢之際軍事史研究》等書。

提　要

　　秦楚漢之際（西元前 209 年至西元前 202 年）的歷史主流是反秦集團，反秦集團推翻秦朝，反秦集團的分裂，造成楚漢戰爭，楚漢戰爭的勝負決定漢朝的建立。反秦的歷史背景是：戰國時代各國已有國家意識，秦對東方六國的兼併戰爭與統治，造成東方六國的復國意識與反秦。

　　秦末陳勝集團首先反秦，陳勝集團失敗的原因，有陳勝的弱點，戰略失策及集團內部分裂。陳勝失敗後，項梁、項羽與劉邦的楚地反秦勢力最大。項梁立楚懷王之孫熊心為楚王，成為楚地反秦軍的名義領袖。項梁戰死後，熊心接管反秦軍，他與諸將擬定「北救趙與西入關」的戰略，派宋義、項羽等北上救趙國，劉邦率軍西入關滅秦。劉邦集團滅秦成功的原因有三：一、項羽在鉅鹿之戰殲滅秦軍主力；二、謀士蕭何、酈食其、張良的輔佐成功；三、劉邦的避實擊虛策略成功。

　　熊心集團在滅秦後的分裂，原因是項羽分封不當，劉邦與項羽為了爭奪領導權，展開了五年的楚漢戰爭。項羽集團失敗的原因，項羽性格上的弱點是，不易信人，使人才紛紛離開他；殘暴使他喪失民心。政略上的失策是：定都彭城與分封諸侯，使他深受其害。戰略上的失策是：封鎖劉邦與先齊後漢戰略失當，終因缺糧而敗。劉邦集團成功的原因，性格上的原因是，劉邦寬大得民心；知人善任，人才樂為所用。政略成功之原因：取得關中為策源地，建王困敵政策，為義帝發喪。戰略成功之因素：鞏固豫西防線，從西、北、南三面包圍戰略，垓下會戰，圍殲項羽，並用騎兵襲擊項羽後方，項羽集團最後陷於兵疲糧絕之窘境。另外，善於製造輿論並瞭解群眾心裡，也是劉邦成功的因素之一。

目

次

圖表目次

附　圖

第一章 緒 論

一、研究動機

趙翼在《二十二史箚記》卷 2〈漢初布衣將相之局〉中說:「蓋秦、漢間爲天地一大變局」,﹝註1﹞司馬遷在《史記》卷 16〈秦楚之際月表〉序中也說出了這一時期的變化特色:

> 太史公讀秦楚之際,曰:「初作難,發於陳涉,虐戾滅秦,自項氏;撥亂誅暴,平定海內,卒踐帝祚,成於漢家。五年之間,﹝註2﹞號令三嬗,自生民以來,未始有受命若斯之亟也。」﹝註3﹞

秦、漢之間,即所謂秦楚漢間,就是司馬遷於《史記‧秦楚之際月表》所限定的八年時間,此段時期,始於秦二世元年(西元前 209 年)陳勝反秦起事,終於漢五年(西元前 202 年)劉邦建立漢朝。此一時期,時間雖然很短,只有八年,但歷史變動卻非常激烈,秦朝在此期間崩潰,戰國七國在此期間復活,項羽在此期稱霸分割天下,漢朝也在此期間誕生。這段時間的歷史,既連接戰國和秦,也開啓了漢,在很大程度上決定了漢初的時代特點。﹝註4﹞秦

﹝註1﹞ 趙翼撰,王樹民校証,《二十二史箚記校証》,(台北:仁愛書局,1984 年),頁 36。

﹝註2﹞ 「五年」是突出楚漢相爭,從秦亡至劉邦稱帝恰是五年;若溯及陳涉發難,則是「八年」。張大可注釋,《史記全本新注》一,(西安:三秦出版社,1992 年),頁 455。

﹝註3﹞ 司馬遷,《史記》,卷 16,〈秦楚之際月表〉序,(北京:中華書局,新校本,1982 年),頁 759,以下均採同樣版本。

﹝註4﹞ 李開源,〈秦末漢初的王國及其王者〉,《燕京學報》,北京大學出版,1998 年,新 5 期,頁 31。

楚漢之際的歷史主流是反秦集團，理由有三：一、反秦集團推翻秦朝；二、反秦集團的分裂，造成楚漢相爭；三、楚漢相爭的勝負決定漢朝的建立。由於反秦集團主導秦楚漢之際歷史前進的方向，筆者選擇反秦集團作爲本文主要研究對象。

二、問題意識與研究主題的提出

反秦集團從陳勝開始，秦二世元年（西元前 209 年），陳勝反秦起事。陳勝反秦起事的六個月中，東方五國楚、趙、燕、齊、魏均已稱王。各諸侯皆奉楚爲盟主，共同反秦，這種形勢，乃是戰國末年楚爲合縱攻秦的再現。在此期間，合縱反秦的盟主，從陳勝之「張楚」開始。〔註5〕欲推翻秦朝政府必須武裝，因此，反秦集團皆是軍事集團。反秦集團有失敗，也有成功，陳勝集團反秦，聲勢浩大，大有推翻秦朝政府之氣勢，但最後失敗了。爲何先起的陳勝集團反秦失敗？而繼起的熊心集團反秦卻成功了？這是筆者最初的問題意識。

熊心集團內部兩大勢力，項羽勢力與劉邦勢力，既能同心協力滅秦，爲何滅秦以後無法解決雙方歧見而分裂？滅秦後的項羽集團，擁兵四十萬，宰制天下，號令諸侯。滅秦後的劉邦集團，擁兵十萬，被項羽封爲漢王，進入關中就國時，兵力被項羽削得剩下三萬，爲何實力較弱的劉邦，在楚漢戰爭中能打敗實力較強的項羽？

反秦集團的演變分成兩期，前期是滅秦階段，從秦二世元年（西元前 209 年）陳勝反秦開始，至漢元年（西元前 206 年）十月，劉邦西入關滅秦爲止，這一階段，有兩大集團滅秦，首先是陳勝集團滅秦失敗，接著，繼陳勝而起的熊心集團內的劉邦集團西入關滅秦成功，同樣是反秦集團，爲何陳勝集團失敗？熊心集團成功？反秦集團後期是分裂後的熊心集團，形成項羽集團與劉邦集團，兩大集團的鬥爭，稱爲楚漢戰爭，楚漢戰爭爲何是劉邦勝？項羽敗？這是筆者第二個問題意識。

綜上所述，筆者所欲提出的研究主題是：不同集團的反秦，其成敗的原因，可能有所差異，此一差異形成的原因究竟如何？差異形成的原因可否從集團的分析中予以呈現？項羽集團與劉邦集團同爲反秦集團，分裂後的戰

〔註5〕 李開源，《漢帝國的建立與劉邦集團 —— 軍功受益階層研究》，（北京：三聯書店，2000 年），頁 75。

爭，成敗原因爲何？可否從集團的分析中釐清？本文題目包含兩個主題：一是反秦集團滅秦戰爭成敗原因，二是反秦集團分裂後，劉、項兩大集團戰爭成敗原因。這是筆者本文題目命名之由來，也是全文論述之核心。

三、研究概況

　　秦楚漢之際的歷史，歷來史家論述不多。〔註6〕將反秦集團作一整體性研究的，筆者尚未看到。近來大陸學者田餘慶先生有一篇論文《說張楚》，以陳勝集團的張楚政權爲中心，分析秦楚漢間的歷史特徵。田先生認爲秦楚漢間國與國之間的關係，是戰國時代國與國關係的重演，其中，又以秦楚關係爲主導。〔註7〕

　　關於秦末反秦集團的研究，大陸學者較有成就，劉開楊有《秦末農民戰爭史略》一書，〔註8〕敘述秦末的各個叛亂集團，以農民起義爲中心。朱大昀主編，《中國農民戰爭史》，〔註9〕其秦漢卷部分，是秦漢時期的反政府民變，也是以農民起義爲中心。日本學者則有木村正雄的《中國古代農民叛亂之研究》，〔註10〕秦末反秦集團的部分，在第二篇第一章，與大陸學者一樣，以農民反政府爲中心。陳勝集團的研究，台灣有鄭良樹的〈論陳涉的崛起及其失敗〉一文，〔註11〕論述其崛起始末與失敗的檢討。將楚懷王熊心集團與項羽集團作一整體性研究的，至今仍未看到。劉邦集團的研究，近來有大陸留日學者李開源的《漢帝國的建立與劉邦集團 —— 軍功受益階層研究》一書，〔註12〕這本書是李開源教授在日本東京大學博士論文的中文稿，研究範圍從秦末劉邦反秦起事，至漢武帝年間，研究對象是漢初的軍功受益階層。此書是近年來劉邦集團研究最詳實者。曹家齊教授有〈劉邦布衣集團與西漢政權的建立〉一文，〔註13〕分析劉邦平民集團的性質及其成功原因。

〔註6〕 李開源，〈秦末漢初的王國及其王者〉，《燕京學報》，（北京大學出版，1998年），新5期，頁31。

〔註7〕 田餘慶，〈說張楚〉，收於《秦漢魏晉史探微》，（北京：中華書局，1993年），頁1～27。

〔註8〕 劉開楊，《秦末農民戰爭史略》，（北京：新華書局，1959年）。

〔註9〕 朱大昀主編，《中國農民戰爭史》秦漢卷，（北京：人民出版社，1990年）。

〔註10〕 木村正雄，《中國古代農民叛亂的研究》，東京大學出版會，1983年。

〔註11〕 鄭良樹，〈論陳涉的崛起及其失敗〉，《大陸雜誌》，52：1。

〔註12〕 李開源，《漢帝國的建立與劉邦集團 —— 軍功受益階層研究》，（北京：三聯書店，2000。

〔註13〕 曹家齊，〈劉邦布衣集團與西漢政權的建立〉，《徐州師範學院學報》，1996：1。

楚漢戰爭的研究，台灣有廖伯源教授的〈試從爵邑制度論楚漢相爭之勝負〉一文，[註14] 從爵邑制度論項羽失敗，劉邦成功的原因。王仲孚教授有〈論楚漢之爭的成敗關鍵〉一文，[註15] 論述劉邦運用反間計及策反，對楚漢戰爭的成敗影響很大。徐進興的《關中對楚漢之爭成敗的影響》一書，[註16] 這是他在台灣師範大學歷史研究所的碩士論文。大陸學者蔡行發教授有《試談楚漢戰爭》一文，[註17] 論述楚漢戰爭的階段及勝負因素。李德龍教授有《漢初軍事史研究》一書，[註18] 探討漢初軍事作戰的歷史，其第一章有五節討論楚漢戰爭，是近年來有關楚漢戰爭較詳實之著作。

筆者才疏學淺，做此研究，仍要參考前輩學者的研究成果，及依循前輩的主要論述架構，再加補充發揮。

四、研究資料

本文所使用的資料以正史《史記》、《漢書》為主，配合《資治通鑑》及考古資料，戰國部分也參考先秦諸子著作，其餘參考資料請參考本文後所附之參考文獻。

五、研究方法

本文的研究方法，運用歸納法和分析法，也將史實分類，並作簡單的統計。另外也採用社會心理學的理論，探討劉邦的輿論製造。集團分析採用政治學對集團與權力的分析方法，將集團分析分三層面，一是組織結構，二是權力運作，三是成敗得失。組織結構分為三部分，一是籍貫，二是出身，三是權力圈。權力圈是以領袖為中心，愈接近領袖者為內圈，派在外之部將為外圍。權力運作分為二部分，一是縱向的權力關係，二是橫向的權力關係。縱向的權力關係探討領袖的領導方式（權力施行方式）及領導效能（權力施行效力）。領導方式中凡是以領袖意志為主，幕僚或謀士建議不一定採納者，為獨斷領導。領袖能採納幕僚或謀士建議之領導方式，稱為開明領導。領導

〔註14〕廖伯源，〈試從爵邑制度論楚漢相爭之勝負〉，《東吳文史學報》第 4 號，1982年。

〔註15〕王仲孚，〈論楚漢之爭的成敗關鍵〉，《國魂》55 期。

〔註16〕徐進興，《關中對楚漢之爭成敗的影響》，台灣師大歷史研究所碩士論文，1991年。

〔註17〕蔡行發，〈試談楚漢戰爭〉，《史學月刊》，1986：5。

〔註18〕李德龍，《漢初軍事史研究》，（北京：民族出版社，2001 年）。

效能分二種，一種是無效領導，一種是有效領導。無效領導是部將不聽指揮，領袖指揮不動。有效領導是部將聽命，領袖能有效指揮部將，權力運作順暢。橫向的權力關係是，集團成員之間，或部將與部將之間，是否協調、互助或衝突。這也會影響集團成敗。成敗分析分二層面，一是領導人，二是部將。領導人分析分為三部分，一是製訂政略能力，二是擬訂戰略能力，三是危機處理能力。部將分析分二部分，一是進攻能力，二是防守能力。

六、章節編排

本文除緒論、結論外，正文分為五章二十一節。第二章探討反秦的歷史背景，分三節討論，第一節探討戰國時代的國家意識、秦兼併戰爭的殘酷及對新征服地的統治。第二節討論秦滅六國後的統治政策。第三節論述東方六國的復國意識與行動。秦末陳勝首先反秦，響應的英雄豪傑皆在東方，為何起兵抗暴者皆在東方？原屬秦國地區之人民為何不起兵反抗？從地域性的訊息顯示，東方六國在反秦運動中的重要性。

第三章探討陳勝反秦的興起與失敗，分為四節討論，第一節探討初興期，第二節是興盛期，第三節是敗亡期。從反秦的時間脈絡來探討各期成敗。第四節是陳勝集團的分析，從組織結構、權力運作和成敗得失三方面分析其敗因。

第四章探討熊心集團的滅秦與分裂，分五節討論，第一節討論熊心集團成立的背景，第二節探討熊心集團滅秦的戰略決策，第三節分析劉邦集團滅秦成功的原因，第四節討論熊心集團的分裂。第五節是熊心集團的分析。此章探討楚地反秦集團熊心集團，內部兩大勢力 ── 項羽集團與劉邦集團協力滅秦，滅秦後兩大勢力分裂的原因，此章是秦楚漢之際的歷史轉折點，從此轉入楚漢相爭。

第五章探討項羽集團在楚漢戰爭中失敗的原因，分為四節討論，第一節探討項羽失敗的性格因素，第二節討論項羽失敗的地域觀念因素，第三節分析項羽失敗的戰略與後勤補給因素，第四節是項羽集團的分析。項羽集團的失敗與領導人及其成員有關，從領導人的性格到部將的攻防能力，都影響集團成敗。

第六章探討劉邦集團在楚漢戰爭中成功的原因，第一節討論劉邦成功的性格因素，第二節討論劉邦成功的政略因素，第三節探討劉邦成功的戰略及

後勤補給因素，第四節分析劉邦善於製造輿論，第五節是劉邦集團的分析。劉邦集團的實力雖比項羽集團弱，但是劉邦有很多優點，他及其成員都能發揮力量，同心協力，終於擊敗項羽。

第二章　反秦的歷史背景

　　秦末陳勝、吳廣首先在東方起兵反秦，響應的英雄豪傑也都在東方，這種地域性的訊息顯示，東方六國在反秦風潮中的重要性。秦末反秦起事的歷史背景，大概可以歸納為三點：一是戰國時代的國家意識與秦兼併戰爭的殘酷及對新征服地的統治，二是秦滅六國後的統治政策，三是東方六國的復國意識與行動。

第一節　戰國時代的國家意識與秦對新征服地區的統治

　　中國在周代實行封建體制，西周封建是一種耕稼民族的武裝拓殖，全國錯落散處幾十個乃至百數十個城郭耕稼區。〔註 1〕這種城郭耕稼區有的學者稱為城邦。〔註 2〕封建城邦，〔註 3〕或邑制國家。〔註 4〕當時各地諸侯共尊周天子，而各城邦卻有很高的自主權。

　　周室東遷以後，共主衰微，王命不行，列國內亂，諸侯兼併。〔註 5〕楚國兼併了四十二國，晉十八國，齊十國，魯九國，宋六國。〔註 6〕兼併的結

〔註 1〕　錢穆，《國史大綱》上，（台北：台灣商務印書館，1994 年），頁 57。
〔註 2〕　杜正勝，《周代城邦》，（台北：聯經出版公司，1979 年），頁 21。
〔註 3〕　勞榦，〈秦的統一與其覆亡〉，《中央研究院史語所集刊》，48：2，（台北：中央研究院，1977 年 3 月），頁 290。
〔註 4〕　鄭欽仁，〈鄉舉里選 —— 兩漢的選舉制度〉，《中國文化新論‧制度篇》，（台北：聯經出版公司，1982 年），頁 189。
〔註 5〕　錢穆，《國史大綱》上，頁 54～55。
〔註 6〕　顧棟高輯，吳樹平、李解民點校，《春秋大事表》，（北京：中華書局，1993 年），頁 524。

果，城邦變成了國家。到了戰國時代全國只剩下七個較大的國家——秦、楚、燕、齊、韓、趙、魏國，及一些小國。這七個大國因為地形、氣候、物產、民俗、政治作風不同，甚至人民的思想傾向與性格，都有顯著的差異。〔註7〕《管子‧水地篇》就指出各國民情風俗的特色。〔註8〕隨著經濟的開發，各國特色及差異性更顯著，為了生存競爭，國家意識自然產生。

戰國時代各國為了富國強兵，紛紛實行變法，變法圖強也影響了國家意識，尤其是郡縣徵兵制和常備兵制的建立。春秋時代貴族武士是軍隊的主要成員，戰國時代隨著極權政權的建立，廣大農民被編制在國家的戶籍之內，因而農民日漸成為軍隊中的主要成員，〔註9〕「編戶齊民」的新社會逐漸形成。戰國時代的大戰役往往是全國總動員，〔註10〕如西元前二五一年，燕以六十萬人攻趙，西元前二二三年，秦先以二十萬人攻楚，為楚所敗，於是立刻又動員六十萬人再擊楚。〔註11〕在這種情況下，全國人民的生命財產都受到直接的威脅，自然會激起國家意識。《孫子兵法》說：「兵者，國之大事，死生之地，存亡之道，不可不察也。」〔註12〕戰爭激烈的程度達到了空前的地步，戰爭嚴重地威脅到各國的存亡，一場戰役失敗，就有亡國的可能。〔註13〕國君為了驅使人民殺敵，有的以苦肉計激發人民敵愾同仇之心，如田單復國之例。有的以軍功爵獎勵殺敵有功的士兵，如商鞅變法以後的秦國。在上述情況之下，就很容易培養出「國家意識」。

秦始皇十七年（西元前230年），秦國滅韓，二十二年（西元前225年）滅魏，魏王假請降；二十四年（西元前223年）滅楚，俘楚王負芻；二十五年（西元前223年）滅燕，俘燕王喜，同年滅趙；〔註14〕最後於二十六年（西

〔註7〕 嚴耕望，〈戰國時代列國民風與生計〉，《食貨月刊》，復刊14：9、10，（台北：食貨月刊社，1985年2月），頁371。

〔註8〕 周瀚光、朱幼文、戴洪才，《管子直解》，（上海：復旦大學出版社，2000年），〈水地篇〉，頁333～345。

〔註9〕 楊寬，《戰國史》，增訂本，上，（台北：谷風出版社，1986年），頁276。

〔註10〕 杜正勝，《編戶齊民》，第2章〈全國皆兵的新兵制〉，（台北：聯經出版公司，1990年），頁49～96。

〔註11〕 蕭璠，《先秦史》，（台北：長橋出版社，1979年），頁112。

〔註12〕 曹操等注，《十一家註孫子》，（台北：里仁書局，1982年），頁1。

〔註13〕 蕭璠，《先秦史》，（台北：長橋出版社，1979年），頁113。

〔註14〕 《史記》，卷6，〈秦始皇本紀〉，頁234。石徵，〈秦滅六國順序辨〉，《吉林大學社會科學學報》，1986：2。

元前 221 年）滅齊，俘齊王建。〔註15〕十年之間，滅了東方六國。

　　戰國晚期，每一個國中的步兵總是幾十萬人，騎兵因受馬匹數目的限制，數目不多，國內戰爭時，騎兵只是包抄、截、擊等用，主力戰還是依靠步兵。〔註16〕一場大戰役的死亡人數都是數十萬人，軍人大量死亡，尤其秦國軍隊斬殺最多，如西元前二九三年伊闕之戰，白起大勝韓、魏聯軍，斬首二十四萬；西元前二七九年鄢之戰，白起引水灌城，淹死楚國軍民數十萬；西元前二七三年華陽之戰，白起又大勝趙、魏聯軍，斬首十五萬；西元前二六〇年長平之戰，白起又坑殺趙軍主力四十五萬。其他較小規模的戰爭不計，只就這四次白起指揮的大戰而言，秦所殺死三晉和楚的士兵已在一百萬以上。〔註17〕從秦孝公至秦始皇統一，一百二十年間，秦軍斬首超過一百七十六萬，其中又以秦昭王時期五十六年間斬首最多，超過一百二十萬。〔註18〕《墨子》記載當時戰場上的殺敵原則是「死命為上，多殺次之，身傷者為下」，〔註19〕一場戰役傷亡之多正如孟子所指出的「爭地以戰，殺人盈野；爭城以戰，殺人盈城」〔註20〕那樣。《墨子》記載了當時無辜百姓傷亡慘重之情形：「入其國家邊境，芟刈其禾稼，斬其樹木，墮其城郭」、「勁殺萬民，覆其老弱」。〔註21〕《呂氏春秋》也說戰爭之傷亡慘狀：「爆骸骨無量數，為京丘若山陵」。〔註22〕

　　春秋戰國本來就盛行復仇之風氣，〔註23〕秦兼併戰爭又大量的殘殺，造成敵國人民之間「累世之怨」，父兄之仇不可不報，保鄉衛國的愛國情操自然流露出來。秦末起兵者要「報父兄之仇」即源於此。〔註24〕

〔註15〕李福泉，《千古一帝秦始皇歷史之謎》，（台北：風雲時代出版公司，1995 年），頁 142。

〔註16〕勞榦，〈戰國時代的戰爭及戰爭方法〉，收於《中國史論集》，中冊，（台北：茂昌圖書公司，1990 年），頁 999。

〔註17〕楊寬，《戰國史》，增訂本，下，頁 444。

〔註18〕杜正勝，《編戶齊民》，第 2 章〈全國皆兵的新兵制〉，（台北：聯經出版公司，1990），頁 396。

〔註19〕王冬珍、王讚源校註，《墨子》上，（台北：國立編譯館，2001 年），頁 286。

〔註20〕楊伯峻譯注，《孟子譯注》，（台北：源流出版社，1982 年），頁 175。

〔註21〕王冬珍、王讚源校註，《墨子》上，（台北：國立編譯館，2001 年），頁 286。

〔註22〕陳奇猷校釋，《呂氏春秋校釋》上冊，（台北：華正書局，1988 年），頁 402。

〔註23〕呂思勉，《呂思勉讀史札記》，（台北：木鐸出版社，1983 年），〈復讎〉，頁 380。

〔註24〕呂春盛，〈試論秦末六國的復國意識〉，《史原》，18 期，（台北：台大歷史研究所），頁 22。

　　秦對新征服地的強制性高壓統治，加深了秦人與非秦人之間的矛盾和對立。戰國中後期，秦國認真實行客卿制，一但經過試用確定是出類拔萃者，就給予高官重權，甚至拜爲將相，〔註25〕客卿幫秦國推動政治改革，提高君權、壓抑貴族。〔註26〕但是秦王對客卿也有防範，對「客」也有差別待遇，例如：

> （秦王政）十二年，文信侯不韋死，竊葬。其舍人臨者，晉人也逐
> 出之；秦人六百石以上奪爵，遷；五百石以下不臨，遷，勿奪爵。
> 〔註27〕

這裡顯示了秦對呂不韋的處分，有「秦人」與「晉人」的不同。因呂不韋的門客多爲「客卿」，所以秦國一些宗室大臣要求秦王逐客：

> 會韓人鄭國來間秦，以作注漑渠，已而覺。秦宗室大臣皆言秦王曰：
> 「諸侯人來事秦者，大抵爲其主游間於秦耳，請一切逐客。」〔註28〕

秦始皇的逐客令，後來因李斯寫〈諫逐客書〉，向秦王痛陳利害，〔註29〕而未實行。此後，秦對客卿的顧忌並沒有消除，韓非入秦被下獄而死，雖有其原因，但可再次看到秦對非秦人的防範。〔註30〕

　　商鞅變法實行軍功爵制，秦國社會逐漸形成新的軍功特權階級，《史記·商君列傳》曰：

> 明尊卑爵秩等級，各以差次名田宅，臣妾衣服以家次，有功者顯榮，
> 無功者雖富無所芬華。〔註31〕

《荀子·議兵篇》曰：

> 秦人……功賞相長也，五甲首而隸五家。〔註32〕

《商君書·境內篇》亦曰：

> 其有爵者乞無爵者以爲庶子，級乞一人，其無役事也，其庶子役其
> 大夫月六日，其役事也，隨而養之。〔註33〕

〔註25〕馮慶餘、閻忠，〈春秋戰國時期的人才流動〉，《史學集刊》，1991：1。
〔註26〕黃留珠，〈秦客卿制度簡論〉，《史學集刊》，1984：3。
〔註27〕《史記》，卷6，〈秦始皇本紀〉，頁231。
〔註28〕《史記》，卷87，〈李斯列傳〉，頁2558。
〔註29〕徐勇，〈秦統一前後的李斯〉，《歷史教學》，1985：2。
〔註30〕《史記》，卷63，〈韓非列傳〉，頁2155。
〔註31〕《史記》，卷68，〈商君列傳〉，頁2230。
〔註32〕梁啓雄，《荀子柬釋》，（台北：台灣商務印書館，1968年），〈議兵篇〉，頁195。
〔註33〕中國叢書編輯委員會，《商君書註譯》，（台北：莊嚴出版社，1984年），〈境內

秦的軍功爵共有二十級，各級都有相應的政治、經濟特權，如作官，取得土地、田宅、奴隸，享用食邑上的租稅、贖身、減輕刑罰，以致死後植樹封墓等等，並且用法律形式規定下來。這樣就大大加強了軍功階級的特殊社會地位。〔註34〕

《商君書・徠民篇》曰：

> 今已故秦事敵，而使新民作本，兵雖百宿於外，竟內不失須臾之時，
> 此富強兩成之效也。〔註35〕

這裡指出秦國的軍隊由秦人來擔任，新征服地的「新民」從事農業生產，秦對本國人民與新征服地區人民的差別待遇，造成秦本部的人民社會地位高於東方六國人民。〔註36〕新征服地區的非秦人因為務農，所以少有上戰場打仗的機會，自然也就沒有軍功授爵的可能，這些人淪為被役使階級，造成秦國社會中秦人與非秦人之間的矛盾與對立。

秦對新征服地區，大致上採取強制政策，先除去當地舊勢力，強制遷出原來居民，然後推行秦國法令。這種強制性的做法，很容易激起被征服地區人民的反彈，加深秦人與非秦人之間的對立。秦對新征服地區的統治方略，《史記・秦本紀》記載：

> （司馬）錯攻魏河內。魏獻安邑，秦出其人，募徙河東賜爵，赦罪
> 人遷之……河東為九縣。
> 二十六年，赦罪人遷之穰。
> 二十七年，錯攻楚，赦罪人遷之南陽。
> 二十八年，大良造白起攻楚，取鄢、鄧。赦罪人遷之。
> 三十四年，秦與魏、韓上庸地為一部。南陽免臣遷居之。〔註37〕

秦在爭霸東方的過程中，為了控制新獲得的土地，很早即以賜爵和赦罪的方式鼓勵移民。〔註38〕根據以上這些史料，秦對新征服地區的方略大約是：（一）

篇〉，頁 500。

〔註34〕田昌五，〈論秦末農民起義的歷史根源和社會後果〉，《歷史研究》，1965：4。楊寬，《戰國史》增訂本，上，頁 282。

〔註35〕中國叢書編輯委員會，《商君書註譯》，（台北：莊嚴出版社，1984 年），〈徠民篇〉，頁 464。

〔註36〕許倬雲，〈由新出簡牘所見秦漢社會〉，《中央研究院史語所集刊》，51：2，1980年，頁 221。

〔註37〕《史記》，卷 5，〈秦本紀〉，頁 212～213。

〔註38〕邢義田，〈從安土重遷論秦漢時代的徙民與遷徙刑〉，收於《秦漢史論稿》，（台

強制驅離原來居民，（二）招募新居民並賜爵，（三）同時赦免罪人，遷徙至新征服地，（四）實行新郡縣制。〔註39〕此外，秦在攻取了某些大城之後，也把城中的舊貴族和大商人驅逐出去，這是因為秦政府認為這些舊貴族及大商人難於治理，秦政府推行的是法家的強本弱末政策，〔註40〕這種強制方法也會引起舊貴族及大商人的不滿。掌握社會勢力的舊貴族或豪傑，與掌握財富的大商人或富人，二者都構成對於政權的威脅，政權對於這種可能的威脅，必須盡一切力量加以壓制。〔註41〕秦政府對於非秦人的防範與差別待遇，很容易激起舊勢力的反彈。這種反彈從《南郡守騰文書》中也可看到，《文書》中具體地展現出當時南郡地區非秦人反抗的尖銳和複雜的情景，〔註42〕難怪南郡守騰要反覆的訓示秦吏要去除「惡俗」、「鄉俗」，推行「聖王法度」了。〔註43〕

第二節　秦滅六國之後的統治政策

　　秦滅六國之後的統治政策，是採取高壓的征服統治策略，徹底剷除六國舊勢力，將秦國的法令制度強力推廣到各地。這樣，原來即有反秦情緒的東方人民，對秦政府更不滿了。〔註44〕

　　秦滅六國後，六國王室不是被殺，被軟禁，就是被遷徙流放。如魏王假投降，立即被處死；〔註45〕燕王喜被俘，不久被殺；〔註46〕趙國滅亡後，趙王被流放到房陵（湖北房縣），囚禁期間，思念故國，〔註47〕感慨萬千，作詩寄情：

　　　　房山為宮兮，沮水為漿，不聞調琴奏瑟兮，惟聞流水之湯湯！水之

　　　　　北：東大圖書公司，1987年），頁415。
〔註39〕　呂春盛，〈試論秦末六國的復國意識〉，《史原》，18期，（台北：台大歷史研究所），頁13。
〔註40〕　楊寬，《戰國史》，增訂本，下，頁462～463。
〔註41〕　許倬雲，〈西漢政權與社會勢力的交互作用〉，收於《求古編》，（台北：聯經出版公司，1982年），頁405。
〔註42〕　石言，〈《南郡守騰文書》與秦的法治路線〉，《歷史研究》，1976：3。
〔註43〕　《睡虎地秦墓竹簡》，（北京：文物出版社，1978年），頁15。
〔註44〕　許倬雲，〈西漢政權與社會勢力的交互作用〉，收於《求古編》，（台北：聯經出版公司，1982年），頁8。
〔註45〕　《史記》，卷44，〈魏世家〉，頁1864。
〔註46〕　《史記》，卷34，〈燕召公世家〉，頁1561。
〔註47〕　《史記》，卷43，〈趙世家〉《集解》，引《淮南子》云，頁1832。

無情兮，猶能自致於漢江；嗟余萬乘之主兮，徒夢懷乎故鄉；夫誰
使余及此兮？乃讒言之孔張！良臣淹沒兮，社稷淪亡；余聽不聰兮，
敢怨秦王？〔註48〕

秦王政在滅趙後，親自隨軍來邯鄲（趙國都），將過去與母家有結仇的趙國貴族全部坑殺。〔註49〕趙王最後憂鬱成疾而死。韓滅亡後，韓王安被俘，秦將他囚於南郡（湖北江陵一帶）。〔註50〕齊滅亡後，齊王建被俘，被遷徙於共（河南輝縣），〔註51〕後餓死於此地，〔註52〕有一首歌謠留給後世：

松耶，柏耶，住建共者客耶？〔註53〕

秦滅楚，楚王負芻被俘。〔註54〕

秦對東方六國貴族採取了三個措施，一是加以殺戮，即所謂「殺豪俊」、〔註55〕「鋤豪桀」。〔註56〕二是遷徙流放，如滅韓後，將韓之王室貴族遷徙至下邑（安徽碭山縣）；〔註57〕滅趙後，趙之貴族被遷到葭萌（四川廣元西南）；〔註58〕滅楚後，遷楚的大姓於隴西上邽（甘肅天水市）；〔註59〕嚴王之族被遷至嚴道（四川滎經）；〔註60〕魏的孔氏被遷至南陽（河南南陽市）；〔註61〕秦始皇二十六年西元前二二一年，一次即徙天下豪富十二萬戶於咸陽；〔註62〕遷徙三萬家至麗邑，五萬家至雲陽。〔註63〕三是將貴族降為奴僕，如滅

〔註48〕馮夢龍，《東周列國志》，（北京：人民文學出版社，1983年），頁1076。

〔註49〕《史記》，卷6，〈秦始皇本紀〉，頁236。

〔註50〕高敏，〈南郡守騰的經歷及其發布「文書」的意義〉，收於《雲夢秦簡初探》，（鄭州：河南人民出版社，1978年），頁39。

〔註51〕《史記》，卷46，〈田敬仲完世家〉，頁1903。

〔註52〕溫洪隆註譯，《戰國策》上，（台北：三民書局，1996年），頁552。

〔註53〕司馬光，《資治通鑑》，（台北：天工書局，1988年），卷7，〈秦紀二〉，始皇帝二十六年，頁234。

〔註54〕《史記》，卷40，〈楚世家〉，頁1736。

〔註55〕《史記》，卷6，〈秦始皇本紀〉，所引賈誼，〈過秦論〉，頁281。

〔註56〕《史記》，卷16，〈秦楚之際月表〉，頁760。

〔註57〕鄭樵，《通志》，卷27，氏族三，〈氏族略〉，（台北：台灣商務印書館，1987年），頁457。

〔註58〕《史記》，卷129，〈貨殖列傳〉，頁3277。

〔註59〕鄭樵，《通志》，（台北：台灣商務印書館，1987年），〈氏族略〉。

〔註60〕李昉等撰，《太平御覽》，（上海：上海書店，1985年，根據商務印書館1936年版重印），卷166，州郡部12，劍南道，頁6。

〔註61〕《史記》，卷129，〈貨殖列傳〉，頁3278。

〔註62〕《史記》，卷6，〈秦始皇本紀〉，頁239。

〔註63〕《史記》，卷6，〈秦始皇本紀〉，頁256。

魏「遷咎爲家人」；〔註64〕趙國滅亡後，趙高降爲「賤人」，變成秦國的官奴婢。

　　有些貴族被懸賞抓拿，如魏國名士張耳、陳餘是魏公子無忌的賓客，被秦政府通緝：

　　　　秦滅魏數歲，已聞此兩人魏之名士，購求得張耳千金，陳餘五百金。

　　　　張耳、陳餘乃變名姓，俱之陳，爲里監門以自食。〔註65〕

有一些漏網的六國舊貴族，則隱匿在民間，如楚國貴族項梁、項羽在楚亡後，躲避到吳中（江蘇蘇州）；〔註66〕楚懷王孫心在民間爲人牧羊；〔註67〕韓國貴族張良隱匿在下邳（江蘇邳縣）。〔註68〕

　　秦滅六國後，在東方六國設置郡縣，由中央統一管理。滅韓後置上黨郡（山西長子市）、雁門郡（山西左玉縣）；滅趙後置邯鄲郡（河北邯鄲市）、巨鹿郡（河北平鄉西），滅燕後置廣陽郡（北京市）、漁陽郡（北京密雲縣西南）、上谷郡（河北懷來縣東南）、右北平郡（天津市薊縣）、遼西郡（遼寧義縣西）、遼東郡（遼寧遼陽市）；滅楚後置長沙郡（湖南長沙市）、陳郡（河南淮陽縣）、九江郡（安徽壽縣）、泗水郡（安徽濉溪市西北）；滅齊後置齊郡（山東淄博市）、琅琊郡（山東膠南縣南）。〔註69〕

　　由於國都及其附近是六國貴族力量比較集中的地方，也是這些人進行復國活動所憑藉的地方。秦朝政府通過設立郡縣，加強對這些地方的管理，從而有效地防止了六國貴族聚集起來從事復國運動。〔註70〕

　　另外，秦政府將繳獲和沒收六國的武器加以銷毀，在咸陽鑄成十二個各重千石的銅人，置於宮廷中。同時，下令「墮壞城郭，決通川防，夷去險阻」，〔註71〕盡可能消滅貴族們賴以割據的堡壘。爲了控制六國舊境，還修建由首都咸陽通到全國各地的馳道，東窮燕齊，南極吳楚。秦始皇多次沿著馳道巡遊各地郡縣，以示皇帝之威強。〔註72〕

〔註64〕 《史記》，卷90，〈魏豹列傳〉，頁2589。

〔註65〕 《史記》，卷89，〈張耳陳餘列傳〉，頁2571～2572。

〔註66〕 《史記》，卷7，〈項羽本紀〉，頁296。

〔註67〕 《史記》，卷7，〈項羽本紀〉，頁300。

〔註68〕 《史記》，卷55，〈留侯世家〉，頁2034。

〔註69〕 曹爾琴，〈論秦郡及其分佈〉，《中國歷史地理論叢》，1990：4。

〔註70〕 田靜，〈秦統一後的六國貴族〉，《歷史教學》，1994：3。

〔註71〕 《史記》，卷6，〈秦始皇本紀〉，頁252。

〔註72〕 《史記》，卷6，〈秦始皇本紀〉，頁241～265。。

　　爲了消除東方貴族和儒生分裂割據的思想，秦政府實行了焚書坑儒政策。當時一些儒者和游士仍有復辟封建貴族的割據思想，他們常認爲「事不師古而能長久者，非所聞也」，「入則心非，出則巷議」，並引証《詩》、《書》、百家語，「以古非今」。丞相李斯認爲，再不禁止，「則主勢降乎上，黨與成乎下」，於是建議秦始皇推行焚書坑儒政策。〔註73〕

　　從後來反秦鬥爭的形勢看，六國舊貴族投入反秦行列者雖有一定數量，但眞正的顯要人物卻極少。可見，秦始皇對六國舊貴族的控制雖有疏漏之處，但從總體看這種控制還是嚴格的、有效的。〔註74〕

　　再就秦滅六國之後的政令觀之，最值得注意的是許多統一制度的推行，包括統一度量衡、統一貨幣、統一文字，甚至統一車軌。這些制度的統一，不但對政令的推行有其積極的意義，對社會經濟的發展也會有正面的效益。〔註75〕然而這些新制度都是以商鞅變法以後秦的制度爲標準，商鞅有秦孝公全力支持，在秦實施法治，最初三年，也遭受到強烈的反對，改革最不利於原有的貴族，因此貴族也就特別恨他，〔註76〕後來雖然平服，孝公死後，變法已行之二十餘年，反對他的勢力仍然強大，恨商鞅入骨髓，必欲置之於死，可見變法阻力之大。天下各地的社會背景，人情風俗，極其複雜，不似當年秦國之單純。秦始皇不能因時因地制宜，又未必有如商鞅之能者逐步施行秦制，自然引起天下各階層的強烈反感；但震懾於秦的聲威下，敢怒而不敢言，故怨聲載道；秦政府加以強力鎮壓，自然會被視爲殘暴。〔註77〕

　　從《南郡守騰文書》〔註78〕也可看到東方六國人民反抗秦政府統治的縮影。《南郡守騰文書》中具體地展現出當時南郡地區人民反抗的尖銳和複雜的情景。〔註79〕《睡虎地秦墓竹簡》的〈語書〉記載：

〔註73〕《史記》，卷6，〈秦始皇本紀〉，頁254～255。

〔註74〕李福泉，《千古一帝秦始皇歷史之謎》，1995年），頁154。

〔註75〕呂春盛，〈試論秦末六國的復國意識〉，《史原》，18期，（台北：台大歷史研究所，頁8～9。

〔註76〕陳啓天，《中國法家概論》，（台北：中華書局，1985年），頁55。

〔註77〕李定一，《中華史綱》，（台北：傳記文學出版社，1986年），頁100。

〔註78〕一九七五年十二月，湖北雲夢睡虎地秦墓，出土了一千多支竹簡，大部分內容是秦代法律條文和與其有關的材料。其中的《南郡守騰文書》，是秦始皇二十年(西元前227年)四月，南郡的郡守名騰的一篇文告。文告頒發對象是南郡下面各縣、道的嗇夫，嗇夫相當於漢代的曹、掾，是縣令、丞下面分管具體工作的官吏。

〔註79〕石言，〈《南郡守騰文書》與秦的法治路線〉，《歷史研究》，1976：3。

> 古者，民各有鄉俗，其所利及好惡不同，或不便於民，害於邦。是
> 以聖王作為法度，以矯端民心，去其邪避，除其惡俗……今法律令
> 已布，聞吏民犯法為間私者不止，私好、鄉俗之心不變。〔註80〕

南郡大約包括今天湖北省江漢流域的大部地區。它本為楚國故地的一部分。秦昭王二十九年（西元前278年），白起攻下楚都郢（湖北江陵）之後，才把那一帶地方設置為南郡。從建郡到始皇二十年，秦已統治了半個世紀。楚國舊貴族勢力已被擊潰，但還未徹底消滅，他們時刻不忘復國，〔註81〕當地的楚人勢力還很大，楚國也試圖奪回這一地區。〔註82〕當地吏民「鄉俗之心不變」，即是對秦法令制度的反抗。

秦對東方的統治也有一些失策的地方，導致了不良的後果。在軍事方面，毀東方六國兵器，鑄為十二金人。「郡置材官……講武之禮罷為角觝」。〔註83〕秦始皇這種政策是錯誤的。統治龐大的國家，在交通不發達、民智未進步的時代，必須依靠兵力，派遣軍隊，駐防各地。固然駐防既久，防地往往變為封地，而發生割據的局面。但是中央政府若能時時調動駐防的軍隊及其將領，則防軍與防地不會發生密切關係，割據局面亦無從成立。現在始皇只知伐匈奴，平百越，國內各地連兵器也不儲備，所以陳勝一旦起事，斬木為兵，揭竿為旗，秦政府就無法抵抗，只有解放罪犯與奴隸，組織軍隊，以與討秦軍相周旋。〔註84〕

秦的戍邊制度也有問題，秦法令規定，人民必須戍邊三天，這是沿襲封建時代的舊習慣，封建時代國家規模小，要到邊疆戍守，路程短，戍邊不是件苦事。秦統一以後，國家領土擴大，由會稽（浙江）到漁陽（河北），路途往返，就得半年以上，衣裝糧草要自己帶，很麻煩。秦政府似乎沒有注意到這問題，或許秦政府事情忙，而且以武力統一了六國，得意忘形，沒有注意到這些小節上，然而因此就引起社會大騷動。陳勝、吳廣的革命，便由此而起。〔註85〕

〔註80〕《睡虎地秦墓竹簡》，頁15。
〔註81〕石言，〈《南郡守騰文書》與秦的法治路線〉，《歷史研究》，1976：3。
〔註82〕《睡虎地秦墓竹簡》，頁14。
〔註83〕馬端臨，《文獻通考》，卷149，〈兵制一〉，（台北：台灣商務印書館，1987年），頁1307。
〔註84〕薩孟武，《中國社會政治史》(一)，（台北：三民書局，1975年），頁71。
〔註85〕錢穆，《中國歷代政治得失》，（台北：東大圖書公司，1981年），頁27。

秦始皇的焚書政策也有不良的影響，焚書不僅焚了儒家的《詩》、《書》還有「百家語」。焚百家語，就是焚諸子百家之書；秦始皇禁私學，道、墨、陰陽諸子學說也在禁止傳授之列。秦始皇這種「以吏爲師」、禁絕百家的文化專制，自然要招致包括儒家在內的各學派的不滿和反對，甚至連頗受重視的方術士如盧生、侯生也不滿於秦始皇。〔註86〕

思想專制的結果，從表面上看或許有助於消除言人人殊的現象，但其實際結果必然加重思想異端的潛流與再生，使政府的權威大大下降，信用極度減低，合作者越來越少，離心者日益增多。因此，當政府一旦遇到風浪與挫折，這些本可與政府同舟共濟的人則勢必站到政府的對立面，促進政府的危機和崩潰。〔註87〕在秦末英雄豪傑紛紛反秦的混亂局面中，之所以有那麼多知識份子投奔「革命」，〔註88〕其根本的原因就是秦王朝的文化高壓政策。〔註89〕劉邦入關中，召諸縣父老豪傑曰：

> 父老苦秦苛法久矣，誹謗者族，偶語者棄市。〔註90〕

劉邦可算是具體指責秦的文化專制政策了。〔註91〕司馬遷也指出文化高壓政策產生不良後果：

> 及秦之季世，焚《詩》、《書》，阬術士，六藝從此缺焉。陳涉之王也，而魯諸儒持孔氏之禮器往歸陳王。於是孔甲爲陳涉博士，卒與涉俱死。陳涉起匹夫，驅瓦合適戍，旬月以王楚，不滿半歲竟滅亡，其事至微淺，然而縉紳先生之徒負孔子禮器往委質爲臣者，何也？以秦焚其業，積怨而發洩於陳王也。〔註92〕

連秦中央的儒生叔孫通也率領博士弟子百餘人脫離秦政府去投奔劉邦。〔註93〕這些儒生投奔陳涉、劉邦，固然不是爲了平民起義，而是對秦的統治絕望，這

〔註86〕李福泉，《千古一帝秦始皇歷史之謎》，1995 年，頁 214。
〔註87〕馬勇，〈李斯的思想品格與秦文化政策的得失〉，《齊魯學刊》，1992：5。
〔註88〕郭沫若，〈秦楚之際的儒者〉，收於《郭沫若全集》，（北京：人民出版社，1982年），歷史編，第1卷。
〔註89〕馬勇，〈李斯的思想品格與秦文化政策的得失〉，《齊魯學刊》，1992：5。
〔註90〕《史記》，卷8，〈高祖本紀〉，頁 362。
〔註91〕李福泉，《千古一帝秦始皇歷史之謎》，（台北：風雲時代出版公司，1995年），頁 215。
〔註92〕《史記》，卷 121，〈儒林列傳〉，頁 3116～3117。
〔註93〕班固，《漢書》，（北京：中華書局，新校本，1962 年），卷 43 〈叔孫通傳〉，頁 2125。以下均採同樣版本。

當然有利於平民起義，也擴大了起義的影響。〔註94〕

此外，秦末東方六國人民反秦起事的原因還有幾點，（一）是反抗秦的戍役制度，（二）是反抗水陸轉漕，（三）是反抗土木興作，（四）是反抗收太半之賦的剝削制度，（五）是反抗苛法峻刑的壓迫制度。〔註95〕六國人民被趕到邊境服役的，「僵屍滿野，流血千里」；〔註96〕留在故土的，「寒者利短褐，而飢者甘糟糠」；〔註97〕遭受酷刑的，則是「刑者相伴於道，而死人日成積於市」。〔註98〕既然秦的統治不能滿足人民擺脫徭役災難，「冀得安其性命」的願望，在「嚴刑重賦，民不堪命」的情況下，六國人民反秦起事就是必然的。秦始皇沒有安撫六國人民，迫使他們萌發了叛秦復國的意識。在這種環境下，殘餘的六國舊貴族就乘機而起了。〔註99〕

第三節　東方六國的復國意識與行動

東方六國被征服後的心理反應很複雜，亡國之恨，故國情懷很難頃刻完全從心理抹去。對知識份子而言，國家民族情操是不輕易忘懷的。〔註100〕秦始皇奮六世之餘烈，以百年積蓄的國力及兵力，風捲殘雲般很快掃撇山東六國的割據。可是山東六國殘餘的貴族勢力，仍然不容忽視。〔註101〕東方六國的復國意識，早在亡國之時就已開始了。六國殘餘貴族，不甘心失敗，時刻力圖東山再起，〔註102〕如秦軍滅韓、趙、魏，「三晉大夫皆不便秦，而在阿、鄄（山東東阿、鄄城）之間者百數」。〔註103〕秦軍滅楚，「鄔鄆大夫不欲爲秦，而在城南下（山東費縣西南）者百數」，〔註104〕他們秘密商議抗擊秦軍，恢復故國。

〔註94〕賀昌群，〈秦末農民起義的原因及其歷史作用〉，《歷史研究》，1961：6。

〔註95〕賀昌群，〈秦末農民起義的原因及其歷史作用〉，《歷史研究》，1961：6。

〔註96〕《漢書》，卷45，〈五被傳〉，頁2171。

〔註97〕《史記》，卷6，〈秦始皇本紀〉，頁283。

〔註98〕《史記》，卷87，〈李斯列傳〉，頁2557。

〔註99〕李福泉，《千古一帝秦始皇歷史之謎》，（台北：風雲時代出版公司，1995年），頁155。

〔註100〕李定一，《中華史綱》，頁99。

〔註101〕郭興文，〈秦亡原因新探〉，《文博》，1988：2。

〔註102〕鄺士元，《國史論衡》，第1冊，（台北：里仁書局，1980年），頁140。

〔註103〕溫洪隆注譯，《戰國策》上，〈齊策六〉，（台北：三民書局，1996年），頁552。

〔註104〕《戰國策》上，〈齊策六〉，頁552。

　　東方六國的貴族與人民對秦政府的不滿，早在秦始皇時就已表現出來，因而有刺殺秦始皇的舉動。如燕在滅亡之前，太子丹曾爲質於秦，因秦王政對其不善，從秦逃歸。燕太子丹一直想報秦王政對其不善之仇，於是有派遣荊軻刺秦王之舉，荊軻刺秦王的失敗，加速了燕國的滅亡。〔註105〕燕亡之後，荊軻之友高漸離也舉筑襲擊秦王失敗，被殺。〔註106〕

　　張良的祖先是韓國貴族，祖父作過韓昭侯、韓宣惠王、韓襄哀王的宰相，父親作過韓釐王、韓悼惠王的宰相。秦滅韓時，張良約二十歲至二十六歲之間，〔註107〕沒有作官。由於韓國被滅，他一下子由貴公子淪爲平民，所以對秦恨之入骨，一心要刺殺秦始皇，以報國破家亡之仇，他雖然在政治上是平民，但經濟上比較富裕，僅家僮就有三百人，但卻「弟死不葬，悉以家財求客刺秦王」。〔註108〕

　　秦始皇二十九年（西元前218年）東遊，張良與大力士用一百二十斤重的鐵椎在博浪沙（河南原陽）狙擊他。因誤中副車，未能如願。爲躲避朝廷搜捕，張良逃往下邳（江蘇邳縣），〔註109〕「變姓爲張」，〔註110〕隱居民間十年。張良因爲有「五世相韓」的家世背景，才可能有買通力士狙擊秦始皇的報仇行動，〔註111〕此行動總算替殘餘的舊貴族吐了一口冤氣。〔註112〕

　　始皇三十一年（西元前216年）十二月的一個晚上，又遭到一次暗殺：

> 始皇爲微行咸陽，與武士四人俱，夜出逢盜蘭池，見窘，武士擊殺盜，關中大索二十日。〔註113〕

這個「盜」是什麼人？聯繫博浪沙之「盜」，其人不難推想，當也是六國舊貴族殘餘份子，或是同他們有關的人。我們可以這樣認爲，此「盜」絕非平民。平民慣於公開鬥爭，而不做陰謀暗殺。〔註114〕

〔註105〕林劍鳴，《秦史》，（台北：五南出版公司，1992年），頁528～530。
〔註106〕《史記》，卷86，〈刺客列傳〉，頁2537。
〔註107〕李西勇，〈關於張良的年齡及其他〉，《歷史教學》，1985：7。
〔註108〕《史記》，卷55，〈留侯世家〉，頁2033。
〔註109〕《史記》，卷55，〈留侯世家〉，頁2034。
〔註110〕王符原著，彭丙成注譯，《潛夫論》，（台北：三民書局，1998年），〈志氏姓〉第35，曰：「留侯張良，韓公族姬姓也」，因擊始皇失敗，「乃變姓爲張」，頁443。
〔註111〕阮芝生，〈論留侯與三略〉上，《食貨月刊》復刊11：2。
〔註112〕翦伯贊，《秦漢史》，（北京：北京大學出版社，1983年），頁66。
〔註113〕《史記》，卷6，〈秦始皇本紀〉，頁251。
〔註114〕夏子賢，〈略論秦王朝的覆滅〉，《安慶師院社會科學學報》，1994：2。

始皇三十六年（西元前 211 年），東郡有一顆隕石掉落，有人刻石書寫反政府的標語：

> 三十六年，……有墜星下東郡，至地爲石，黔首或刻其石曰「始皇死而地分」。始皇聞之，遣御史逐問，莫服，盡取石旁居人誅之，因燔銷其石。〔註 115〕

反政府標語在詛咒秦始皇，表達了對秦政府的仇恨。〔註 116〕司馬遷認爲此事是「黔首」（平民）所爲，其實非也。這句標語刻意強調「地分」，即欲將統一的國家，分割爲若干塊的分裂局面，比較不可能是黔首願望，顯然是六國殘餘貴族的夢想。東郡原爲戰國時魏地，始皇五年（西元前 242 年）蒙驁攻魏，得酸棗、燕、虛、山陽、雍丘、長平等二十城，

秦置東郡管理成皋以東。後來魏被吞滅後，這裡仍聚居著大批魏國舊貴族，此處反政府標語，顯然是他們所刻寫。〔註 117〕

始皇三十六年（西元前 211 年）秋，使者從關東赴咸陽，夜過華陰平舒道（在華陰縣附近，北瀕渭水，南限華山，爲關中通向東方的重要道路），有人扮作「山鬼」，攔截秦始皇的使者，持玉璧對使者說：「今年祖龍死」，〔註 118〕「祖龍」就是秦始皇，公然咒罵秦始皇今年就死，說明百姓的憤怒已經到了忍無可忍的地步。〔註 119〕有的學者認爲，此與東郡刻石所書，基本一致，應該是殘餘舊貴族所爲。〔註 120〕

博浪的錘擊，東郡的刻詞，這都是秦代政府走向滅亡的警報。〔註 121〕但是，麻木不仁的秦始皇並沒有把它們當作人民對暴政的反抗之聲，並沒有從心裏感到眞正的震恐。〔註 122〕

始皇三十七年（西元前 210 年），巡遊會稽，渡浙江，當時隱匿在吳中的楚國名將項燕後代項梁、項羽叔姪二人，看見皇帝的儀仗風采，籍曰：「彼可取而代也」，項梁急掩住他的嘴，說：「毋妄言，族矣。」〔註 123〕這個驚險的

〔註 115〕《史記》，卷 6，〈秦始皇本紀〉，頁 259。
〔註 116〕林劍鳴，《新編秦漢史》上，頁 217。
〔註 117〕夏子賢，〈略論秦王朝的覆滅〉，《安慶師院社會科學學報》，1994：2，頁 2。
〔註 118〕《史記》，卷 6，〈秦始皇本紀〉，頁 259。
〔註 119〕林劍鳴，《新編秦漢史》上，頁 217。
〔註 120〕夏子賢，〈略論秦王朝的覆滅〉，《安慶師院社會科學學報》，1994：2，頁 2。
〔註 121〕翦伯贊，《秦漢史》，（北京：北京大學出版社，1983 年），頁 66。
〔註 122〕周先民，《司馬遷的史傳文學世界》，（台北：文津出版社，1995 年），頁 94。
〔註 123〕《史記》，卷 7，〈項羽本紀〉，頁 296。

場面，十分清楚的反映出楚國貴族後裔圖謀再起的內心世界。〔註124〕後來項羽的反秦，就是在報家仇、雪國恨與「取而代之」的動機下進行的。〔註125〕項羽無稱帝天下之志，只想做春秋五霸型之諸侯領袖，〔註126〕他是楚國貴族的後代，只代表楚國人的願望和利益，其起兵的目的就是復仇與復國，〔註127〕因此，「彼可取而代也」這句話，也顯示了楚國殘餘貴族的復國意識。

　　秦二世元年（西元前209年），陳勝、吳廣在大澤鄉（安徽宿縣東南二十公里的劉村集附近）起事，「天下之端，自涉發難」〔註128〕他是為暴秦覆沒敲出第一聲喪鐘的英雄人物，就如悶熱的夏天裏發出第一道雷電一樣，驚動天地，震撼著整個黃河流域。〔註129〕陳涉倡始的起事，代表了被壓迫，被奴役的平民，起來與秦政府搏鬥。〔註130〕

　　陳勝、吳廣起事後，天下大亂，六國之後乘時而起：

　　　　二世元年八月，葛嬰立襄疆為楚王

　　　　　　　　武臣立為趙王

　　　　　　九月，項梁號武信君

　　　　　　　　齊王田儋立

　　　　　　　　韓廣自立為燕王

　　　　　　　　魏咎自立為魏王

　　　　　二年正月，秦嘉立楚王景駒

　　　　　　　　趙王歇立

　　　　　　六月，楚懷王立

　　　　　　　　韓王韓成立〔註131〕

六國之立，方式、經過雖各有不同，但目的皆在推翻秦朝政府。〔註132〕

〔註124〕夏子賢，〈略論秦王朝的覆滅〉，《安慶師院社會科學學報》，1994：2，頁2。

〔註125〕張傳璽，〈項羽評論〉，《文史哲》，1954：10。

〔註126〕廖伯源，〈試從爵邑制度論楚漢相爭之勝負〉，《東吳文史學報》，1982：4，頁84。

〔註127〕姚秀彥，《秦漢史》，（台北：里仁書局，1981年），頁75。

〔註128〕《史記》，卷130，〈太史公自序〉，頁3311。

〔註129〕鄭良樹，〈論陳涉的崛起及其失敗〉，《大陸雜誌》，52：1，頁36。

〔註130〕田昌五，〈論秦末農民起義的歷史根源和社會後果〉，《歷史研究》，1965：4，頁30。

〔註131〕《史記》，卷16，〈秦楚之際月表〉，頁761～762。

〔註132〕王壽南，《中國歷代創業帝王》，（台北：嘉新水泥公司文化基金會研究論文第六種，1964年），頁56。

　　陳勝、吳廣起兵是以「大楚興」為號召，佔領陳縣（河南淮陽）以後，當地父老以「伐無道，誅暴秦，復立楚國之社稷，功宜為王。」〔註133〕為理由，擁立陳勝為王，年號為「張楚」。〔註134〕一九七三年底，湖南長沙馬王堆三號漢墓，出土了一件漢代帛書《五星占》，這是現存最早的一部天文書，在天文史的研究上具有特別重要的價值。《五星占》的附表出現了「張楚」的年號。〔註135〕在漢初的科學著作中，把農民起義領袖陳勝的國號張楚作為年號列入，可以看出反秦軍在當時的巨大影響。〔註136〕這也是至今已見的歷史文物中關於「張楚」國號的最早紀錄。〔註137〕而把「漢元」列在「張楚」之後，更有漢朝是繼「張楚」而來的意味。〔註138〕

　　為何張楚反秦，天下紛紛響應，六國舊貴族就能接受號召？這個問題必須追溯戰國晚年秦楚戰爭的歷史。戰國晚年，楚國軍事力量雖已衰微，但在關東六國中還是比較強大的。西元前二六○年秦趙長平之役後，六國之中與秦同大而足以抵抗秦國的，只有楚國。秦滅楚，經過了較長久的艱苦戰爭。楚被滅後，潛力還在。所以陳勝一呼而楚境震動，關東沸騰，張楚所具有的號召力量，其他關東五國都無法比擬。〔註139〕

　　陳勝起兵後，反秦志士紛起響應，參加反秦的志士，成分很複雜，但卻以六國貴族最多，後來逐漸形成幾個比較大的軍事集團：

　　楚國貴族項羽叔姪領導的起義軍，以楚人為主，是與秦軍作戰的主力部隊。這支隊伍在推翻秦王朝的戰爭中，貢獻最大。

　　以趙王歇為領袖，以張耳、陳餘為謀主的軍事集團，占領著以邯鄲為中心的原趙國的大部分地區。

　　以魏王豹為領袖，以周市為謀主的軍事集團，占領著以陳留為中心的原

〔註133〕《史記》，卷48，〈陳涉世家〉，頁1952。

〔註134〕林劍鳴，《新編秦漢史》上，頁266。陳勝字涉，故《史記》卷48有〈陳涉世家〉。

〔註135〕馬王堆漢墓帛書整理小組，〈《五星占》附表釋文〉，《文物》，1974：11，頁38。

〔註136〕劉雲友，〈中國天文史上的一個重要發現 —— 馬王堆漢墓帛書中的《五星占》〉，《文物》，1974：11。

〔註137〕劉乃和，〈帛書所紀「張楚」國號與西漢法家政治〉，《文物》，1975：5，頁35。

〔註138〕周乾濚，〈漢人對陳勝農民起義態度的轉變〉，《史學集刊》，1991：4，頁封2。

〔註139〕田餘慶，〈說張楚 —— 關於"亡秦必楚"問題的探討〉，《歷史研究》，1989：2。亦收入氏著，《秦漢魏晉史微探》，（北京：中華書局，1993年），頁4。

魏國的大部分地區。

　　以齊王田市爲領袖，以田榮、田橫爲謀主的軍事集團，占領著以臨淄爲中心的原齊國的大部分地區。

　　以韓王成爲首的軍事集團，占領著以陽翟爲中心的原韓國大部分土地。〔註140〕

　　秦雖滅六國，六國貴族殘餘的影響力，仍然存在，當時的人認爲貴族身分非凡，經國大事，非其莫屬，平民百姓如參與，也應打出貴族旗號，利用他們的社會影響，爭取成功。陳勝起事時，詐稱扶蘇、項燕，就是明顯的例子。〔註141〕不論起事者是否出於個人野心，但要對人民有號召力，必須以舊名號與舊王室相號召。〔註142〕陳勝起兵之初，張耳、陳餘即曾勸他暫緩稱王，應該速立六國之後，但陳勝不聽。〔註143〕楚人范增認爲，陳勝「不立楚後而自立，其勢不長」，〔註144〕這是他後來失敗的原因，因此建議項梁立楚王室之後，「乃求楚懷王孫心民間，爲人牧羊，立以爲楚懷王，從民所望也」。〔註145〕這顯示東方六國人民心中潛伏著恢復故國的意識。由張耳、陳餘和范增的話，我們可以知道，「立六國後」，確是當時人民的一種思潮。〔註146〕

　　張楚西擊咸陽一無所成，而東方諸侯貴族聲勢卻如此浩大，因此只有組織諸侯貴族聯合反秦，才有出路。〔註147〕當時舊貴族，人各懷二心，自立爲王，陳勝沒有一個團結的領導核心，駕馭不了這形勢，〔註148〕造成了失敗。當時各地還有很多起義軍，如英布和吳芮有三千人，項梁、項羽叔姪有精兵八千人，劉邦有三千人，陳嬰有二萬人，彭越也有幾千人。各地起義軍的蓬勃發展，形勢非常有利。可惜陳勝沒有將這些新起的反秦力量及時地聯合起

〔註140〕安作璋、孟祥才，《劉邦評傳》，（濟南：齊魯書社，1988 年），頁 56。

〔註141〕夏子賢，〈略論秦王朝的覆滅〉，《安慶師院社會科學學報》，1994：2。

〔註142〕呂春盛，〈試論秦末六國的復國意識〉，《史原》，18 期，（台北：台大歷史研究所），頁 5。

〔註143〕《史記》，卷 89，〈張耳陳餘列傳〉，頁 2573。

〔註144〕《史記》，卷 7，〈項羽本紀〉，頁 300。

〔註145〕《史記》，卷 7，〈項羽本紀〉，頁 300。

〔註146〕朱大昀主編，《中國農民戰爭史》，秦漢卷，（北京：人民出版社，1990 年），頁 86。

〔註147〕《睡虎地秦墓竹簡》，頁 14。

〔註148〕《中國軍事史》，第 2 卷，兵略(上)，（北京：解放軍出版社，1986 年），頁 187。

來，形成反秦巨流，〔註 149〕這是很大的失策。

　　秦末各地起兵者都是以各國的舊名號與舊王室號召人民，在反秦戰爭中確有很大的號召力。秦帝國的滅亡雖有其內部因素，然而東方各地迅速且持續擴大的反秦復國風潮，無疑地也是一個關鍵性的因素。〔註 150〕而項羽鉅鹿之戰消滅了秦軍主力，章邯投降，從此秦朝政權陷於瓦解。〔註 151〕此戰役也轉移了注意力，為劉邦的長驅入關開創了有利條件。秦二世三年（西元前 206 年），子嬰「繫頸以組，白馬素車，奉天子璽符」〔註 152〕，向劉邦的反秦軍投降。劉邦是楚人，秦向楚投降，應驗了「亡秦必楚」。〔註 153〕

〔註 149〕《中國軍事史》，第 2 卷，兵略(上)，頁 188。

〔註 150〕呂春盛，〈試論秦末六國的復國意識〉，《史原》，18 期，（台北：台大歷史研究所，頁 7。

〔註 151〕韓兆琦，《史記博議》，（台北：文津出版公司，1995 年），頁 345。

〔註 152〕《史記》，卷 6，〈秦始皇本紀〉，頁 275。

〔註 153〕《史記》，卷 7，〈項羽本紀〉，頁 300。

第三章　陳勝集團反秦的興起與失敗

　　陳勝集團反秦的發展，大致上可分為三個階段：第一階段是初興期，從二世元年（西元前 209）七月在大澤鄉起事，到八月，陳勝稱王。第二階段是興盛期，從八月陳勝稱王，至二世二年（西元前 208）十月，周文的西征軍向東敗退。第三階段是敗亡期，從二世二年（西元前 208）十月，周文的西征軍向東敗退，到十二月，陳勝被殺。

　　陳勝集團失敗的原因，有陳勝本身的弱點，戰略失策，陳勝部下的錯誤及陳勝集團內部的分裂，尤其是六國舊貴族的割據自立，削弱了反秦的力量，使反秦革命失敗。

第一節　陳勝集團反秦的初興期（西元前 209 年 7 月至 8 月）

　　秦二世元年（西元前 209）七月，皇帝胡亥下令徵發一批「閭左」（貧民）去漁陽（河北密雲）戍邊。陽城（河南登封）〔註1〕雇農陳勝〔註2〕和陽夏（河南太康）貧農吳廣都被徵發，並擔任屯長。在今安徽、河南交界地區，有九百個貧苦農民被徵調出發，在兩位將尉的押送下，這一隊戍邊的隊伍行至蘄縣大澤鄉，遇到連日大雨，道路不通，不能前進，無法如期到達漁陽。按照秦朝法律的規定，戍卒不按期報到，就要斬首。在死亡的威脅下，早已蓄意反秦的陳勝和吳廣暗中商議：「今亡亦死，舉大計亦死，等死，死國可乎？」

〔註1〕　譚其驤，〈陳勝鄉里陽城考〉，《社會科學戰線》，1981：2，頁 147。
〔註2〕　陳明漢、廖文俊，〈關於陳勝出身問題的探討〉，《陰山學刊》社會版（包頭），
　　　　1993：2，頁 52。

〔註3〕決心拼死反秦。陳勝平時就注意社會情況,他不滿秦政府的殘酷統治,對當時的政治社會有清楚的認識,陳勝對吳廣分析當時的形勢,提出號召群眾反秦的策略:

> 天下苦秦久矣。吾聞二世少子也,不當立,當立者乃公子扶蘇。扶蘇以數諫故,上使外將兵。今或聞無罪,二世殺之。百姓多聞其賢,未知其死也。項燕為楚將,數有功,愛士卒,楚人憐之。或以為死,或以為亡。今誠以吾罪詐自稱公子扶蘇、項燕。為天下唱,宜多應者。〔註4〕

陳勝想利用有影響力的扶蘇、項燕作為號召,鼓勵廣大的民眾起來反政府,吳廣同意。他們兩人決定製造反政府的輿論,準備組織戍卒起事,兩人先去找卜者卜吉凶。事先行卜,是楚地的習俗。〔註5〕卜者已測知他們的用意,且似乎具有反秦的立場,於是對陳勝、吳廣說:「足下事皆成,有功。然足下卜之鬼乎!」〔註6〕卜者啓發他們利用群眾迷信的思想,假藉鬼神來製造輿論,於是陳勝、吳廣想出了利用鬼神來「威眾」的方法。他們用丹砂在帛上寫了「陳勝王」三個字,暗中將它藏在魚腹中,戍卒在剖魚亨食時,發現魚腹丹書,感到非常神奇。接著,在深夜時,陳勝叫吳廣悄悄地到附近叢林中的神祠,點燃一堆火,並模仿狐狸的叫聲,高呼「大楚興,陳勝王。」戍卒們聽到後,驚恐不已。這「魚腹藏書,篝火狐鳴」辦法十分有效,次日,戍卒們私下議論紛紛,覺得陳勝能成大事。〔註7〕這些戍卒都是富於迷信的農民,他們深信魚和狐狸是不會騙人的。現在陳勝在戍卒心目中,已經不是雇農,而是他們的真命天子了。〔註8〕

　陳勝、吳廣這種發動群眾的方法,具有濃厚的原始宗教迷信的色彩,反應了當時的一般農民還受鬼神迷信思想的束縛,但是,也正因為如此,這種方法在戍卒中,才能產生製造輿論,樹立權威的作用。〔註9〕人們均有服從權威的習慣,社會秩序能夠維持,完全依靠於人類服從權威的習慣。革命是以

〔註3〕 司馬遷,《史記》,卷48,〈陳涉世家〉,1978頁。
〔註4〕 《史記》,卷48,〈陳涉世家〉,頁1950。
〔註5〕 張正明,《楚史》,(武漢:湖北教育出版社,1995年),頁374。
〔註6〕 《史記》,卷48,〈陳涉世家〉,頁1950。
〔註7〕 林劍鳴,《新編秦漢史》上,(台北:五南出版公司,1992年),頁263～264。
〔註8〕 翦伯贊,《秦漢史》,(北京:北京大學出版社,1983年),頁75。
〔註9〕 朱大昀主編,《中國農民戰爭史》,秦漢卷,(北京:人民出版社,1990年),頁76。

破壞舊的社會秩序而建設新的社會秩序爲目的。但是要破壞舊的社會秩序，須先推翻舊的權威。怎樣推翻舊的權威，揭其陰私是一個方法，這樣，陳勝就宣傳二世少子，不當繼統了。拉攏名流也足以張大聲勢，這樣，陳勝又詐稱公子扶蘇與世世爲楚將的項燕了。不過這個方法只能推翻舊的權威，要建立新的權威，在民智幼稚的時代，尙須利用神權，說明新權威的建立乃是出於天意。這樣，陳勝就利用罩魚狐鳴了。〔註10〕

　　秦末的民變帶有極其鮮明的地域性。〔註11〕陳勝、吳廣率先發動反秦起事的地區是在楚地泗水郡蘄縣西的大澤鄉，起事領袖人物陳勝、吳廣都是楚人，楚將項燕曾在蘄縣反抗過秦軍，這裡原爲楚地，所以宣傳「大楚興」對當地農民有很大的號召力，在古代社會裡，像陳勝、吳廣這樣不出名的貧苦農民，要發動眾多的民眾起事反政府，能夠想到利用這種方法，充分表現了他們的聰明智慧、組織才能和首創精神。〔註12〕

　　陳勝、吳廣作了輿論準備之後，決定待機起事。吳廣平時就很關心人，戍卒們都很尊敬他。一天，這兩位押送戍卒的將尉酒醉，吳廣故意再三揚言要逃走，挑動將尉凌辱他，以激怒戍卒們，將尉一聽，果然中計，鞭打吳廣，並拔劍相向。吳廣奪劍殺死將尉，陳勝也幫助將另一位將尉殺了。這時，陳勝、吳廣已是九百名戍卒的實際領袖，就召集他們集合，鄭重地號召說：

　　　　公等遇雨，皆已失期，失期當斬。藉弟令勿斬，而戍死者固十六七。

　　　　且壯士不死即已，死即舉大名耳，王侯將相寧有種乎！〔註13〕

這是一篇農民反秦起事的誓言，它闡明了人們當時面臨的嚴峻處境及可供選擇的最佳出路，表達了革命農民蔑視秦朝等級秩序，敢於抗爭，寧死不屈的意願，也是對傳統的貴族血統論的有力抨擊。〔註14〕陳勝的號召，深深地打動了戍卒們反秦之心，於是戍卒們全體熱烈響應，都表示願意追隨起事。大家就搭起祭壇，以秦將尉之首級爲祭品，袒露右臂盟誓，詐稱公子扶蘇、項燕，迎合民意。以「大楚」爲號，陳勝自立爲將軍，吳廣爲都尉，「斬木爲兵，

〔註10〕薩孟武，《中國社會政治史》（一），（台北：三民書局，1975年），頁96。

〔註11〕劉文瑞，《征服與反抗——略論秦王朝區域文化衝突》，《文博》，1990：5，頁56。

〔註12〕林劍鳴，《新編秦漢史》上，頁264。

〔註13〕《史記》，卷48，〈陳涉世家〉，頁1952。

〔註14〕白壽彝總主編，《中國通史》，第4卷，〈秦漢時期〉上，（上海：上海人民出版社，1995年），頁243。

揭竿爲旗」，〔註15〕迅速組成了一支手持木棍、農具的反秦軍，正式起事。

反秦軍首先攻佔大澤鄉，繼克蘄縣（安徽宿縣南）。接著，就分兵兩路進展，一路向東，由符離人葛嬰率領部分反秦軍向蘄縣以東挺進，一路向西，由陳勝自己率領，向蘄縣以西進攻。這兩路軍隊都得到農民的支持，「天下雲會響應，贏糧而景從」。〔註16〕反秦軍勢如破竹，迅速占領銍（安徽宿縣西南）、酇（河南永城縣西酇良城）、譙（安徽亳縣）、苦（河南鹿邑縣）、柘（河南柘城縣北）等五個縣城。在十天左右，反秦軍順利進展，前進數百里，大軍所至，很多民眾前往投奔。當時反秦軍逼進陳郡（河南淮陽）時，已經擁有戰車六、七百輛，騎兵一千多人，步兵數萬人了。

陳（河南淮陽）位於潁水和鴻溝的會合處，是南北交通重鎮。西周到春秋時曾爲陳國的國都，戰國末期，楚滅陳後，楚國的頃襄王曾從郢遷都於此，此地是楚國多年的國都。秦統一後，陳設有郡、縣，這裡是陳郡的首府，郡守的所在地。〔註17〕

陳郡一帶在戰國末年是多事地帶，秦軍占領楚的陳國都以後，秦將李信率軍二十萬再伐楚國，但是昌平君結合陳與父城（河南潁川）一帶的反秦武力，共破李信軍，二十萬秦軍的伐楚行動徹底失敗。〔註18〕因此，秦統一後，加強陳郡的防衛，它是秦朝在東方的重要統治據點，也是一個重要的歷史名城。

陳勝反秦軍至陳郡，郡守和縣令都逃走了，只有郡丞率秦軍抵抗，秦軍一戰即敗，郡丞戰死，反秦軍迅速占領陳郡，這是反秦軍占領的第一個大城市。反秦軍順利攻佔陳郡，首戰告捷，不僅直接打擊了貌似強大的秦軍，而且具有一定戰略意義。〔註19〕它顯示了反秦軍的迅速壯大和作戰力量的增強。特別是對於起於原楚地的反秦軍來說，占據了原楚國的國都，更具有重大的政治意義，產生廣闊的心理影響。〔註20〕等於向天下昭告楚國重新復國，對東方各國的貴族與人民復國運動帶來了一線希望。

〔註15〕賈誼，《新書·過秦論》收於《史記》，卷48，〈陳涉世家〉，頁1964。
〔註16〕賈誼，《新書·過秦論》收於《史記》，卷48，〈陳涉世家〉，頁1964。
〔註17〕馬非百，《秦集史》，（台北：弘文館出版社，1986年），頁643。
〔註18〕田餘慶，〈說張楚〉，《歷史研究》，1989：2。亦收入氏著《秦漢魏晉史探微》，（北京：中華書局，1993年），頁9~11。
〔註19〕白壽彝總主編，《中國通史》，第4卷，〈秦漢時期〉上，頁244。
〔註20〕朱大昀主編，《中國農民戰爭史》，秦漢卷，頁78。

第二節　陳勝集團反秦的興盛期（西元前 209 年 8 月至西元前 208 年 10 月）

　　陳勝反秦軍攻佔陳郡後數天，陳勝「號令召三老、豪傑皆來與會計事」，〔註21〕大家都認爲「將軍身被堅銳，伐無道，誅暴秦，復立楚國之社稷，功宜爲王。」〔註22〕「監臨天下諸將，不爲王不可，願將軍立爲楚王也。」〔註23〕在陳郡三老、豪傑的擁戴下，陳勝「乃立爲王，號爲張楚」。〔註24〕《史記・秦始皇本紀》曰：「戍卒陳勝等反故荊地，爲張楚」。〔註25〕《史記・天官書》曰：「秦遂以兵滅六王，并中國，外攘四夷，死人如亂麻，因以張楚并起。」〔註26〕「張楚」成爲陳勝政權的國號、王號，也是年號。〔註27〕1973 年，在湖南長沙馬王堆三號漢墓中，出土了一件漢代初年的帛書《五星占》，在《五星占》中的《土星行度表》裡，出現了「張楚」的年號。〔註28〕陳勝的反秦軍在當時有巨大的影響，「張楚」的年號深入人心，因此，漢代初年的科學著作中，才將陳勝政權的國號「張楚」作爲年號列入。〔註29〕三老、豪傑提出的「伐無道，誅暴秦」就成爲陳勝政權號召各地民眾反秦王朝的響亮口號。

　　「三老」原是當時地方上一些有威望和有代表性的基層人物，雖非貧苦農民，也不一定都是上層豪貴，「豪傑」是泛指一有名望有影響有勢力的人物，這些人並非都屬於地主階層，實際上包含著各個不同階層的角色，具有較廣泛的代表性，他們勸陳勝稱王的說法，顯然是綜合反應了原楚地反秦的各個階層的一種願望。〔註30〕反秦軍在陳的勝利，使大澤鄉燃起的反抗烽火，飛速地蔓延到全國大部分地區，原來潛伏於各地的反秦勢力，很快地以陳爲中心，匯合成一支巨大的洪流，形成了全國性的反秦戰爭。〔註31〕「張楚」政權的建立，就

〔註21〕《史記》，卷48，〈陳涉世家〉，頁 1952。
〔註22〕《史記》，卷48，〈陳涉世家〉，頁 1952。
〔註23〕《史記》，卷89，〈張耳陳餘列傳〉，頁 2573。
〔註24〕《史記》，卷48，〈陳涉世家〉，頁 1952。
〔註25〕《史記》，卷6，〈秦始皇本紀〉，頁 269。
〔註26〕《史記》，卷27，〈天官書〉，頁 1348。
〔註27〕田餘慶，〈說張楚〉，《秦漢魏晉史探微》，頁 2。
〔註28〕馬王堆漢墓帛書整理小組《五星占》附表釋文〉，《文物》1974：11，頁 38。
〔註29〕劉雲友，〈中國天文史上的一個重要發現 —— 馬王堆漢墓帛書中《五星占》附表釋文〉，《文物》，1974：11，頁 36。
〔註30〕朱大昀主編，《中國農民戰爭史》，秦漢卷，頁 78～79。
〔註31〕林劍鳴，《新編秦漢史》上，頁 266。

如一支通明的火炬，為全國農民和其他反秦勢力照明了道路，樹立了榜樣，建立了鬥爭的中心，使整個反秦戰爭的形勢進入了一個新的階段。〔註32〕

陳勝大澤鄉的勝利及「張楚」政權建立的消息傳出後，「山東郡縣少年苦秦吏，皆殺其守尉令丞反以應陳涉」，〔註33〕「當此時，諸郡縣苦秦吏者，皆刑其長吏，殺之以應陳涉。」〔註34〕各地民眾紛紛響應陳勝，「家自為怒，人自為鬥，各報其怨而攻其仇，縣殺其令丞，郡殺其守尉。」〔註35〕民眾反秦的焦點集中在秦政府設在各地的統治機構及其政治、軍事的代表。原東方六國的地區，紛紛揭出反旗，「天下為之糜沸蟻動，雲徹席卷方數千里。」〔註36〕尤其是原楚國地區的反秦勢力，更是聞風而起，積極響應，「當此時，楚兵數千人為聚者，不可勝數。」〔註37〕下列多起反秦軍，皆是響應陳勝，史籍有明確記載者：

凌縣（江蘇泗陽縣西北）人秦嘉。銍縣（安徽宿縣西）人董緤、符離（安徽宿東北）人朱雞石、取慮（安徽盱眙縣東北）人鄭布、徐縣（江蘇泗洪縣南）人丁疾等，在陳勝初立時，在淮北反秦起事。他們進攻郯縣（山東郯城縣北），圍困秦東海郡守慶。〔註38〕

沛縣（江蘇沛縣）人劉邦與蕭何、曹參等，聚眾數百人，殺死沛縣令，在沛縣起事，當地父老立劉邦為沛公，集沛子弟二三千人，攻占胡陵（山東魚台縣東南湖陵城）、方與（山東魚台縣西舊城集）。〔註39〕

項梁、項羽在吳縣（江蘇蘇州市）響應陳勝，殺死會稽郡守殷通起事，集合精兵八千人。〔註40〕

東陽（安徽炳光西北）青年殺東陽縣令，相聚數千人，共推陳嬰為長，隊伍發展到二萬人。〔註41〕

六縣（安徽六安縣）人英布，犯法被輸驪山，率一支刑徒組成反秦

〔註32〕 朱大昀主編，《中國農民戰爭史》，秦漢卷，頁 79。
〔註33〕 《史記》，卷 6，〈秦始皇本紀〉，頁 269。
〔註34〕 《史記》，卷 48，〈陳涉世家〉，頁 1953。
〔註35〕 《史記》，卷 89，〈張耳陳餘列傳〉，頁 2573。
〔註36〕 劉文典撰，《淮南鴻列集解》，（北京：中華書局，1997 年），卷 15，〈兵略訓〉，頁 499。
〔註37〕 《史記》，卷 48，〈陳涉世家〉，頁 1953。
〔註38〕 《史記》，卷 48，〈陳涉世家〉，頁 1957。
〔註39〕 《史記》，卷 8，〈高祖本紀〉，頁 349～350。
〔註40〕 《史記》，卷 7，〈項羽本紀〉，頁 297。
〔註41〕 《史記》，卷 7，〈項羽本紀〉，頁 298。

隊伍，在江西鄱陽湖一帶活動，迫使番陽（江西波陽縣東）縣令吳
芮共同反秦起事，隊伍發展到數千人。〔註42〕

酈商在高陽（河南杞縣西南高陽集）反秦起事，隊伍有數千人。〔註
43〕沛縣人王陵聚眾數千人，占據南陽（河南南陽市一帶）地區。
〔註44〕昌邑人彭越也在鉅野澤起事，聚眾千餘人。〔註45〕

陳勝政權建立後，除了農民紛紛參加反秦行列，其他各階層、各行業的人士
也加入「張楚」政權反秦，如原魏國名士張耳、陳餘，曾被秦政府緝捕，隱
居於陳地爲里門監，陳勝反秦占領陳地後，就投靠了陳勝政權。孔子的八世
孫孔鮒（甲）爲儒生，「持孔氏之禮器，往歸陳王，……爲陳涉博士」。〔註46〕
上蔡人蔡賜原爲「房君」，也加入陳勝政權，被任爲「上柱國」。〔註47〕一些
前六國宗室、貴族和官吏也加入反秦戰爭的行列。原韓國貴族出身的張良，
其祖先五世當韓國宰相，秦滅韓後，曾收買大力士刺殺秦始皇失敗。陳勝反
秦起事後，張良「亦聚少年百餘人」〔註48〕反秦。原齊王宗室田儋，於秦滅
齊後北至狄（山東高青）。陳勝「張楚」政權建立後，「因擊殺令」，〔註49〕與
其從弟田榮、田榮弟田橫召集豪吏子弟起兵反秦。原魏國宗室諸公子魏咎，
在魏國時代受封爲寧陵君，秦滅魏後，魏咎被遷爲家人。陳勝「張楚」政權
建立後，「咎往從之」。〔註50〕

司馬遷記載，陳勝政權建立後，天下大亂，東方六國之後乘時而起稱王
的，有下列諸人：

二世元年八月，葛嬰立襄彊爲楚王

武臣立爲趙王

九月，項梁號武信君

齊王田儋立

韓廣自立爲燕王

〔註42〕《史記》，卷91，〈黥布列傳〉，頁2597～2598。
〔註43〕《史記》，卷95，〈樊酈滕灌列傳〉，頁2660。
〔註44〕《史記》，卷56，〈陳丞相世家〉，頁2059。
〔註45〕《史記》，卷90，〈魏豹彭越列傳〉，頁2591。
〔註46〕《史記》，卷121，〈儒林列傳〉，頁3116。
〔註47〕《史記》，卷48，〈陳涉世家〉，頁1954。
〔註48〕《史記》，卷55，〈留侯世家〉，頁2036。
〔註49〕《史記》，卷94，〈田儋列傳〉，頁2643。
〔註50〕《史記》，卷90，〈魏豹彭越列傳〉，頁2589。

> 　　魏咎自立爲魏王
> 二年正月，秦嘉立楚王景駒
> 　　趙王歇立
> 　六月，楚懷王立
> 　韓王韓成立〔註51〕

原東方六國之立，方式、經過各有不同，但目的皆在推翻秦朝政府。〔註52〕

　　爲何陳勝「張楚」反秦，天下紛紛響應，六國舊貴族就能接受號召？這個問題是必須追溯戰國晚年秦楚戰爭的歷史。戰國晚年，楚國軍事力量雖已衰弱，但在關東六國中還是比較強大的。西元前 260 秦趙長平之役後，六國之中與秦同大而足以抵抗秦國的，只有楚國。秦滅楚，經過較長久的艱苦戰爭。楚被滅後，潛力還在，所以陳勝一呼而楚境震動，關東沸騰，「張楚」所具有的號召力量，其他關東五國都無法比擬。〔註53〕

　　加入陳勝政權的人愈多，說明反秦軍聲勢浩大，它的威勢使秦王朝統治集團內部衝突加深，一部分統治集團人物投奔到反秦政權，這對於加速秦王朝的滅亡，是有積極的作用。另一方面，由於滙合在陳勝政權下的分子與勢力龐雜，要將如此浩大的反秦勢力統一起來實在困難，所以後來陳勝政權發生分裂，也不是偶然的。〔註54〕

　　六國舊貴族加入反秦戰爭，進入陳勝政權，一方面擴大反秦的社會勢力，孤立了秦王朝統治集團，加速了秦王朝的瓦解。但另一方面，由於他們反秦往往是爲存亡繼絕，據地爲王，恢復原來國家，奪回原先被秦所奪的地盤，因而不可避免地給整個反秦戰爭帶來極爲不利的影響與危害。隨著形勢的發展和變化，這種影響與危害日趨嚴重，以致醞成陳勝政權內部的分裂，並使陳勝反秦軍陷入了失敗的困境。〔註55〕六國後裔乘機而起，自立爲王以後，平民之起事者亦用六國國號，或引兵屬於六國之下，於是中國的統一又暫時變爲分裂。〔註56〕

〔註51〕《史記》，卷16，〈秦楚之際月表〉，頁761～762。
〔註52〕王壽南，《中國歷代創業帝王》，（台北：嘉新水泥公司文化基金會，1964年），頁56。
〔註53〕田餘慶，〈說張楚 —— 關於亡秦必楚問題的探討〉，《秦漢魏晉史探微》，頁4。
〔註54〕林劍鳴，《新編秦漢史》上，頁268。
〔註55〕白壽彝總主編，《中國通史》，第4卷，〈秦漢時期〉上，頁246～247。
〔註56〕薩孟武，《中國社會政治史》（一），頁98。

陳勝在陳基礎穩固後，就部署反秦軍向東、北、西三路出擊：東路前已派葛嬰東去，此時已占領東城（安徽定遠東南）。又增派汝陰（安徽阜陽）人鄧宗進攻九江郡（安徽壽縣），目標是控制長江南北廣大地區。又派廣陵人召平進攻廣陵（江蘇揚州）。陳勝又任武平君畔爲將軍，派他去郯（山東郯城北）地監領秦嘉等人的反秦軍。北路採納陳餘的建議，以陳人武臣爲將軍，邵騷爲護軍，以張耳、陳餘爲左右校尉，給予軍隊三千人，派他們北上渡黃河，攻占原趙國的地區。接著，又派魏人周市北攻原屬魏國地區。西路是主力，戰略目標是奪取秦王朝的統治中心關中，西路軍分爲三路，一路由假王吳廣率領，進攻滎陽（河南滎陽），以打開通往秦首都咸陽的大道。一路由銍人宋留率領，進攻南陽（河南南陽），入武關（陝西商南南），以突破進入關中的另一關卡。另一路人數最多，由周文率領。周文又名周章，是陳地的賢人，曾經當過楚國春申君黃歇的屬下，又做過楚將項燕軍中的「視日」，占卜吉凶，他經歷過楚國抗秦的戰爭，自稱習兵，熟悉兵法，有軍事知識與作戰經驗。陳勝任命他爲將軍，派他經由穎川（河南穎川），繞過吳廣久攻不下的滎陽，通過函谷關，直攻秦王朝首都咸陽。

陳勝稱王後，採取積極進攻的姿勢，使秦軍得不到喘息的機會，而且將進攻的重點放在西方，矛頭直指秦之首都。這些部署都是合理的，但從總體來看，張楚政權的整個部署，是以陳縣爲中心，輻射式地向四方出擊，這勢必使兵力分散，這一弱點，不免給反秦軍帶來軍事上不利的影響。〔註57〕

吳廣率領的一路反秦軍順利進入三川郡，攻到滎陽城下。滎陽位於洛陽以東，是中原重鎮，也是軍事要地，爲東方進入關中必經之路，又是秦關中地區聯接關東的重要通道，黃河邊附近的敖倉，貯藏大量糧食。秦政府丞相李斯之子李由爲三川郡守，率兵防守滎陽。李由堅壁固守，不敢出戰，吳廣在滎陽受阻，攻之不下，與秦軍僵持。吳廣軍雖然進攻受阻，但在滎陽牽制了秦的兵力，使周文率領的反秦軍得以迅速繞過滎陽，順利穿過三川郡，勢如破竹的逼近咸陽。

秦二世元年（西元前209）九月，周文率領的大軍已突破函谷關（陝西靈寶東北），攻到距秦王朝首都僅百里的戲（陝西臨潼境內），這裡是秦始皇驪山陵墓附近。周文的反秦軍此時已是「車千乘，卒數十萬」〔註58〕的大軍了，

〔註57〕朱大昀主編，《中國農民戰爭史》，秦漢卷，頁81。
〔註58〕《史記》，卷48，〈陳涉世家〉，頁1954。

離陳勝在大澤鄉起事只有三個月左右，進展真是神速。周文軍隊前進途中，「秦人阻險不守，關梁不闔，長戟不刺，強弩不射」，〔註59〕秦軍幾乎無力防備，加上民眾積極支持與熱烈擁護下，「望屋而食，橫行天下」，〔註60〕迅速占領了廣大地區，「攻城略地，莫不降下」。〔註61〕宋留率領的另一支西路軍，也正從南陽向武關推進中。這兩路西征軍對秦王朝首都咸陽正好形成鉗形攻勢。〔註62〕

此時，反秦軍的勢力，以陳為中心，東方已攻至東海郡的郯城，東南已到九江郡和廣陵一帶。西南方的宋留已攻至南陽，為叩武關入關中創造了有利的條件。北方武臣等已接連攻下十數城，反秦軍發展到數萬，最後占領了邯鄲（河北邯鄲市西南）。周市不但略定魏地，還遠向原齊國地區的狄（山東高青）地發展。吳廣亦緊圍三川郡守李由於滎陽。東、西、北三路反秦軍都呈現出勝利進攻的姿態，這是陳勝「張楚」政權軍事發展的頂峰時期。〔註63〕

陳勝起事後，秦二世並沒有認識到秦王朝處境的危險，也不知道反秦軍的力量，根本不在乎它的存在。最初，有一位任謁者的官吏從東方回到咸陽，向二世報告陳勝造反的事，二世大怒，認為這些「群盜」小事，那有必要報告皇帝，就將這名謁者下吏入獄。後來再有報告者，都不敢將真相報告二世了，只說：「群盜，郡守尉方逐捕，今盡得，不足憂」。〔註64〕二世聽了，反而高興。

陳勝由蘄縣而攻占陳以後，大臣又向他報告，他才召集三十多位博士諸生商討對策，博士諸生都說：「人臣無將，將即反，罪死無赦。願陛下急發兵擊之。」〔註65〕二世聽了很不高興。待詔博士叔孫通見機阿順其意說：

> 諸生言皆非也，夫天下合為一家，毀郡縣城，鑠其兵，示天下不復用。且明主在上，法令具於下，使人人奉職，四方輻輳，安敢有反者！此特群盜鼠竊狗盜耳，何足置之齒牙間。郡守尉今捕論，何足憂。〔註66〕

〔註59〕賈誼，《新書・過秦論》收於《史記》，卷6，〈秦始皇本紀〉，頁276。

〔註60〕賈誼，《新書・過秦論》收於《史記》，卷6，〈秦始皇本紀〉，頁276。

〔註61〕劉文典撰，《淮南鴻列集解》，（北京：中華書局，1997年），卷15，〈兵略訓〉，頁499。

〔註62〕鄭良樹，〈論陳涉的崛起及其失敗〉，《大陸雜誌》，52：1，頁42。

〔註63〕朱大昀主編，《中國農民戰爭史》，秦漢卷，頁82。

〔註64〕《史記》，卷6，〈秦始皇本紀〉，頁269。

〔註65〕《史記》，卷99，〈劉敬叔孫通列傳〉，頁2720。

〔註66〕《史記》，卷99，〈劉敬叔孫通列傳〉，頁2720。

二世聽了，非常高興，立即厚賞叔孫通，賜給他帛二十匹，衣一襲，並升爲博士。叔孫通早已看出秦王朝的危機，預感秦王朝不久就會滅亡，因此，假言假語後，就逃出咸陽，投奔了反秦軍。

當周文大軍逼進咸陽外圍戲地時，二世才警覺危險，在驚慌之下，急問群臣對策，少府章邯建議：「盜已至，眾彊，今發近縣不及矣。酈山徒，請赦之，援兵以擊之。」〔註 67〕於是，二世宣布大赦天下，派章邯率領武裝起來的酈山刑徒數十萬，向周文軍出擊。另外，二世又命令戍守長城的三十萬北邊國防軍，由王離、蘇角等率領，急速南調，調到國內戰場，以便從側翼夾擊反夾軍。〔註 68〕秦王朝不顧北方國境線上強大的匈奴的威脅，竟將三十萬邊防軍調到國內戰場來軍事鎮壓。章邯軍與王離軍這兩支軍隊，有計畫的、大規模的軍事鎮壓，使陳勝的反秦軍遭遇了極大的困難與危機。

秦二世元年（西元前 209）九月，周文的西路軍在抵達咸陽外圍的戲後，就停駐下來，沒有再往咸陽進攻。十月左右，章邯率數十萬秦兵反擊，周文的反秦軍倉促應戰，抵擋不住，首次戰敗，不得不退出函谷關，退至曹陽（河南靈寶東北）固守。周文軍在曹陽固守了二、三個月之久，沒有一支援軍來救，從此一蹶不振。

在這關鍵時刻，陳勝政權內部發生了分裂。被陳勝派去北略趙地的武臣這一支軍隊，已經占領邯鄲。在聽到周文這一支西征軍從戲敗退的消息，張耳、陳餘就鼓動武臣自立爲趙王，說：

> 陳王起蘄，至陳而王，非必立六國後。將軍今以三千人下趙數十城，
> 獨介居河北，不王無以填之。且陳王聽讒，退報，恐不脫於禍。又
> 不如立其兄弟，不即立趙後。將軍毋失時，時間不容息。〔註 69〕

張耳、陳餘早就不顧陳勝政權的整體利益，武臣也有稱王的思想，他們所思考的都是如何擴張自己的勢力，武臣在他們兩人的鼓動下，「遂立爲趙王。以陳餘爲大將軍，張耳爲右丞相，邵騷爲左丞相。」〔註 70〕陳勝政權內部開始分裂。

陳勝知道此事後，大怒，「欲盡族武臣等家，而發兵擊趙。」在無法挽回

〔註 67〕《史記》，卷 6，〈秦始皇本紀〉，頁 270。
〔註 68〕朱紹侯，〈關於秦末三十萬戍守北邊國防軍的下落問題〉，《史學月刊》，1958：
　　　　4，頁 10。張傳璽，〈關於章邯軍與王離軍的關係問題〉，《史學月刊》，1958：
　　　　11，亦收入氏著，《秦漢問題研究》，（北京：北京大學出版社，1985 年），頁 337。
〔註 69〕《史記》，卷 89，〈張耳陳餘列傳〉，頁 2575。
〔註 70〕《史記》，卷 89，〈張耳陳餘列傳〉，頁 2576。

的情況下，爲了減少反秦阻力，避免「又生一秦」，只好聽從房君蔡賜的建議，「因而賀之」，並命他們率軍向西進攻，以增援進攻咸陽的周文西征軍，但是，張耳、陳餘卻勸武臣不要發兵救周文，說：

> 王王趙，非楚意，特以計賀王。楚已滅，必加兵於趙。願王毋西兵，
> 北徇燕、代，南收河內以自廣。趙南據大河，北有燕、代，楚雖勝
> 秦，必不敢制趙。〔註71〕

武臣就聽張耳、陳餘的建議，不派兵西進去救周文的西征軍。武臣爲了擴張地盤，派韓廣攻原來燕國故地，韓廣在燕地自立爲燕王。武臣還派李良進攻常山郡（河北正定南），派張黶進攻上党郡（山西長子縣附近）。李良占領常山以後，被秦策反，立場動搖，反攻邯鄲，殺武臣、邵騷，張耳、陳餘逃到信都，擁立原趙國貴族趙歇爲趙王。李良後來投降秦將章邯。〔註72〕

趙國的邯鄲距離咸陽附近的戲雖然較遠，但周文軍在曹陽（河南靈寶東北）固守了二、三個月之久，武臣如率軍來救是來得及的。如果武臣的部隊從河北西進直插關中，會給秦軍致命的打擊，但張耳、陳餘勸武臣擁兵自重，拒絕執行陳勝的命令，派兵西進救周文軍隊。武臣在他們的教唆下，完全不顧大局，袖手旁觀，不僅坐視周文的西征軍孤軍西進，反而忙於擴大個人勢力，在河北搶占地盤。武臣和張耳、陳餘的分裂行爲，對陳勝政權產生嚴重的破壞作用。〔註73〕周文西征軍的最後失敗，和張耳、陳餘的分裂活動，有很密切的關係。

另一路周市的北路軍，在攻下魏國故地後，認爲「天下昏亂，忠臣乃見。今天下共畔秦，其義必立魏王乃可。」〔註74〕也立魏國舊貴族魏咎爲魏王，自己擔任魏相。〔註75〕齊國的舊宗室田儋也乘機在狄（山東高青）反秦，自立爲齊王，並派兵攻擊打到狄的周市軍，周市遭遇田儋的抵抗，退還魏地。周市身爲陳勝集團的將領，不積極進攻齊之田氏，反而又在魏地立六國後裔魏咎，他所率領的這支北路反秦軍，其農民起事的色彩也就大爲減弱了，陳勝政權本來能夠控制的齊、魏地區，也就這樣被葬送，成爲六國後裔的地盤。東方六國後裔雖亦反秦，但其動機不同，多半是想乘機恢復其故國家園，反

〔註71〕《史記》，卷89，〈張耳陳餘列傳〉，頁2576。

〔註72〕《史記》，卷89，〈張耳陳餘列傳〉，頁2577～2578。

〔註73〕林劍鳴，《新編秦漢史》上，頁271。

〔註74〕《史記》，卷90，〈魏豹彭越列傳〉，頁2589。

〔註75〕《史記》，卷48，〈陳涉世家〉，頁1956。

秦不力。周市這件事雖然對周文西征軍的失敗無直接影響，卻嚴重削弱了陳勝反秦軍的整個力量。〔註76〕

第三節　陳勝集團反秦的敗亡期（西元前208年10月至12月）

秦二世元年（西元前209）十月左右，章邯所率的數十萬秦軍反擊，周文的西征軍在咸陽附近的戲抵擋不住，退出函谷關，向東撤退到曹陽（河南靈寶東北）。周文的西征軍在此堅守了二、三個之久，卻無一支援軍來救，又被秦軍擊敗，周文的西征軍向東撤退到澠池（河南澠池縣西）。二世二年（西元前208）十一月，周文的西征軍在澠池奮勇抵抗章邯軍十餘日，終因寡不敵眾，被章邯軍擊敗，「周文自刎，軍遂不戰」。〔註77〕

周文的西征軍主力部隊之敗，雖然與周文本身的戰略失誤以及對手章邯的凶狠老練有關，但深入敵人腹地關中無任何支援，也是一個重要因素。在曹陽地區，周文曾堅守二、三個月之久，若能獲得支援，仍有可能扭轉局面，但在最後堅守的這些日子裡，竟未見有任何反秦軍來救援，從而使戰局無法挽回。這固然由於當初陳勝整個戰略部署上的疏漏，用兵過於分散，一時有急很難彼此呼應及時救援。然而這還不是主要的，因為即使按照原來那樣的戰略部署，陳勝政權也並非已沒有時間調兵遣將挽回頹勢，事實上陳勝也在這方面作了努力，例如：命令武臣率軍西進，以救援周文的西征軍。但他這時已經無法調動，這才是促使陳勝政權迅速陷入軍事劣勢的一個主要因素。而這種局面的形成既與陳勝集團內部的種種弱點有關，有與一些儒者、名士和六國後裔的「據地稱王」思想與活動有很大的關係。〔註78〕

當章邯反擊周文西征軍的時候，二世不顧北方的匈奴入侵的危險，調回戍守在北方長城附近的三十萬邊防軍，這支部隊由秦將王離、蘇角率領，由上郡東渡，經太原、井陘，越過太行山以後，深入趙地（山西東部、河北南部），去鎮壓黃河以北的反秦軍，〔註79〕這支部隊當時被稱為「河北之軍」，〔註80〕給反秦軍帶來極大的危機。

〔註76〕朱大昀主編，《中國農民戰爭史》，秦漢卷，頁89。
〔註77〕《史記》，卷48，〈陳涉世家〉，頁1954。
〔註78〕朱大昀主編，《中國農民戰爭史》，秦漢卷，頁84～85。
〔註79〕張傳璽，〈關於章邯軍與王離軍的關係問題〉，《秦漢問題研究》，頁339。
〔註80〕《史記》，卷8，〈高祖本紀〉，頁356。

在秦軍全面反擊的時候，陳勝集團內部又發生分裂。吳廣久攻榮陽不下，頓兵榮陽城下，師老兵疲，士氣不振。吳廣的部下田臧等人，見周文的西征軍失敗，秦軍即將到來，不滿吳廣遲遲攻不下榮陽，認爲：「今假王驕，不知兵權，不可與計，非誅，事恐敗。」〔註81〕竟假藉陳勝的命令，將吳廣殺掉，並「獻其首於陳王」。陳勝無可奈何，沒有辦法，只好承認既成事實，派特使封田臧爲楚令尹，任他爲上將，讓他指揮榮陽前線的西征軍。田臧接受任命，取得軍權後，就留李歸等駐守榮陽城下，自己率精兵赴敖倉（河南榮陽北），迎擊章邯的秦軍，雙方主力會戰，田臧兵敗戰死。軍隊潰散，章邯率軍直驅榮陽，與困守榮陽城內的三川郡守李由內外夾擊李歸的反秦軍，李歸也戰死。

周文與吳廣的西征軍，是陳勝集團反秦軍的主力部隊，是「張楚」政權的基石和支柱。這兩支大軍的失利與潰敗，給陳勝的反秦革命事業造成了致命的、不可挽回的巨大損失，成爲他由勝而敗的一個轉折點。〔註82〕

當周文、田臧的軍隊被章邯的秦軍攻擊時，被陳勝派去北方攻略魏、趙的諸路軍隊，均割據自保，拒「不西兵」，〔註83〕不僅不主動向西救援西征的主力軍，反而不斷互相殘殺，如武臣部下「殺武臣、邵騷」，張耳陳餘逃出邯鄲「求得趙歇，立爲趙王」。〔註84〕另外，韓廣則「自立爲燕王」，田儋「自立爲齊王」，周市「立魏後故寧陵君咎爲魏王」。〔註85〕

六國舊貴族的割據自立，不僅大大削弱了反秦勢力，造成陳勝集團內部的公開分裂，更嚴重的是直接牽制和孤立了陳勝的西征軍，給秦二世、章邯等鎮壓這支西征軍，扭轉戰局，提供難得的機遇。周文、田臧等這兩支軍隊，是在武臣、張耳、陳餘拒「不西兵」的情況下遭致失敗，整個陳勝反秦軍，也是在這些六國舊貴族熱衷於分立割據，見危不援的困境中走向失敗的。〔註86〕

另外，召平進攻廣陵，鄧宗進攻九江的東路軍，也不見回援西征軍。因此，當周文、田臧這兩支軍隊被章邯軍擊敗後，陳勝政權的中心陳縣就暴露在章邯軍的攻擊下，而反秦軍兵力單薄，孤力無援，形勢十分危急。

〔註81〕《史記》，卷48，〈陳涉世家〉，頁1956～1957。
〔註82〕白壽彝總主編，《中國通史》，第4卷，〈秦漢時期〉，頁250。
〔註83〕《史記》，卷89，〈張耳陳餘列傳〉，頁2576。
〔註84〕《史記》，卷89，〈張耳陳餘列傳〉，頁2578。
〔註85〕《史記》，卷48，〈陳涉世家〉，頁1956。
〔註86〕白壽彝總主編，《中國通史》，第4卷，〈秦漢時期〉，頁252。

　　秦二世「益遣長史司馬欣、董翳佐章邯」，〔註87〕使章邯軍的力量大增，又會合三川郡守李由的軍隊，兵力更強。這時，陳勝部下鄧說駐軍於郟（河南郟縣），〔註88〕伍徐駐軍於許（河南許昌東）兩地，與陳縣形成犄角之勢，陳勝政權的軍事力量已很薄弱，沒有多少兵力。章邯派將領攻擊鄧說，自己率兵進攻伍徐，鄧說、武徐都被擊敗，逃陳縣，「陳王誅鄧說」。〔註89〕秦軍兵臨城下，陳勝指揮陳縣保衛戰，派房君上柱國蔡賜迎擊章邯軍，另派張賀在城西策應，陳勝親自出城督戰，章邯軍攻勢凌厲，蔡賜、張賀寡不敵眾，兵敗，雙雙戰死。

　　秦二世二年（西元前208）十二月，陳勝政權的根據地陳縣失陷，陳勝率殘兵向東退到汝陰（安徽阜陽），不久，又退至下城父（安徽蒙城西北），被自己的車夫莊賈殺害，莊賈投降了秦軍。

　　陳勝兵敗被害之時，第三支西征軍的主將宋留，本已占領南陽，即將向武關前進，但他聽到陳勝死訊後，竟放棄南陽，回師東退至距汝陰一百多里路的新蔡（河南新蔡），宋留在新蔡遇到秦軍，不敢與秦軍作戰，「以軍降秦」，被押至咸陽「車裂」而死。〔註90〕

　　陳勝死後，他原來的涓人（近侍），後來擔任將軍的呂臣，在新陽（安徽界首縣北方）組織了蒼頭軍，〔註91〕重新攻入陳縣，殺死叛徒莊賈，為陳勝報仇，「復以陳為楚」，「張楚」政權又奪回了陳縣。此後，陳縣發生激烈的爭奪戰。秦軍又向陳縣進攻，呂臣軍退出，移轉兵力，與在鄱陽湖一帶活動的英布反秦軍會合，發動反攻，在青波（河南新蔡縣西南）擊敗秦的左、右校尉，「復以陳為楚」，第二次奪回陳縣。秦二世二年（西元前208），呂臣的這支反秦軍與項梁的反秦軍會合，項梁死後，成為項羽、劉邦屬下的一支反秦隊伍。〔註92〕

〔註87〕《史記》，卷6，〈秦始皇本紀〉，頁270。

〔註88〕《史記・陳涉世家》作「郟」，《史記索隱》、《史記正義》均認為「郟」當作「郟」，見《史記》，卷48，〈陳涉世家〉，頁1957。

〔註89〕《史記》，卷48，〈陳涉世家〉，頁1957。

〔註90〕《史記》，卷48，〈陳涉世家〉，頁1959。

〔註91〕蒼頭軍是一支戴青帽或以青巾裹頭的反秦軍，見胡珠生，〈蒼頭軍非奴隸軍辨〉，《人文雜誌》，1959：3。田昌五，〈論秦末農民起義的歷史根源和社會後果〉，《歷史研究》1965：4，李新達〈關於秦漢的蒼頭軍問題〉《文史哲》1978：2。以上皆收於趙儷生、鄭寶琦主編，《中國通史史論辭典》，（哈爾濱：黑龍江人民出版社，1993年），頁283。

〔註92〕《史記》，卷7，〈項羽本紀〉，頁303。

　　雇農、戍卒出身的陳勝，本身也有弱點。稱王以後，開始驕傲、專斷。早年當雇農時的一位老友，聽說陳勝當了王，就來陳看他。因門禁森嚴，無法見到。後來陳勝出門，他擋路高聲呼叫，才被陳勝同車載回宮中，後來客人進出宮殿很隨便，又向別人講起陳勝雇農時代的往事。陳勝左右的人對陳勝說：「客愚無知，顓妄言，輕威。」〔註93〕陳勝聽了覺得有損自己威信，就將這位曾同甘共苦的老友殺掉。連他的妻父批評他「怙強而傲長者，不能久焉。」〔註94〕陳勝只顧到自己的威信而妄殺老友的作風，使一些與陳勝共患難的朋友都紛紛離開他，這就削弱陳勝集團的力量，也使陳勝遠離民意。

　　陳勝對部下的過失，態度也是專橫粗暴，如葛嬰攻到東城後，不知陳勝已稱王，就立楚貴族襄疆爲楚王，但他聽到陳勝「張楚」政權已建立，立刻殺襄疆，回陳縣，而陳勝仍將這位老幹部殺了。〔註95〕

　　陳勝只信任他身邊的一、兩位近臣，他以朱房爲中正，胡武爲司過，有功不賞，有過不罰，與此二人有私怨者，則任意加罪報復。陳勝被少數以苛察爲忠的小人包圍，不能網羅賢才，使他失去一批堅定的支持者。〔註96〕張耳、陳餘就是以「陳王聽讒」爲借口，挑撥武臣自立爲王的。陳勝的這種弱點，使「諸將以其故不親附」，〔註97〕結果陳勝喪失人心，加速陳勝的失敗。

　　陳勝在戰略上的失策，除了兵力分散以外，他本身也有輕敵的弱點：

> 陳王既遣周章（文），以秦政之亂，有輕秦之意，不復設備。博士孔
> 鮒諫曰：「臣聞兵法『不恃敵之不我攻，恃吾不可攻。』今王恃敵而
> 不自恃，若跌而不振，悔之無及也。」陳王曰：「寡人之軍，先生無
> 累焉。」〔註98〕

從陳勝的戰略部署來看，他派兵分向東、北、西三路進攻，自己坐鎮陳縣指揮，不聽張耳、陳餘「親率大軍急急西征」〔註99〕的建議，已是很大失策，他又將大部分兵力都派遣出去，根據地陳縣一帶所留兵力甚少，並未預料到秦軍有可能攻到陳地，一旦章邯大軍壓境，自然措手不及。陳勝的輕敵與戰

〔註93〕《史記》，卷48，〈陳涉世家〉，頁1960。
〔註94〕《史記》，卷48，〈陳涉世家〉，《索隱》顧氏引《孔叢子》云，頁1961。
〔註95〕《史記》，卷48，〈陳涉世家〉，頁1954。
〔註96〕陳桐生，《史記名篇述論稿》，（汕頭：汕頭大學出版社，1996年），頁46～47。
〔註97〕《史記》，卷48，〈陳涉世家〉，頁1961。
〔註98〕司馬光，《資治通鑑》，標點本，（台北：天工書局，1992年），卷7，〈秦記〉
　　　　二，二世皇帝元年，頁258。
〔註99〕《史記》，卷89，〈張耳陳餘列傳〉，頁2573。

略弱點，都是不利於反秦軍壯大和發展，陳勝「張楚」政權的迅速失敗，與此有密切的關係。〔註100〕

　　陳勝、吳廣反秦起事，雖然沒有推翻秦王朝，但是「陳勝雖已死，其所置侯王將相竟亡秦，由涉首事也。」〔註101〕

　　陳勝的反秦革命，由項羽、劉邦繼續完成。對陳勝的反秦首創之功，永遠不可磨滅。

第四節　陳勝集團的分析

一、組織結構

（一）籍　貫

　　領導人陳勝是陽城人（河南登封）。吳廣是陽夏人（河南太康）都是楚人，所領導的九百名戍卒都是楚人，部將符離人葛嬰也是楚人。因此，初興期的陳勝集團，是楚地的反秦集團。陳勝佔領陳郡以後，建立「張楚」政權，陳勝稱王，各地英雄豪傑紛紛加入陳勝的政權反秦，如魏國名士張耳及其朋友陳餘、孔子的八世孫孔鮒、上蔡人蔡賜、原魏國宗室公子魏咎、陳人武臣、邵騷、魏人周市、陳人周文、銍人宋留……等。秦二世元年（西元前209年）九月，周文所率的西征軍主力攻至戲（陝西臨潼境內），這裡是原秦國地區，因此，興盛期以後的陳勝集團，已從楚地反秦集團擴大為全國反秦集團。（參閱附表3-1）

（二）出　身

　　領導人陳勝是雇農，吳廣是貧農，率領的九百名戍卒是「閭左」，都是貧民。攻到陳郡時，加入的數萬名士卒，是楚地的農民。因此，初興期的陳勝集團是楚地農民的反秦集團。陳勝政權建立後，除了農民紛紛參加反秦行列，其他各階層、各行業的人士也加入「張楚」政權反秦，如魏國宗室公子魏咎，魏國名士張耳、陳餘，孔子八世孫孔鮒為儒生，上蔡人「房君」蔡賜，陳地賢人周文……等。因此，興盛期以後的陳勝集團，已從楚地農民反秦集團擴大為全國各階層反秦集團。

〔註100〕朱大昀主編，《中國農民戰爭史》，秦漢卷，頁94。
〔註101〕《史記》，卷48，〈陳涉世家〉，頁1961。

（三）權力圈

　　初興期的陳勝集團權力內層，是陳勝、吳廣及九百名戍卒中較有能力者，外層是陸續加入者中較有能力者及東征軍將領葛嬰。興盛期以後的權力內層，是陳勝王身邊的重要官員，如「房君」蔡賜擔任「上柱國」，孔子八世孫孔鮒擔任「博士」，近臣朱房擔任「中正」，胡武擔任「司過」，糾察官員。權力外層是派到各地攻城掠地的部將，如東征軍指揮官葛嬰、鄧宗、召平。北征軍攻趙將軍武臣、護軍邵騷、左校尉張耳、右校尉陳餘，攻魏將軍周市。西征軍北路指揮官吳廣，中路指揮官周文，南路指揮官宋留。

二、權力運作

（一）縱向的權力關係

1. 領導方式

　　初興期，陳勝、吳廣能採納卜者建議，用「魚腹藏書，篝火狐鳴」的方法，假借鬼神來製造輿論，是開明的領導。興盛期，陳勝王聽到武臣自立為趙王，本來非常生氣，「欲盡族武臣等家，而發兵擊趙」，聽了上柱國蔡賜的建議後，改為「因而賀之」，尚能聽從部下建議。後來，只信任他身邊的一、兩位近臣，「中正」朱房、「司過」胡武，有功不賞，有過不罰，陳勝變成獨斷的昏君，喪失人心，加速失敗。

2. 領導效能

　　初興期，陳勝率的西征軍攻佔陳郡，葛嬰率的東征軍攻佔東城（安徽定遠東南），部將能聽從指揮，陳勝是有效領導。興盛期以後，陳勝命令部下趙王武臣發兵增援周文的西征中路軍，武臣聽從張耳、陳餘的意見，不發兵增援周文的西征中路軍。此期以後，部將已不聽陳勝王的指揮，因此，陳勝的領導效能是屬於無效領導，也就是，陳勝的命令已經無法貫徹到地方，從中央到地方的縱向權力運作失敗了，這是陳勝集團失敗的重要原因。

（二）橫向的權力關係

　　初興期，陳勝的西征軍與葛嬰的東征軍，兩支反秦軍互相配合，西路佔陳郡，東路佔定遠。從橫向的權力關係來論，初興期的陳勝集團，其權力運作是協調的。興盛期以後，北路趙王武臣的軍隊，不幫助西征中路軍周文的軍隊，陳勝集團內部，部隊與部隊之間，互相不協調，不援助，見死不救，顯示集團

內部橫向的權力運作已經失敗。內部不團結，導致陳勝集團滅秦失敗。

三、成敗得失

（一）領導人

1. 擬訂戰略能力

　　初興期，陳勝佔領蘄縣以後，擬訂「西征爲主，東攻爲輔」的戰略，陳勝西攻，葛嬰東攻，奠定了陳勝集團反秦初興期的勝利。興盛期以後，陳勝以陳郡爲根據地，擬訂東、北、西三路攻秦戰略，西路是主力，戰略目標是奪取秦王朝的統治中心關中。從陳勝集團擬訂的戰略因素來看，他派兵分向東、北、西三路進攻，自己坐鎮陳郡指揮，不聽張耳、陳餘「親率大軍急急西征」的建議，這是很大的失策。「兵力分散，首尾不相救」的戰略弱點，與陳勝集團反秦的迅速失敗，有密切的關係。

2. 危機處理能力

　　起事前，吳廣故意再三揚言要逃走，挑動秦將尉凌辱他，以激怒戍卒們，秦將尉中計，鞭打吳廣，並拔劍相向，吳廣奪劍殺死秦將尉，陳勝也幫忙殺死另一位秦將尉。陳勝、吳廣有能力處理較不複雜的危機的能力，因此，大澤鄉（安徽宿縣東南二十公里的劉村集附近）起事反秦能成功。興盛期以後，反秦形勢愈來愈複雜，當趙王武臣不聽陳勝王的命令，發兵增援西征中路軍周文的軍隊時，陳勝束手無策，也不知命令其他各路軍隊救援。吳廣久攻滎陽不下，陳勝也不調他的軍隊增援周文軍。秦章邯大軍攻陳郡，陳勝也不調其他各路軍回師，保衛陳郡。出身雇農，戍卒屯長的陳勝，他的見識、能力無法應付瞬息萬變的反秦形勢，無法迅速處理高度複雜的反秦戰爭危機，這是陳勝的弱點，也是失敗的關鍵。

（二）部將攻防能力

1. 進攻能力

　　陳勝集團的部將，東、北、西三路，皆能攻城掠地，佔領魏、趙、燕等地，西征中路軍周文的大軍攻至秦都咸陽附近的戲（陝西臨潼境內），給秦政府很大的壓力。

2. 防守能力

　　秦將章邯率秦軍反擊後，西征中路軍周文的反秦軍首先被殲滅。接下來

是西征北路軍吳廣的軍隊，吳廣被部將田臧所殺，田臧的反秦軍也被章邯擊潰。西征南路軍指揮官宋留也兵敗降秦，被押至咸陽車裂而死。守郟（河南郟縣）縣的鄧說與許（河南許昌東）縣的伍徐都兵敗逃回陳郡。守陳郡的蔡賜、張賀都戰死，陳勝也逃亡，被車夫莊賈所殺。

陳勝集團的失敗，部分原因是部將的攻防能力不足，一些部將見死不救，造成集團內部分裂，削弱了反秦的力量，使陳勝集團的滅秦失敗。

表 3-1　陳勝集團成員表

編號	姓　名	籍　貫	出身國	身　分	階　層	官　職	任　務	目　標	結　局
1	陳　勝	陽城（河南登封縣）	楚	傭農、戍卒	平民	張楚王、陳王	在陳縣指揮	滅　秦	為御者所殺
2	吳　廣	陽夏（河南太康縣）	楚	戍卒	平民	假　王	西征北路軍指揮官	攻滎陽	為田臧所殺
3	葛　嬰	符離（安徽宿縣）	楚		平民	部　將	東征軍將領	攻東城	為陳勝誅殺
4	襄　強		楚		舊貴族	楚　王	葛嬰所立		為葛嬰所殺
5	武　臣	陳（河南淮陽縣）	楚	陳勝之友	平民	自立為趙王	北征趙國軍指揮	割據趙國	為部下李良所殺
6	張　耳	大梁（河南開封縣）	魏	魏國名士	平民	趙之右丞相	北征趙國軍校尉	割據趙國	叛楚降漢
7	張　敖	大梁（河南開封縣）	魏	張耳之子	平民	趙之成都君		叛楚降漢
8	陳　餘	大梁（河南開封縣）	魏	魏國名士	平民	趙之大將軍	北征趙國軍校尉	割據趙國	為韓信所殺
9	召（邵）騷				平民	趙之左丞相	北征趙國軍護軍	割據趙國	為李良所殺
10	李　良			原秦將		部　將	武臣派去攻取常山	割據趙國	投降章邯
11	張　黶					部　將	武臣派去攻取上黨	割據趙國	為秦軍所殺

12	韓廣	上谷(河北懷來)	燕	秦上谷卒史、武臣部將	平民	自立為燕王	武臣所派征燕國將領	割據燕國	為臧荼所殺
13	魏咎		魏	魏國王室後裔、寧陵君	舊貴族	魏王	周市所立	割據魏國	自殺
14	鄧宗	汝陰(安徽阜陽縣)	楚		平民	部將	南征軍將領	攻九江郡	
15	周市		魏		平民	魏相	北征魏國軍指揮官		為章邯所殺
16	蔡賜	上蔡(河南上蔡縣)	楚	房君	平民	上柱國(相國)	在陳縣輔佐陳王		戰死
17	周文	陳(河南淮陽縣)	楚	陳之賢人,項燕軍視日,事春申君	平民	將軍	西征軍中路指揮官	攻咸陽	兵敗自殺
18	田臧		楚?		平民	令尹、大將軍	西征北路軍部將	攻滎陽	戰死
19	李歸		楚?		平民	部將	西征北路軍部將	攻滎陽	戰死
20	鄧說	陽城(河南登縣)	楚		平民	部將	守郯縣將領	保衛陳縣兵敗	為陳勝誅殺
21	伍徐(逢)	銍(安徽宿縣)	楚		平民	部將	守許縣將領	保衛陳縣	兵敗逃走
22	?畔		楚?	武平君	平民	將軍	派去監郯下軍		為秦嘉所殺
23	張賀		楚?		平民	部將	守陳縣西將領	保衛陳縣	戰死
24	莊賈		楚?		平民	陳王御者	為陳王駕車		為呂臣所殺
25	呂臣		楚?	陳王故涓人	平民	將軍	二次攻下陳縣	反攻陳縣	加入項梁軍
26	宋留	銍(安徽宿縣)	楚		平民	部將	西征南路軍指揮官	攻南陽	降秦被車裂

27	朱　房		楚		平民	中　正（人事官）	在陳縣輔佐陳王	
28	胡　武		楚		平民	司　過（監察御史）	在陳縣輔佐陳王	
29	孔　甲	曲埠（山東曲埠縣）	齊	孔丘八代孫	平民	博　士	在陳縣輔佐陳王	死於陳縣
30	召（邵）平		楚		平民	部　將	在楚地反秦	拜項梁爲上柱國逃跑

圖 3-1　陳勝集團權力圈圖

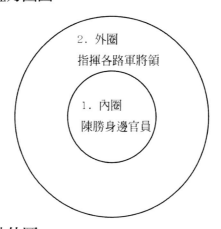

圖 3-2　陳勝集團地位圖

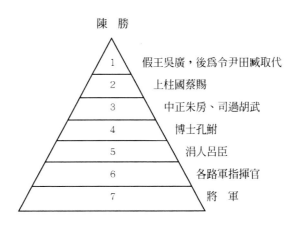

第四章　熊心集團的滅秦與分裂

秦二世二年（西元前 208 年）六月，項梁採納范增的建議，「立楚之後」，以便號召民眾反秦，就在民間找到正為人牧羊的楚懷王的孫子熊心，尊他為楚懷王。同年九月項梁在定陶（山東定陶縣北）戰死後，熊心正式接管項梁軍。他在滅秦戰爭中最大的貢獻，就是擬定了北救趙與西入關的戰略決策。

劉邦滅秦成功的原因有三項，一是項羽北救趙，牽制並殲滅了秦軍主力，給劉邦西入關創造了有利的條件；二是謀士蕭何、酈食其、張良的輔佐，使他排除西入關障礙，進軍順利；三是劉邦的策略運用成功。

熊心集團在滅秦後的分裂，原因是項羽分封不當。形成劉邦集團與項羽集團，雙方為了爭奪領導權，發生了長達五年的楚漢相爭。

第一節　熊心集團成立的背景

一、項梁集團反秦的初興期（從西元前 209 年 9 月起事至西元前 208 年 1 月渡江）

秦二世二年（西元前 208 年）十二月，陳勝敗死，陳勝反秦失敗後，反秦軍最大的一股，是代表楚地勢力的項梁、項羽。項梁，下相（江蘇宿遷西南）人，他的父親就是被秦將王翦所殺的楚國名將項燕。項羽是項梁哥哥的兒子，也就是項梁的姪子，名籍，字羽。他們叔姪兩人都是楚國貴族的後代，而且與秦朝政府有國仇家恨。

秦統一後，項梁因為殺了人，為逃避官府的追捕，只好帶著姪子項羽逃亡到江南的吳縣（江蘇蘇州市）躲避。項氏因為世世代代都擔任楚國將領，

在江東有相當的勢力，即使在秦滅掉楚國以後，項家還有很多「賓客及子弟」。〔註1〕項梁常在吳縣辦理徭役徵發和喪葬的事情，認識不少吳縣的官吏和賢士大夫，在當地頗有影響力，「吳中賢士大夫皆出項梁下」。〔註2〕他暗中以兵法訓練賓客子弟，《漢紀・高帝紀》記載：「梁好為辯說，陰有大志」。〔註3〕《太平御覽》引陸賈《楚漢春秋》記載：「項梁陰養生士九十人，參木者，所與計謀者也，木伴疾於室中，鑄大錢以具甲兵」。〔註4〕由此可見，項梁早就有反秦的意識，並且已在準備起事。

項羽少年時，學書和學劍都沒有成就，項梁責問他，他說：「書足以記名姓而已，劍一人敵，不足學，學萬人敵」，於是項梁教他學兵法，項羽非常高興，但「略知其意，又不肯竟學」。項羽身長「八尺餘」，「力能扛鼎，才氣過人，雖吳中子弟皆已憚籍矣」。〔註5〕項羽力大無比，膽識超群，勇武過人，在少年時代就表現出與眾不同的才情與勇氣。他學兵法，「略知其意，又不肯竟學」，一方面顯示他具有一定的軍事知識，〔註6〕另一方面也預示著他後來帶兵並非拘守兵法，而是以勇氣取勝。〔註7〕

項羽也有取代秦始皇，奪取江山之志。〔註8〕秦始皇三十七年（西元前210年），項羽二十三歲時，秦始皇東巡會稽郡（江蘇蘇州市），項梁、項羽與眾人圍觀，當項羽看見秦始皇車隊時，竟說：「彼可取而代之」。項梁害怕秦朝的苛法，趕緊用手掩住項羽的嘴，說：「毋妄言，族矣」。〔註9〕項羽脫口而出的是坦蕩豪勇的雄心，〔註10〕這又顯示他不服任何人，推倒一切，凌駕一切的盛氣，以及想取代秦始皇的氣魄。〔註11〕也反應項羽早有反秦的意識，並且還有取代秦始皇君臨天下的野心。〔註12〕

〔註1〕 司馬遷，《史記》，卷7，〈項羽本紀〉，頁296。

〔註2〕 《史記》，卷7，〈項羽本紀〉，頁296。

〔註3〕 荀悅，《漢紀》上冊，卷1，〈高祖皇帝紀〉，（北京：中華書局，2002年），頁4。

〔註4〕 李昉，《太平御覽》，卷835，引陸賈《楚漢春秋》語。

〔註5〕 《史記》，卷7，〈項羽本紀〉，頁296。

〔註6〕 朱大昀主編，《中國農民戰爭史》，秦漢卷，（北京：人民出版社，1990年），頁95。

〔註7〕 陳桐生，《史記名篇述論稿》，（汕頭：汕頭大學出版社，1996年），頁25～26。

〔註8〕 林劍鳴，《新編秦漢史》上，1992年，頁280。

〔註9〕 《史記》，卷7，〈項羽本紀〉，頁296。

〔註10〕 周先民，《司馬遷的史傳文學世界》，（臺北：文津出版社，1995年），頁114。

〔註11〕 林聰舜，《史記的人物世界》，（臺北：三民書局，2003年），頁69。

〔註12〕 朱大昀主編，《中國農民戰爭史》，秦漢卷，頁95。

當陳勝反秦的消息傳到吳縣時，會稽郡（郡治在今江蘇蘇州市）也受到影響。秦二世元年（西元前 209 年）九月，會稽郡的代理郡守殷通害怕反秦起事的強大威力，知道形勢不妙，秦在各地的統治已難以維持，又聽說項梁豪爽有才能，就派人將項梁找來，共商反秦的大事，他對項梁說：「江西皆反，此亦天亡秦之時也。吾聞先即制人，後則爲人所制。吾欲發兵，使公及桓楚將」。〔註 13〕桓楚是吳地的知名人士，因觸犯秦法，逃亡在外。項梁回答郡守殷通說：「吳有奇士桓楚，亡在澤中，人莫知其處，獨籍知之」。〔註 14〕項梁告訴郡守只有項羽知道桓楚的行蹤，他現在郡衙外等候，希望郡守派人召他進來受命。項梁早就有反秦起事的預謀，因此，預先告「誠籍持劍居外待」。〔註 15〕郡守殷通急於先發制人，擺脫困境，〔註 16〕唯恐太晚起事，性命難保，只好接受項梁的建議，立即派人召見項羽。項羽進來後，在項梁的示意下，突然立刻拔劍斬了郡守。項梁拿著郡守的頭，佩掛郡守的印綬。郡衙頓時大亂，衙內人人驚恐。項羽奮勇擊殺數十百人，「一府中皆慴伏，莫敢起」。〔註 17〕項梁、項羽叔姪兩人殺死郡衙守衛百人，迅速佔領會稽郡府。隨後，項梁又「召故所知豪吏，諭以所爲起大事，遂舉吳中兵。使人收下縣，得精兵八千人」。〔註 18〕項梁自任會稽郡守，項羽爲裨將，又任命吳縣的英雄豪傑擔任校尉、侯、司馬，正式起事。隨即派兵攻略鄰近城鎮，很快佔領了會稽郡各縣。

秦二世二年（西元前 208 年）一月，陳勝的部將廣陵（江蘇揚州市）人召平，奉陳勝之命率兵進攻廣陵，正在攻擊中，聽說陳勝兵敗逃走（陳勝已於同年十二月敗死），秦將章邯率兵逼進，召平乃渡過長江南逃，暫避兵鋒，與項梁取得聯繫，並假藉陳勝的名義，任命項梁爲張楚政權的上柱國，命令他立刻率兵西進，主動攻擊秦軍。項梁、項羽受命後，就率領江東精兵八千人向西進擊秦軍。〔註 19〕（項梁是陳勝敗死後才接受陳勝部下召平所授予之官職，故不能算陳勝集團的成員）

〔註 13〕《史記》，卷 7，〈項羽本紀〉，頁 297。
〔註 14〕《漢書》，卷 31，〈陳勝項籍傳〉，頁 1796。
〔註 15〕《史記》，卷 7，〈項羽本紀〉，頁 297。
〔註 16〕白壽彝總主編，《中國通史》，第 4 卷，〈中古時代・秦漢時期〉上，頁 258。
〔註 17〕《史記》，卷 7，〈項羽本紀〉，頁 297。
〔註 18〕《史記》，卷 7，〈項羽本紀〉，頁 297。
〔註 19〕《史記》，卷 7，〈項羽本紀〉，頁 298。

項梁集團反秦的初興期進展順利的原因有三：

一、是項梁與項羽都具有軍事知識與領導才能。項梁在吳縣時，「吳中賢士大夫皆出項梁下。每吳中有大繇役及喪，項梁常爲主辦，陰以兵法部勒賓客及子弟，以是知其能」。〔註20〕可知項梁在民間工作時，即已運用兵法調度他的朋友們，項羽也懂兵法，《史記・項羽本紀》說：「項梁乃教籍兵法，籍大喜」。〔註21〕項羽在會稽郡府的表現，顯示他的勇氣與才能。不但殺死會稽郡守，而且還「擊殺數十百人，一府中皆慴伏，莫敢起」。〔註22〕會稽起事後，項羽爲副將，將會稽郡所屬之各縣紛紛攻下，「籍爲裨將，徇下縣」。〔註 23〕可見項羽不但有勇氣、軍事知識，而且有獨當一面的領導才能。

二、是以「張楚」的名號相號召。〔註 24〕「廣陵人召平於是爲陳王徇廣陵，……拜梁爲楚王上柱國」。〔註25〕項梁在會稽起事之後，始終尊陳勝爲首領，統一在「張楚」的旗號之下，自居於與陳勝領導下的其他各路將領同等的地位。〔註26〕因爲以「張楚」的名號相號召，「張楚」旗號非常有利於反秦活動，〔註27〕所以，項梁的反秦軍還帶有陳勝農民起事的氣勢。〔註28〕

三、是以抗秦名將項燕後裔的身分反秦，在當時還具有一定的影響力，故這支隊伍對聯合各路反秦力量來說，具有它的優越的條件的。這從渡江以後，各路義軍迅速與之聯合的情況，可得到證明。〔註 29〕項氏因爲世世爲楚將，在江東有很大的勢力，〔註 30〕所以用項燕後代的身份號召反秦，較容易獲得楚地人民的支持。

二、項梁集團反秦的擴大期與熊心集團的成立（從西元前 208 年 1 月渡江至西元前 208 年 6 月項梁擁立熊心）

〔註20〕《史記》，卷7，〈項羽本紀〉，頁 296。
〔註21〕《史記》，卷7，〈項羽本紀〉，頁 296。
〔註22〕《史記》，卷7，〈項羽本紀〉，頁 297。
〔註23〕《史記》，卷7，〈項羽本紀〉，頁 297。
〔註24〕朱大昀主編，《中國農民戰爭史》，秦漢卷，頁 96。
〔註25〕《史記》，卷7，〈項羽本紀〉，頁 298。
〔註26〕林劍鳴，《新編秦漢史》上，頁 281。
〔註27〕田餘慶，〈說張楚——關於「亡秦必楚」問題的探討〉，《秦漢魏晉史探微》，頁 1。
〔註28〕朱大昀主編，《中國農民戰爭史》，秦漢卷，頁 96。
〔註29〕朱大昀主編，《中國農民戰爭史》，秦漢卷，頁 96。
〔註30〕林劍鳴，《新編秦漢史》上，頁 280。

（一）項梁集團渡江北上與擴大

秦二世二年（西元前 208 年）一月，項梁率江東反秦軍渡長江西向攻秦。從此，這支突起於江東的武裝集團，成為推翻秦朝的主力軍。〔註31〕

項梁率江東反秦軍渡長江以後，首先與陳嬰領導的東陽（江蘇盱眙縣東）反秦軍取得聯繫，陳嬰率東陽反秦軍二萬人投靠項梁。渡過淮水以後，刑徒黥布與蒲將軍率領的反秦軍也前來會合。項梁率領這支反秦軍駐屯於下邳（今江蘇睢寧縣西北），這時，項梁的反秦軍已有六、七萬人。項梁是以「張楚」政權上柱國的職位統率這支反秦軍，在「張楚」的旗幟下，分散在各地的反秦軍逐漸會集這裏，這是陳勝集團失敗後，反秦軍中最大的一支勢力。（項梁不是陳勝集團的成員，已於第 49 頁第 2 段末提到）

項梁接著以武力合併秦嘉的反秦軍。秦嘉本來是陳勝反秦時，一支獨立反秦軍的首領，秦二世二年（西元前 208 年）一月，當他聽到陳勝失敗，陳郡被秦軍攻陷的消息，就到留縣（江蘇沛縣南）立楚國貴族出身的景駒為楚王。〔註32〕項梁的軍隊抵達下邳時，他率軍南下駐紮於彭城（江蘇徐州市）以東，企圖阻擋項梁軍隊北上攻秦。項梁發現秦嘉的舉動已背叛反秦軍，於是立刻宣佈：「陳王先首事，戰不利，未聞所在。今秦嘉倍陳王而立景駒，逆無道」。〔註33〕就率軍攻擊秦嘉，追至胡陵（山東魚台東南），秦嘉戰死，景駒逃至梁地而死，秦嘉的反秦軍歸順項梁。與秦嘉同時反秦起事的朱雞石等，〔註34〕都投靠了項梁軍。

這時，秦將章邯在消滅陳勝集團後，已迂回到距胡陵不遠的栗縣（河南夏邑），欲阻擋項梁軍西進。項梁在收降秦嘉反秦軍的殘餘部隊後，就派別將朱雞石和余樊君試探性的進擊秦軍，初次作戰，反秦軍戰敗，余樊君戰死，朱雞石戰敗，逃回胡陵。項梁率軍佔領薛縣（山東滕縣東南），為了整頓隊伍，維持軍紀，以軍法「誅（朱）雞石」。〔註35〕在此之前，項梁派項羽進攻襄城（河南襄城），由於守城的秦軍頑強抵抗，不願投降，項羽久攻不下，經猛攻攻下後，項羽在憤怒之下，下令將秦軍守城士卒「皆阬之」。〔註36〕襄城之戰，

〔註31〕林劍鳴，《新編秦漢史》上，頁 280。
〔註32〕《史記》，卷7，〈項羽本紀〉，頁 299。《史記》，卷48，〈陳涉世家〉，頁 1959。
〔註33〕《史記》，卷7，〈項羽本紀〉，頁 299。
〔註34〕《史記》，卷48，〈陳涉世家〉，頁 1957。
〔註35〕《史記》，卷7，〈項羽本紀〉，頁 299。
〔註36〕《史記》，卷7，〈項羽本紀〉，頁 300。

初次體現了項羽勇於拼殺的戰鬥風格，但也表露了他近於殘忍的舊貴族的劣根性。〔註37〕反秦戰爭殺人是不可避免的，但將俘虜全部活埋也是不應該的。這種殘忍的作法，充分反映了項羽的性格，也是導致他最後失敗的原因之一。〔註38〕殘忍好殺是後來項羽失去民心的重要原因。〔註39〕項羽攻下襄城後，勝利返回薛城，「還報項梁」。〔註40〕

（二）劉邦集團反秦的初興期（從西元前 209 年 9 月沛縣起兵至西元前 208 年 6 月薛縣投靠項梁）

另一支前來薛城投靠項梁的是劉邦率領的反秦軍。劉邦字季，籍貫是秦朝泗水郡沛縣豐邑（江蘇豐縣）中陽里人。年齡比秦始皇小三歲，西元前256年出生。「仁而愛人，喜施，意豁如也。常有大度，不事家人生產作業。及壯，試為吏，為泗水亭長」。〔註41〕「好酒及色」。〔註42〕青少年時，遊手好閒。家有土地，妻兒耕種，自己不事生產。後來當上亭長，可見劉邦家境並不窮困。劉邦當亭長時，有一次到首都咸陽出差，看到秦始皇車隊出巡時的壯觀場面，曾嘆息說：「嗟乎，大丈夫當如此也」。〔註43〕劉邦對秦王朝未必有多少仇恨，這句嘆息的話，表現的是一種本能的個人成就欲。〔註44〕流露出劉邦當時對秦始皇崇拜的心情遠勝於打倒他的決心。而且作為秦朝基層政權的一個亭長，劉邦最初還是支持秦政府的。〔註45〕

在陳勝反秦起事以前，任泗水亭長的劉邦，一次為縣押送刑徒去驪山，這些刑徒害怕到了驪山以後，做苦工，忍受不了折磨與痛苦，在途中紛紛逃亡，劉邦因為無法向上級交代，會受處罰，不得已，只好將剩下的刑徒全部放走，「到豐西澤中，止飲，夜乃解縱所送徒。曰『公等皆去，吾亦從此逝矣』」。〔註46〕劉邦自行拋棄亭長的吏職，與十幾位刑徒一起逃亡，躲在芒山、碭山之間。他

〔註37〕白壽彝總主編，《中國通史》，第 4 卷，〈中古時代・秦漢時期〉上，頁 260。
〔註38〕林劍鳴，《新編秦漢史》上，頁 284。
〔註39〕閔躍進，〈項羽敗因淺析〉，《婁底師專學報》，1997：1，頁 70。
〔註40〕《史記》，卷 7，〈項羽本紀〉，頁 300。
〔註41〕《史記》，卷 8，〈高祖本紀〉，頁 342。
〔註42〕《史記》，卷 8，〈高祖本紀〉，頁 343。
〔註43〕《史記》，卷 8，〈高祖本紀〉，頁 344。
〔註44〕陳明，《儒學的歷史文化功能——士族：特殊形態的知識分子研究》，（上海：學林出版社，1997 年），頁 61。
〔註45〕林劍鳴，《新編秦漢史》上，頁 281～282。
〔註46〕《史記》，卷 8，〈高祖本紀〉，頁 347。

招集流亡的人士，靜觀時變，沒有幾年已聚集「數十百人矣」。〔註47〕

　　秦二世元年（西元前209年）七月，陳勝、吳廣反秦起事，九月，消息傳來，沛縣令知道形勢對秦政府不利，「諸郡縣皆多殺其長吏以應陳涉」，〔註48〕他心中恐懼，爲了避免被反秦軍殺害，擺脫對他不利的處境，另外找出一條生路，就想「以沛應涉」，〔註49〕爭取主動，但又不知如何起事，只好找縣主吏蕭何、獄掾曹參商量。蕭何與曹參和劉邦同鄉，蕭何在沛縣地方爲吏多年，辦事能力很強，素以有方略著稱。〔註50〕當時蕭何當沛縣主吏掾，地位在縣令之下，全縣之上，又是縣令的左右手，劉邦當亭長時常得到蕭何的庇護。劉邦因職務關係，所交的很多官吏朋友中，除了沛縣主吏掾蕭何外，還有沛縣獄掾曹參，〔註51〕曹參下屬獄吏任敖，〔註52〕縣吏夏侯嬰，〔註53〕泗水郡曾與蕭何同事的卒史周昌、周苛兄弟。〔註54〕此外，劉邦也廣交平民朋友，如「以織薄曲爲生，常爲人吹簫給喪事」〔註55〕的周勃，與劉邦同鄉又同里的盧綰，〔註56〕沛縣人周緤，〔註57〕雍齒，〔註58〕賣狗肉的樊噲〔註59〕等，這些人就是劉邦在沛縣反秦起事的核心成員，當沛縣令問起事的事時，蕭何、曹參便對沛縣令說：

　　　　君爲秦吏，今欲背之，率沛子弟，恐不聽。願君召諸亡在外者，可

　　　　得數百人，因劫眾，眾不敢不聽。〔註60〕

沛縣令是秦朝的地方官，早已成爲沛縣民眾的敵手。那些深受其淩辱之苦的人們，怎能相信他會起兵反秦，並繼續供其驅使呢！沛縣令可能自知其處境與立場無法使民眾信服，無計可施，只好採納蕭何、曹參的建議。〔註61〕就

〔註47〕　《史記》，卷8，〈高祖本紀〉，頁349。

〔註48〕　《史記》，卷8，〈高祖本紀〉，頁349。

〔註49〕　《史記》，卷8，〈高祖本紀〉，頁349。

〔註50〕　《史記》，卷53，〈蕭相國世家〉，《集解》引張晏曰，頁2014。

〔註51〕　《史記》，卷54，〈曹相國世家〉，頁2021。

〔註52〕　《漢書》，卷42，〈張周趙任申屠傳〉，頁2098。

〔註53〕　《史記》，卷95，〈樊酈滕灌列傳〉，頁2664。

〔註54〕　《漢書》，卷42，〈張周趙任申屠傳〉，頁2094。

〔註55〕　《史記》，卷57，〈絳侯周勃世家〉，頁2065。

〔註56〕　《史記》，卷93，〈韓信盧綰列傳〉，頁2637。

〔註57〕　《漢書》，卷41，〈樊酈滕灌傅靳周傳〉，頁2088。

〔註58〕　《史記》，卷55，〈留侯世家〉，頁2043。

〔註59〕　《史記》，卷95，〈樊酈滕灌列傳〉，頁2651。

〔註60〕　《史記》，卷8，〈高祖本紀〉，頁349。

〔註61〕　白壽彝總主編，《中國通史》，第四卷，〈中古時代‧秦漢時期〉上，頁255。

令樊噲前往召劉邦。

當樊噲與劉邦等亡命之徒趕往沛縣縣城時，沛令又反悔，他可能不願意屈居泗水亭長劉邦之下，又擔心劉邦這些亡命之徒到了縣衙，恐怕發生想不到的意外，丟了縣令官位，危及身家性命，於是下令關閉城門，加強防守，還想殺掉縣吏蕭何、曹參，蕭何、曹參知道後，深感形勢危急，怕被縣令謀害，就設法秘密翻越城牆逃出，投奔劉邦，並告訴他城內有變，不能進城。

劉邦來到沛縣城外，發現沛城已有防備，又獲得蕭何的告知，知道城內形勢有變化，就採取應變方略，在絹帛上起草了一封信告沛縣父老書，綁在箭上，用箭射入城內。這封告諭的帛書說：

> 天下苦秦久矣。今父老雖爲沛令守，諸侯並起，今屠沛。沛今共誅令，擇子弟可立者立之，以應諸侯，則家室完。不然，父子俱屠，無爲也。〔註62〕

沛縣父老看了告諭的書信，知道反秦已是大勢所趨，人心所向。這一封帛書是一份很有號召力的反秦檄文，它孤立了沛縣縣令，挫敗了他負隅頑抗的企圖；爭取了民眾，得到了沛城父老的響應。〔註63〕於是他們就率領子弟們攻入縣令府署，殺了沛縣縣令，打開城門，迎接劉邦、蕭何、曹參、樊噲及逃亡的民眾入城。大家想要推劉邦爲沛縣縣令，劉邦自認只是一位小小的亭長，又無攻下沛城之功，只好謙虛推讓說：

> 天下方擾，諸侯並起，今置將不善，一敗塗地。吾非敢自愛，恐能薄，不能完父兄子弟。此大事，願更相推擇可者。〔註64〕

蕭何、曹參皆文吏出身，雖在沛縣頗有聲望，但一向明哲保身，害怕造反如果沒有成功，將來被秦政府誅滅全家。而且造反推翻政府的事，必須血戰沙場，還是由曾經擔任亭長，有捕盜匪、維持治安經驗的劉邦最合適，所以都推讓劉邦。劉邦再三謙讓，最後被沛縣的父老推立爲縣令，楚人稱縣令爲公，〔註65〕因此，劉邦被稱爲沛公。

從沛縣起兵的過程來看，蕭何的角色非常重要，他不但是策劃者、主謀，而且也是起兵的組織者之一，他將豐、沛一帶的反秦勢力組織成劉蕭反秦集團，

〔註62〕《史記》，卷8，〈高祖本紀〉，頁350。
〔註63〕白壽彝總主編，《中國通史》，第四卷，〈中古時代‧秦漢時期〉上，頁255～256。
〔註64〕《史記》，卷8，〈高祖本紀〉，頁350。
〔註65〕《漢書》，卷1，〈高帝紀〉上，注引孟康曰，頁11。

領袖除了蕭何、劉邦外，主要成員有典獄掾曹參，他是蕭何好友。曹參下屬獄吏任敖，也是成員之一。泗水郡卒史周昌、周苛兄弟，曾經與蕭何是同事。還有原為「沛廄司禦」，後「試補縣吏」〔註66〕的夏侯嬰，他與劉邦特別親近。以上是郡縣的官吏。另外，劉邦在民間的好朋友有周勃、盧綰、周繰、雍齒、樊噲等人，大多尚武有力，習馬彎弓，都是劉邦的心腹。〔註67〕劉、蕭反秦集團的成員，除了與劉邦熟識，這些人皆與蕭何有較深的來往，而且樂於受蕭何的指揮（如樊噲樂意受命前往芒、碭山召劉邦）。所以劉邦沛縣起兵反秦，蕭何實為首謀，沒有蕭何鼎助，劉邦起兵是不可能獲得成功的。〔註68〕劉邦起兵反秦以後，蕭何「常為丞督事」，〔註69〕即擔任縣丞，督辦後勤庶事。

秦二世二年（西元前 208 年）十月，劉邦集團開始向外發展，劉邦率軍從沛縣北上，首先攻下胡陵（江蘇沛縣北）與方與（山東金鄉）兩城。回軍據守豐（江蘇豐縣），秦朝的泗川郡監平率兵攻豐，被劉邦擊敗。十一月，劉邦命部將雍齒守豐，親率主力向外擴張勢力，劉邦率兵到薛（山東滕縣東南），擊敗秦朝泗川郡守壯所率之秦軍，在戚（山東臨沂縣）殺掉了泗川郡守壯。

正當劉邦連敗秦軍，向外擴張順利之時，沒想到反秦勢力之間，因為爭奪地盤，而互相衝突，這場衝突使劉邦集團分裂。原來，受張楚王陳勝派遣北攻魏地的部將周市，進展順利，此時已立魏咎為魏王，並派軍南下到豐、沛一帶擴張勢力，周市派人告訴替劉邦守豐城的部將雍齒說：

> 豐，故梁徙也。今魏地已定者數十城。齒今下魏，魏以齒為侯守豐。
>
> 不下，且屠豐。〔註70〕

周市以歷史上魏曾經東遷豐為藉口，認為豐屬於魏國，想策動雍齒背叛劉邦，歸附魏國。雍齒本來就不想追隨劉邦，經周市的威脅利誘，就公開反叛劉邦，投降魏國，「反為魏守豐」。〔註71〕劉邦聽到部將雍齒叛變的消息，非常生氣，他率軍回師攻豐，無法攻下，只好退守沛縣，先保存實力，再想辦法爭取援助。

秦二世二年（西元前 208 年）一月，陳勝集團反秦失敗的殘餘勢力，由

〔註66〕《史記》，卷95，〈樊酈滕灌列傳〉，頁2663～2664。。

〔註67〕張大可、徐日輝，《張良蕭何韓信評傳》，頁48～49。

〔註68〕臧贊，《蕭何》收於張玉法總校訂，《中國歷史人物・名臣評傳1・先秦──西漢》，（臺北：萬象圖書公司，1993年），頁129～131。

〔註69〕《史記》，卷53，〈蕭丞相世家〉，頁2014。

〔註70〕《史記》，卷8，〈高祖本紀〉，頁351～352。

〔註71〕《史記》，卷8，〈高祖本紀〉，頁352。

東陽寧君、秦嘉率領，在留縣（江蘇沛縣南）結集，這一支反秦軍仍有相當實力。劉邦就前往投靠秦嘉，想向他請求援兵，準備攻打豐。這時候，戰場形勢發生變化，攻滅陳勝集團的秦將章邯，派遣別將司馬夷從陳郡北上，佔領血洗楚地的相城（安徽濉溪市西），攻至碭郡（安徽碭山南），可能有進犯留縣、沛縣之勢。為了保衛根據地，抵禦秦軍的進攻，劉邦與東陽寧君主動率兵向西迎戰。先在蕭（安徽蕭縣西北）西與秦軍打了一仗，沒有獲勝，接著，二月又再戰於碭（安徽碭山南），激戰三天，奪回碭城，劉邦收編了六千名的碭郡士兵，兵力增為九千人。〔註72〕三月，劉邦攻佔下邑（安徽碭山），劉邦認為自己的實力已增強，又率兵攻豐，仍未攻下。四月，項梁、項羽集團已進入薛縣（山東滕縣東南），這支反秦軍的人數已有十幾萬人，是當時反秦軍中一支最強大的力量。劉邦為了自身的發展，也為了雪雍齒背叛之恨，乃北上至薛縣，投靠了項梁。〔註73〕劉邦率一百多名騎兵往見項梁，項梁撥給劉邦五千名軍隊，五大夫將十人。在項梁的幫助下，劉邦的軍事力量頓時增強不少。劉邦帶著項梁的援軍，第三次回去攻豐，終於攻下，雍齒逃到魏地去了。

劉邦集團投靠項梁集團，有重要的歷史意義，由於劉邦的來會，整個東南地區的反秦軍，大致上聚集在一起了，這種反秦集團的大聯合，是前所未有的。更重要的是，劉邦和項梁、項羽的會合，直接影響了後來整個歷史發展的演變。〔註74〕

（三）熊心集團的成立

項梁渡江北上以後，在短短的幾個月內，就能將各路反秦集團聚集起來，顯示了反秦確是東方六國人民的迫切要求，同時，反秦集團的聯合形勢，也是秦將章邯繼續進剿反秦軍的必然結果。反秦集團的聚集，使反秦力量增強，逐漸扭轉了局勢。〔註75〕

秦二世二年（西元前 208 年）六月，項梁得知陳勝反秦敗死的消息，他身為張楚政權的上柱國（此時張楚政權已滅亡），陳勝敗死後的重要幹部，為了穩住反秦勢力，維繫反秦軍的內部團結，鞏固內部人心與凝聚力，便「召

〔註72〕《史記》，卷 16，〈秦楚之際月表〉，頁 766。
〔註73〕白壽彝總主編，《中國通史》，第四卷，〈中古時代‧秦漢時期〉上，頁 260。
〔註74〕朱大昀主編，《中國農民戰爭史》，秦漢卷，頁 99。
〔註75〕朱大昀主編，《中國農民戰爭史》，秦漢卷，頁 99。

諸別將會薛計事」，〔註76〕共同討論今後反秦的策略與行動。劉邦也從沛縣趕來參加薛城會議。會中，七十歲的居鄛（安徽巢縣）人范增，建議項梁立楚王的後代，以便號召人民反秦，他說：

> 陳勝敗固當。夫秦滅六國，楚最無罪。自懷王入秦不反，楚人憐之至今，故楚南公曰「楚雖三戶，亡秦必楚」也。今陳勝首事，不立楚後而自立，其勢不長。今君起江東，楚蠭午之將皆爭附君者，以君世世楚將，爲能復立楚之後也。〔註77〕

項梁採納了范增這個建議，在民間找到了流落爲牧羊人的楚懷王的孫子熊心，擁立他爲楚懷王，封陳嬰爲上柱國，以五縣爲食邑，建立楚國政權，定都盱台（江蘇盱眙東北）。項梁自稱武信君。熊心是項梁與劉邦等各路反秦軍共立的，〔註78〕從此，楚懷王熊心成爲各地反秦軍名義上的領袖。自從楚懷王熊心被擁立爲反秦集團的領袖地位後，實際指揮大權完全操在項梁、項羽叔姪手中。〔註79〕

　　熊心集團成立於秦二世二年（西元前 208 年）六月，這時候距秦滅楚已十六年，項梁已擁有大軍，不自立，而「從民所望」，立楚懷王的孫子熊心，顯示楚國民間還有濃重的血緣意識。楚國的情形也許跟楚人懷念「懷王入秦不反」有關，但東方其他各國也同樣趁機利用六國原有名號峰起反秦。這顯示東方其他各國民間也同樣有濃厚的封建復國思想。〔註80〕六月，張良追隨劉邦入薛城，他看到項梁擁立楚懷王熊心，而東方六國的楚、燕、齊、趙、魏五國都已立了王，只有韓國還沒有人稱王，張良就建議項梁：「韓諸公子橫陽君成賢，可立爲王，益樹黨」。〔註81〕項梁答應，就讓張良立韓王後代韓成爲韓王。張良爲韓的申徒（司徒），即丞相。至此，原來東方六國的名號，都重新豎立起來了。

　　熊心集團的成立，極具歷史意義。它是反秦集團聯合的軍事政權，它的成立明顯地樹立起與秦政府抗衡的敵對體，既有利於軍事指揮的統一，也有

〔註76〕《史記》，卷 7，〈項羽本紀〉，頁 300。
〔註77〕《史記》，卷 7，〈項羽本紀〉，頁 300。
〔註78〕《史記》，卷 16，〈秦楚之際月表〉，頁 767。
〔註79〕林劍鳴，《新編秦漢史》上，頁 285。
〔註80〕管東貴，〈秦漢封建與郡縣由消長到統合過程中的血緣情結〉，《燕京學報》新 5 期，（北京：北京大學出版社，1998 年），頁 5。
〔註81〕《史記》，卷 55，〈留侯世家〉，頁 2036。

利於團結各路反秦力量，對繼續陳勝的反秦事業，仍有不容置疑的積極作用。〔註82〕使推翻秦朝的戰爭又進入了一個新的階段。〔註83〕

第二節　熊心集團滅秦的戰略決策

一、項梁之死與熊心取代項梁

　　秦二世二年（西元前208年）七月，章邯所率之秦軍乘破魏之餘威，乘勝攻入齊境，圍困齊田榮於東阿（山東陽穀東北），田榮向熊心集團求救。這時，由項梁統率的楚軍，已在薛縣休整一段時間，正準備出擊秦軍，於是決心救東阿。東阿位於黃河與濟水之間的隘口，是魏進入齊的戰略要地，常為兵家必爭之地。救東阿的楚軍由項梁統率，包含項羽、劉邦、〔註84〕司馬龍且〔註85〕等部隊，先攻佔亢父（山東濟寧市南）。八月，會合齊田榮的軍隊，反秦聯軍裡外夾攻，「大破秦軍於東阿」。〔註86〕項梁派劉邦、項羽追擊敗逃之秦軍，攻佔城陽（山東荷澤東北）。項梁也率兵向西追擊，追至濮陽（河南濮陽西南）東，再一次擊敗秦軍，秦軍退守濮陽城。劉邦、項羽轉攻定陶（山東定陶縣北），秦軍堅守，未能攻下，就繞過定陶，向西攻雍丘（河南杞縣），與秦軍激戰，秦朝三川郡守李由（丞相李斯之子）被劉邦部將曹參所殺。〔註87〕劉邦、項羽的反秦軍又還攻外黃（河南蘭考東南），但「外黃未下」。〔註88〕此時，項梁的主力部隊從東阿南下，也在定陶大破秦軍。定陶（山東定陶縣北）是戰國以來中原的經濟都會，全國重要穀倉所在地，〔註89〕是秦朝在東方的重要城市。項梁的反秦軍在兩個月中，連續擊敗秦軍，佔領很多城鎮，尤其是佔領定陶這個東方重鎮以後，使項梁「益輕秦，有驕色」。〔註90〕項梁因勝利而驕傲輕敵，部將宋義勸諫他說：

〔註82〕朱大昀主編，《中國農民戰爭史》，秦漢卷，頁101。
〔註83〕林劍鳴，《新編秦漢史》上，頁285。
〔註84〕《史記》，卷16，〈秦楚之際月表〉，頁768。
〔註85〕《史記》，卷7，〈項羽本紀〉，頁301。
〔註86〕《史記》，卷7，〈項羽本紀〉，頁301。
〔註87〕《史記》，卷54，〈曹相國世家〉，頁2021。
〔註88〕《史記》，卷7，〈項羽本紀〉，頁302。
〔註89〕史念海，《河山集》，（臺北：弘文館出版社，1986年），頁122。
〔註90〕《史記》，卷7，〈項羽本紀〉，頁303。

戰勝而將驕卒惰者敗。今卒少惰矣，秦兵日益，臣爲君畏之。〔註91〕
項梁不聽宋義的勸諫。秦朝中央又增援章邯軍隊，九月，章邯所率之秦軍，
夜襲定陶，項梁戰死。

項梁失敗的原因有三項，一是驕傲輕敵；二是軍事部署失策。他低估章
邯秦軍的實力，在兩軍對峙的形勢下，聽任劉邦、項羽率領部分主力，遠離
主要戰場，南攻雍丘、外黃，分散反秦軍的力量。〔註92〕三是反秦勢力不能
團結合作。當項梁在東阿解救齊田榮軍隊後，田榮的軍隊理應配合項梁軍合
攻秦軍，聯合作戰才對。但他卻率兵回齊國爭奪政權：

> 而田榮怒齊之立假，乃引兵歸，擊逐齊王假。假亡走楚。齊相角亡
> 走趙；角弟田間前來救趙，因留不敢歸。田榮乃立田儋子市爲齊王，
> 榮相之，田橫爲將，平齊地。〔註93〕

項梁曾派使者去趙、齊，請求派兵共擊章邯的秦軍，田榮因爲楚懷王熊心沒
有按照他的意思殺掉來投靠的田假，趙國也不願殺來投靠的田角、田間，因
此，田榮始終不肯派兵幫助項梁軍。齊國田榮心胸狹小，只顧到報私怨，不
顧反秦的大局，也罔顧項梁救命之恩，這種不合作的態度，使項梁在緊急時，
喪失了友軍的助力，影響了整個反秦的形勢。

項梁戰死時，劉邦、項羽正率兵聯合，由久攻不下的外黃，轉攻陳留（河
南陳留東北），「陳留堅守不能下」。〔註94〕項梁的死訊傳來，士兵震恐，項羽
也害怕。〔註95〕各路反秦軍暫時失去統一領導，形勢十分危急。〔註96〕爲了
適應突然而來的戰場變化，扭轉反秦軍的弱點，劉邦、項羽調整反秦的戰略
部署，將戰線緊縮，避免反秦軍被秦軍各個擊破，〔註97〕將前線兵力集中，
改變原來的作戰計畫，回師向東，往彭城（江蘇徐州市）方向撤退。反秦軍
在這裡重新集結，新的部署是：

> 呂臣（原陳勝部將）軍彭城東，項羽軍彭城西，沛公（劉邦）軍碭
> （河南永城東北）。〔註98〕

〔註91〕《史記》，卷7，〈項羽本紀〉，頁303。
〔註92〕朱大昀主編，《中國農民戰爭史》，秦漢卷，頁104。
〔註93〕《史記》，卷94，〈田儋列傳〉，頁2644。
〔註94〕《史記》，卷7，〈項羽本紀〉，頁303。
〔註95〕《史記》，卷16，〈秦楚之際月表〉，頁769。
〔註96〕林劍鳴，《新編秦漢史》上，頁286。
〔註97〕《中國軍事史》，第2卷，〈兵略〉上，頁192。
〔註98〕《史記》，卷7，〈項羽本紀〉，頁303。

調整後的反秦戰略部署，三支反秦軍構成犄角之勢，互相策應。〔註99〕

項梁被殺後，楚懷王熊心取代了項梁的領導地位，將熊心集團的組織結構重新調整：

> 楚兵已破於定陶，懷王恐，從盱台之彭城，並項羽、呂臣軍自將之。
> 以呂臣爲司徒，以其父呂青爲令尹。以沛公爲碭郡長，封爲武安侯，將碭郡兵。〔註100〕

項梁死後，熊心集團內部，作這樣的調整，是十分及時和必要的，從此，彭城就成爲反秦軍的指揮中心，項羽和劉邦則成爲實際與秦軍作戰的領導人。熊心調整反秦軍的組織結構，克服了項梁死後出現的領導危機，各路反秦軍重整旗鼓，統一在以楚懷王熊心爲領導，以彭城爲中心的大本營的號令之下。〔註101〕使當時陷入窘況局面的熊心集團，擺脫了秦軍的追擊，保存了有生力量，強化了集團控制系統與指揮機制，爲今後積極主動的軍事進攻創造了條件。〔註102〕

二、熊心擬訂滅秦的戰略決策

楚懷王熊心最了不起的歷史功績，是擬訂和實施「北救趙和西入關」的滅秦戰略決策。〔註103〕

項梁死後，秦軍的動向是：

> 章邯已破項梁軍，則以爲楚地兵不足憂，乃渡河擊趙，大破之。

〔註104〕

當時熊心集團的統帥項梁陣亡，反秦軍退守彭城，如果秦將章邯乘勢長驅直進，反秦軍恐怕形勢危險。但是，這時的秦將章邯，也與項梁一樣，犯了錯誤估計形勢的毛病，他高估了自己的戰績，竟以爲經此一擊，楚地的反秦軍已經不足擔憂。於是，秦軍停止前進，回師北上渡過黃河，攻擊趙國的反秦軍。這就給楚地的反秦軍提供了一個重新休息整頓的機會，使整個反秦戰爭又出現了新的轉機。〔註105〕

〔註99〕白壽彝總主編，《中國通史》，第四卷，〈中古時代‧秦漢時期〉上，頁262。
〔註100〕《史記》，卷7，〈項羽本紀〉，頁304。
〔註101〕林劍鳴，《新編秦漢史》上，頁286。
〔註102〕白壽彝總主編，《中國通史》，〈中古時代‧秦漢時期〉上，頁262～263。
〔註103〕劉雪豐，〈秦末農民戰爭中的懷王心〉，《文史雜誌》（成都），1991：1，頁17。
〔註104〕《史記》，卷7，〈項羽本紀〉，頁304。
〔註105〕朱大昀主編，《中國農民戰爭史》，秦漢卷，頁105。

原趙王武臣被部將李良所殺，張耳、陳餘找到戰國時代趙王後代趙歇，「立爲趙王，居信都（河北邢臺市）」，[註106] 他任命張耳爲相，陳餘爲將。趙王新立，基礎未穩，即遭秦將王離所率領的秦軍猛烈進攻。王離是王翦之孫，「秦之名將也」，[註107] 他與涉間、蘇角被秦始皇派去北邊長城一帶防禦匈奴，這支北方國防軍是秦軍的主力，也是秦軍中最精銳的部隊。秦二世爲了鎭壓陳勝的反秦軍，下令這支軍隊東渡，他們由上郡東渡，經太原（山西太原西南）、井陘（河北井陘西北），越過太行山以後南下深入趙地（山西東部、河北南部），[註108] 至信都（河北邢臺市），大敗趙王歇，迫使「張耳與趙王歇走入鉅鹿（河北平鄉西南）」。[註109] 王離率領的這支北方國防軍，當時被稱爲「河北之軍」。[註110]

《史記・白起王翦列傳》記此事說：

> 陳勝之反秦，秦使王翦之孫王離擊趙，圍趙王及張耳鉅鹿城。[註111]

當陳勝派兵西征時，趙王武臣不遵命配合「張楚」的反秦軍進攻秦軍，而袖手旁觀。這時秦軍終於加兵於趙了。[註112] 因果是自作自受，趙國不配合陳勝集團攻秦，使陳勝失敗，自己也受秦軍包圍，吃盡了苦頭。

秦二世三年（西元前 207 年）十月，秦將章邯率二十多萬秦軍北抵趙地，趙國將軍「李良走歸章邯」，[註113] 李良投降後，章邯進攻趙國，配合王離軍圍攻鉅鹿，《史記・張耳陳餘列傳》記載趙國危急的情況：

> 章邯引兵至邯鄲，皆徙其民河內，夷其城郭。張耳與趙王歇走入鉅
> 鹿城，王離圍之。陳餘北收常山兵，得數萬人，軍鉅鹿北。章邯軍
> 鉅鹿南棘原，築甬道屬河，餉王離。王離兵食多，急攻鉅鹿。鉅鹿
> 城中食盡兵少，張耳數使人召前陳餘，陳餘自度兵少，不敵秦，不
> 敢前。[註114]

〔註106〕《史記》，卷 89，〈張耳陳餘列傳〉，頁 2578。

〔註107〕《史記》，卷 73，〈白起王翦列傳〉，頁 2341。

〔註108〕張傳璽，〈關於章邯軍與王離軍的關係問題〉，《秦漢問題研究》，（北京：北京大學出版社，1985 年），頁 339。

〔註109〕《史記》，卷 89，〈張耳陳餘列傳〉，頁 2578。

〔註110〕《史記》，卷 8，〈高祖本紀〉，頁 356。

〔註111〕《史記》，卷 73，〈白起王翦列傳〉，頁 2341。

〔註112〕林劍鳴，《新編秦漢史》上，頁 286～287。

〔註113〕《史記》，卷 89，〈張耳陳餘列傳〉，頁 2578。

〔註114〕《史記》，卷 89，〈張耳陳餘列傳〉，頁 2578～2579。

趙國被圍的形勢非常危急，就派使者到楚地彭城，向熊心集團求救。當時的形勢是：如楚懷王熊心派兵救趙，楚、趙聯合，有利於鼓舞士氣，壯大反秦聲勢，出其不意地夾擊敵人，從而獲得戰爭主動權，爭取決戰的勝利；如果坐視不救，秦軍一旦滅趙，並進而擊敗北方其他反秦勢力之後，必然舉師南下，全力擊楚，使楚陷入難以擺脫的困境。〔註115〕而且當時秦軍主力在趙，如果秦軍滅趙，則秦軍的力量將會加強，對南方的反秦軍也會增加壓力；如果熊心集團派兵北上救趙，可將秦軍主力吸引在河北，同時趁關中地區空虛，可另派一支軍隊直搗秦朝統治的心腹地區。〔註116〕這樣，滅秦的機會就很大。

　　經過權衡利弊得失以後，楚懷王熊心擬訂了「北救趙與西入關」的戰略決策。政策擬訂後，就要選擇執行這一攻秦戰略的將領。這時，齊王派到熊心集團的使者高陵君顯，建議楚懷王熊心重用宋義，他說：

> 宋義論武信君之軍必敗，居數日，軍果敗。兵未戰而先見敗徵，此可謂知兵矣。〔註117〕

楚懷王召見宋義討論軍事，非常高興，就派他擔任「北救趙」楚軍的統帥，任務分配是：

> 王召宋義與計事而大說之，因置以爲上將軍；項羽爲魯公，爲次將，范增爲末將，救趙。諸別將皆屬宋義，號爲卿子冠軍。〔註118〕

　　至於「西入關」的統帥，熊心集團的許多將領畏懼秦軍尚強，不敢擔當此任務，只有項羽願與劉邦西入關。而楚懷王熊心決定選劉邦擔任「西入關」楚軍的統帥：

> 令沛公西略地入關。與諸將約，先入定關中者王之。當是時，秦兵強，常乘勝逐北，諸將莫利先入關。獨項羽怨秦破項梁軍，奮，願與沛公西入關。〔註119〕

楚懷王身邊的許多老將都反對派項羽西入關，他們的理由是：

> 項羽爲人慓悍猾賊，項羽嘗攻襄城，襄城無遺類，皆阬之，諸所過無不殘滅。且楚數進取，前陳王、項梁皆敗。不如更遣長者扶義而

〔註115〕白壽彝總主編，《中國通史》，第4卷，〈中古時代·秦漢時期〉上，頁267～268。
〔註116〕林劍鳴，《新編秦漢史》上，頁287。
〔註117〕《史記》，卷7，〈項羽本紀〉，頁304。
〔註118〕《史記》，卷7，〈項羽本紀〉，頁304。
〔註119〕《史記》，卷8，〈高祖本紀〉，頁356。

西，告諭秦父兄。秦父兄苦其主久矣，今誠得長者往，毋侵暴，宜

可下，今項羽僄悍，今不可遣。獨沛公素寬大長者，可遣。〔註120〕

楚懷王根據幕僚將領們的意見，沒有答應項羽的要求，決定派較寬厚的劉邦

爲「西入關」楚軍的統帥，並與諸將領們約定：「先入關中者王之」。〔註121〕

楚懷王熊心決定一面派宋義、項羽等北上救趙，一面派劉邦西入關直搗

秦朝的首都，形成兩路夾擊秦國之勢，這一戰略決策，表現了楚懷王熊心高

瞻遠矚經緯全局的政治眼光與軍事膽略，〔註122〕對滅秦戰爭有一定的貢獻。

第三節　劉邦集團滅秦成功的原因

從秦二世二年（西元前 208 年）後九月開始，劉邦率熊心集團的反秦軍

西征，到漢元年（西元前 206 年）十月，攻入咸陽，秦王子嬰投降，秦朝滅

亡。劉邦所率的西征軍前後只用十四個月的時間，就攻克泗水郡、碭郡、東

郡、三川郡、穎川郡、南陽郡、關中等廣大地區。劉邦的西征軍迅速滅秦的

原因有三點：

（一）項羽北救趙，殲滅秦軍主力，爲劉邦西入關滅秦創造有利的條件。

（二）蕭何、酈食其、張良的出謀定策，排除劉邦入關的障礙。

（三）劉邦的策略運用成功。

一、項羽北救趙，殲滅秦軍主力

秦二世三年（西元前 207 年）十月宋義率領熊心集團反秦軍的主力北上

救趙，行至安陽（山東曹縣東）時，大軍停止前進，一直停留四十六天，次

將項羽建議迅速渡河與趙軍內外夾擊秦軍：

吾聞秦軍圍趙王鉅鹿，疾引兵渡河，楚擊其外，趙應其內，破秦軍

必矣。〔註123〕

宋義不顧大局，想保存實力，採用隔山觀虎鬥的心態，乘秦軍與趙軍相爭，

再坐收漁翁之利，他對項羽說：

今秦攻趙，戰勝則兵罷，我承其敝；不勝，則我引兵鼓行而西，必

〔註120〕《史記》，卷 8，〈高祖本紀〉，頁 356～357。

〔註121〕《史記》，卷 8，〈高祖本紀〉，頁 356。

〔註122〕劉雪豐，〈秦末農民戰爭中的懷王心〉，《文史雜誌》（成都），1991：1，頁 17。

〔註123〕《史記》，卷 7，〈項羽本紀〉，頁 305。

舉秦矣。故不如先鬥秦趙。夫披堅執銳，義不如公；坐而運策，公
不如義。〔註124〕

宋義不但挖苦項羽，還想用統帥的權力壓服項羽：

因下令軍中曰：「猛如虎，狠如羊，貪如狼，彊不可使者，皆斬之」。
〔註125〕

宋義也私下與齊國通好，派遣兒子宋襄出任齊國丞相，準備以後建立割據勢
力。他不顧救趙的任務，親送兒子至無塩（山東東平西南）。當時正值秦二世
三年（西元前207年）十一月，「天寒大雨，士卒凍飢」，而他卻「飲酒高會」。
〔註126〕

項羽對宋義貽誤軍機、不恤士卒的舉動，非常憤慨，他指出宋義的罪狀
說：

將戮力而攻秦，久留不行。今歲饑民貧，士卒食芋菽，軍無見糧，
乃飲酒高會，不引兵渡河因趙食，與趙并立攻秦，乃曰「承其敝」。
夫以秦之彊，攻新造之趙，其勢必舉趙。趙舉而秦彊，何敝之承！
且國兵新破，王坐不安席，掃境內而專屬於將軍，國家安危，在此
一舉。今不恤士卒而徇其私，非社稷之臣。〔註127〕

項羽認為宋義不懂戰略，只是紙上談兵，而且自私自利，陷士卒於不義，貽誤
軍機不智。〔註128〕宋義身為熊心集團北征軍的統帥，卻命令大軍停止前進。如
果按照宋義的做法，非但趙國保守不住，整個滅秦的任務都有失敗的危險，然
而宋義卻頑固地堅持這種策略。〔註129〕宋義對內也不聽次將項羽的勸告，只想
以大權壓服項羽，如何能令人心服？因此，無論救趙任務是否勝利，後來大局
如何演變，都已不那麼重要，項羽取代宋義救趙，實已別無選擇。〔註130〕

項羽利用早晨朝見上將軍的時機，乘機殺了宋義，並宣佈說：

宋義與齊謀反楚，楚王陰令羽誅之。〔註131〕

楚軍將領都被項羽的膽略懾服，大家毫無異議，共推項羽為假上將軍。

〔註124〕《史記》，卷7，〈項羽本紀〉，頁305。
〔註125〕《史記》，卷7，〈項羽本紀〉，頁305。
〔註126〕《史記》，卷7，〈項羽本紀〉，頁305。
〔註127〕《史記》，卷7，〈項羽本紀〉，頁305。
〔註128〕林聰舜，《史記的人物世界》，（臺北：三民書局，2003年），頁71。
〔註129〕朱大昀主編，《中國農民戰爭史》，秦漢卷，頁106。
〔註130〕姚秀彥，《霸王情深項羽》，（臺北：久大文化公司，1994年），頁44。
〔註131〕《史記》，卷7，〈項羽本紀〉，頁305。

項羽派人追殺宋義的兒子宋襄，又派桓楚向楚懷王熊心報告。熊心無可奈何，只好承認既成事實，重新任命項羽爲上將軍，統率北征軍。

秦二世三年（西元前 207 年）十二月，項羽命令當陽君英布和蒲將軍率領二萬先頭部隊，攻擊章邯運送糧食的甬道，切斷鉅鹿城外王離秦軍的糧食補給線，王離的秦軍頓時陷入缺糧「乏食」〔註132〕的險境。

接著，項羽率領北征軍主力搶渡漳河（一說黃河），他下令：

> 皆沉船，破釜甑，燒廬舍，持三日糧，以示士卒必死，無一還心。
>
> 〔註133〕

項羽的楚軍主力渡漳河（一說黃河）後，先擊敗章邯軍，章邯率軍撤退。〔註134〕項羽再殲滅王離飢餓的秦軍：

> 於是至則圍王離，與秦軍遇，九戰，絕其甬道，大破之，殺蘇角，
>
> 虜王離。涉間不降楚，自燒殺。〔註135〕

當時來救鉅鹿的各路反秦軍，都駐紮在城外，卻都不敢與秦軍交戰，只躲在壁壘內觀看楚軍英勇地殺王離的秦軍：

> 及楚擊秦，諸將皆從壁上觀。楚戰士無不以一當十，楚兵呼聲動天，
>
> 諸侯軍無不人人慴恐。〔註136〕

項羽擊潰王離的秦軍後，召見各路援趙的反秦軍將領，這些將領，「入轅門，無不膝行而前，莫敢仰視」。〔註137〕大家都被項羽的勇敢及威勢折服。從此，反秦軍將領們共推項羽爲諸侯上將軍，成爲全國反秦軍的統帥。

秦二世三年（西元前 207 年）四月，項羽率軍「急攻章邯」，〔註138〕秦軍敗退，二世派人責備章邯，章邯恐懼，派遣長史司馬欣至咸陽，想報告前線戰況，並請求支援。專權的趙高故意三天不召見，而且也不信任章邯。長史司馬欣只好秘密返回章邯軍，向章邯建議說：

> 趙高用事於中，下無可爲者。今戰能勝，高必嫉妒吾功，戰不能勝，
>
> 不免於死。願將軍孰計之。〔註139〕

〔註132〕《史記》，卷89，〈張耳陳餘列傳〉，頁2579。

〔註133〕《史記》，卷7，〈項羽本紀〉，頁307。

〔註134〕《史記》，卷89，〈張耳陳餘列傳〉，頁2579。

〔註135〕《史記》，卷7，〈項羽本紀〉，頁307。

〔註136〕《史記》，卷7，〈項羽本紀〉，頁307。

〔註137〕《史記》，卷7，〈項羽本紀〉，頁307。

〔註138〕《史記》，卷16，〈秦楚之際月表〉，頁771。

〔註139〕《史記》，卷7，〈項羽本紀〉，頁308。

這時陳餘也寫信勸降章邯：

> 將軍何不還兵與諸侯為從，約共攻秦，分王其地，南面稱孤，此孰
> 與身伏鐵質，妻子為僇乎？〔註140〕

章邯猶豫不決，但暗中派人與項羽接觸：

> 章邯狐疑，陰使候始成使項羽，欲約。約未成。〔註141〕

雙方沒有談妥，項羽就派蒲將軍率兵晝夜渡過三戶津（河北臨漳西南），兼程追擊，在漳河南岸擊敗秦軍，切斷章邯秦軍主力的退路，項羽又率軍在汙水（漳水支流，河北臨漳附近）大敗章邯的部隊。項羽連敗秦軍，給章邯很大的壓力，章邯既無援軍，已經絕望，又害怕遭趙高的毒手，只好向項羽的反秦軍投降。而項羽的反秦軍也因缺糧，無力再戰，就於秦二世三年（西元前207年）七月，在洹水之南的殷墟（河南安陽西），接受秦將章邯、司馬欣、董翳的投降。章邯投降項羽後，被項羽立為雍王。項羽又任命司馬欣為上將軍，率領秦降軍與項羽的反秦軍一起，向咸陽進軍。漢元年（西元前206年）十一月，行至新安（河南澠池西），項羽認為「秦吏卒尚眾，其心不服，至關中不聽，事必危」，〔註142〕下令將二十多萬秦降軍，在新安城南坑殺。

鉅鹿之戰從秦二世三年（西元前207年）十二月項羽渡河開始，至同年七月秦章邯投降為止。歷時八個月，項羽所率的熊心集團北征軍，擊潰王離與章邯的秦軍主力。此役是項羽一生最大的戰功，促成後來他宰制天下的局面。也是滅秦的關鍵，奠定熊心集團滅秦的基礎，對秦楚漢之際的歷史發展有重大深遠的影響。〔註143〕

鉅鹿之戰的歷史意義有三項：

一、消滅秦軍主力，奠定熊心集團滅秦軍事勝利的基礎。

二、促成秦朝統治集團內部矛盾的激化，演變成章邯投降，趙高殺二世，子嬰殺趙高，從此秦朝政權陷於瓦解。

三、轉移秦軍的注意力，為劉邦的西入關，創造了有利的條件。〔註144〕

因此，有學者說：「雖然項羽未能先入關中，但是滅秦的功勞不是記在劉

〔註140〕《史記》，卷7，〈項羽本紀〉，頁308。

〔註141〕《史記》，卷7，〈項羽本紀〉，頁308。

〔註142〕《史記》，卷7，〈項羽本紀〉，頁310。

〔註143〕周先民，《司馬遷的史傳文學世界》，（臺北：文津出版社，1995年），頁118。

〔註144〕韓兆琦，《史記博議》，（臺北：文津出版社，1995年），頁345。

邦的帳上，而應該歸於項羽」。〔註145〕可見項羽北救趙，消滅秦軍主力的貢獻。

二、蕭何、酈食其、張良的出謀定策

蕭何與劉邦是同鄉，籍貫是秦朝泗水郡沛縣豐邑（江蘇豐縣）人。蕭何出身，是秦朝農村中較富裕的家庭，「以文無害爲沛主吏」。〔註146〕主吏掾，《史記索隱》說：「主吏，功曹也」。〔註147〕主吏掾又叫功曹掾，是縣令長自署的諸曹掾屬，〔註148〕主管人事、總務，是縣令的左右手。〔註149〕《史記·曹相國世家》說：「蕭何爲主吏，居縣爲豪吏矣」。〔註150〕蕭何屬於縣丞之類的主管長吏，深得沛縣令的信任，他是秦朝新征服地區統治下層中的一員，在當地有一定的威望，〔註151〕地位不低。

蕭何在沛縣有很好的聲望，他利用自己的職位與聲望，掩護劉邦及一批地方豪俠之士，在沛縣積聚起一支反秦力量。這支反秦力量的核心人物是劉邦，策謀人物就是蕭何。〔註152〕沒有蕭何鼎助，劉邦在沛縣起兵是不可能獲得成功的。〔註153〕劉邦起兵反秦以後，蕭何「常爲丞督事」，〔註154〕即擔任縣丞，督辦後勤庶事。劉邦率熊心集團的西征軍西攻咸陽，一切糧食、物資、兵員的補充，全靠蕭何。因此，劉邦西入關滅秦，蕭何在後勤補給方面，有很大的貢獻。

劉邦西征，從秦二世二年（西元前 208 年）閏九月開始，到第三年漢元年（西元前 206 年）十月，秦王子嬰投降，前後征戰十四個月，可分爲前後兩個階段。第一階段，從秦二世二年（西元前 208 年）閏九月到四月，前後八個月，劉邦始終在河南轉戰於開封以東，成爲一支大股的反秦游兵，沒有

〔註145〕陳桐生，《史記名篇述論稿》，（汕頭：汕頭大學出版社，1996 年），頁 26。
〔註146〕《史記》，卷 53，〈蕭相國世家〉，頁 2013。
〔註147〕《史記》，卷 53，〈蕭相國世家〉，引《索隱》曰，頁 2013。
〔註148〕曾資生，《中國政治制度史》，第 2 冊秦漢，（台北：啓業書局，1969 年），頁 242。
〔註149〕張大可、徐日輝，《張良蕭何韓信評傳》，（南京：南京大學出版社，2002 年），頁 6。
〔註150〕《史記》，卷 54，〈曹相國世家〉，頁 2021。
〔註151〕鄧經元，〈蕭何〉，收於《古代政治家傳記》上，（北京：中華書局，1988 年），頁 194。
〔註152〕張大可、徐日輝，《張良蕭何韓信評傳》，頁 6。
〔註153〕臧贊，〈蕭何〉，收於張玉法總校訂，《中國歷史人物·名臣評傳 1·先秦——西漢》，（台北：萬象圖書公司，1993 年），頁 129～131。
〔註154〕《史記》，卷 53，〈蕭相國世家〉，頁 2014。

大的進展。這一階段，在陳留得酈食其兄弟之助，形勢才有改變。第二階段
從秦二世三年五月到漢元年（西元前 206 年）十月，前後僅六個月，劉邦採
納張良的迂迴戰略，避實擊虛，一路勢如破竹。在具體戰役中，也多得張良
謀略之助，代價小而勝利大。沒有張良的再隨沛公劉邦，劉邦的西入關滅秦，
將不會成功。〔註155〕

　　秦二世三年（西元前207）二月，劉邦率西征軍攻昌邑（山東金鄉縣西），
與彭越的反秦軍會合。西進至陳留近郊高陽（河南杞縣西）鄉，劉邦部下一
位騎士，推薦任里門監的儒生酈食其，酈食其向劉邦獻策說：

> 足下起糾合之眾，收散亂之兵，不滿萬人，欲以徑入強秦，此所謂
> 探虎口者也。夫陳留，天下之衝，四通五達之郊也，今其城又多積
> 粟。臣善其令，請得使之，令下足下。即不聽，足下舉兵攻之，臣
> 為內應。〔註156〕

劉邦接受酈食其「佔領陳留」的建議，不戰而佔領了陳留縣城，獲得大批的
糧食，收降了秦軍。酈食其的弟弟酈商也率四千多名反秦部隊投靠劉邦，劉
邦聲威大震，擁有二萬多人的反秦軍。劉邦就以陳留為根據地，在河南攻城
掠地，成為河南反秦的主力軍。酈氏兄弟的歸附，使劉邦西入關的形勢大為
好轉。〔註157〕

　　張良是韓國貴族，祖父、父親均當過韓國宰相，〔註158〕因此，他可以說
出身名門。「壯貌如婦人好女」，〔註159〕稱得上是美男子。秦滅韓後，他收買
一位大力士行刺秦始皇不成，在下邳（江蘇邳縣東）隱居十年，精研黃老思
想，使作風與政治立場有所轉變。〔註160〕

　　秦二世元年（西元前209年），陳勝、吳廣起兵反秦，各地的英雄豪傑紛
紛響應，張良率領一百多名青年想去留縣（江蘇沛縣東）投效景駒，這時沛
公劉邦率數千人進攻下邳西邊，張良就率這些人追隨沛公，沛公派他擔任「廄
將」（管馬官）。張良起先不投效近在下邳的劉邦，反而想要投效遠在留縣的
景駒，這是初期他對劉邦全無認識的證據，而劉邦只派他擔任「廄將」，便是

〔註155〕張大可、徐日輝，《張良蕭何韓信評傳》，頁 72。
〔註156〕《史記》，卷 97，〈酈生陸賈列傳〉，頁 2693。
〔註157〕張大可、徐日輝，《張良蕭何韓信評傳》，頁 69。
〔註158〕《史記》，卷 55，〈留侯世家〉，頁 2033。
〔註159〕《史記》，卷 55，〈留侯世家〉，頁 2049。
〔註160〕康立，〈論張良政治立場的轉變〉，《歷史研究》，1974：1。

初期對張良尙無認識的說明。〔註161〕

　　張良常以太公兵法說服劉邦，劉邦皆能採用，於是張良下一個結論說：「沛公殆天授」。〔註162〕張良覺得劉邦眞是天生的領袖，他是從心底裏佩服劉邦，認爲劉邦是一位深沈的英傑，下定決心爲劉邦賣命，不去追隨景駒了。由此看來，張良被劉邦的寬宏大量和氣宇不凡所迷。〔註163〕

　　從此張良成爲劉邦的幕僚。項梁、項羽勢力壯大後，劉邦在薛縣（山東滕縣東南）投效項梁，張良建議項梁立韓國公子橫陽君韓成做韓王，以便號召韓國人民起來反秦。項梁同意，張良就由劉邦的廐將，跳升爲韓國的司徒，項梁撥了一支軍隊給張良，叫他輔佐韓王成，西略韓地，張良辭別劉邦，與韓王號召韓人反秦，攻下幾個城市，又被秦軍佔領，張良沒有進展，於是在穎川郡（河南禹縣）一帶打游擊。〔註164〕

　　秦二世三年（西元前207年）七月，劉邦的西征軍進入河南西部穎川郡張良的游擊區，張良因爲在韓地反秦毫無進展，決定放棄游擊活動，追隨劉邦入關。劉邦進攻洛陽失敗，張良熟悉韓國地形，又知西邊的函谷關有重兵把守，乃引導劉邦避實擊虛，放棄直攻函谷關，轉而南下迂迴，從險道環轅（河南登封縣西北）南下南陽，經武關（陝西商南縣西）進入關中。〔註165〕

　　劉邦軍隊在南陽郡擊敗南陽守齮，齮敗退保守宛城（河南南陽），劉邦想繞過宛城西攻武關，張良勸說：「沛公雖欲急入關，秦兵尙眾，距險。今不下宛，宛從後擊，彊秦在前，此危道地。」〔註166〕劉邦採納張良的建議，軍隊立即向後轉，偃旗息鼓，連夜趕回包圍宛城，準備攻堅。天亮以後，郡守登城一看，四面八方都是反秦軍，嚇得想自殺，舍人陳恢縋城而出，與劉邦談判，劉邦接受陳恢意見，與守宛城的秦軍「約降」，封郡守繼續守宛城，抽調宛城的秦軍一起入關。談判成功後，封宛守爲殷侯，陳恢爲千戶。

　　張良的策略無疑是一成敗關鍵的建議，劉邦一生成功的關鍵，便是最能判別與接納這類的建議。劉邦接受陳恢的意見，一方面解除了本身的後顧之憂，另方面開出了秦官的自新之路，恰做了張良建議的更有力的補充，問題

〔註161〕徐亮之，《張良與諸葛亮》，（台北：華世出版社，1975年），頁16。
〔註162〕《史記》，卷55，〈留侯世家〉，頁2036。
〔註163〕禾日編著，《綜觀楚漢風雲》，（台北：國家出版社，1983年），頁93。
〔註164〕《史記》，卷55，〈留侯世家〉，頁2036。
〔註165〕《史記》，卷8，〈高祖本紀〉，頁358～359。
〔註166〕《史記》，卷8，〈高祖本紀〉，頁359。

才圓滿解決。〔註167〕自從宛城一地和平解決後，劉邦義軍一路勢如破竹，各地紛紛仿效宛守，向劉邦投降，劉邦集團長驅直入向武關進擊。〔註168〕

八月，劉邦攻入武關（此役史料缺乏），九月，進至嶢關（陝西藍田東南），想以兩萬軍隊正面進攻，張良獻計：

> 秦兵尚彊未可輕，臣聞其將屠者子，賈豎易動以利。願沛公且留壁，
> 使人先行，為五萬人具食，益為張旗幟諸山上，為疑兵，令酈食其
> 持重寶啗秦將。〔註169〕

秦將果然反叛，願意和劉邦軍隊一起西襲咸陽，劉邦想聽秦將的話，這時，張良又出一計，說「此獨其將欲叛耳，恐士卒不從。不從必危，不如因其解擊之。」〔註170〕張良起先想軍事解決（強攻），繼則改為政治解決（收買），最後又變成軍事解決（因懈）。前後數變，每次都因機乘時，先發制人。〔註171〕劉邦率軍偷襲，果然大破秦軍。然後繼續北進，在藍田一役，打得秦軍落花流水，一敗塗地，秦朝滅亡已成定局。〔註172〕漢元年（西元前206年）十月，秦王子嬰殺死趙高。劉邦軍隊進至霸上，逼進咸陽，子嬰「繫頸以組，白馬素車，奉天子璽符」〔註173〕向劉邦投降。

張良的策略，使劉邦先其他諸將而進入關中滅秦。

三、劉邦的策略運用成功

（一）避實擊虛策略

劉邦西入關採用避實擊虛，穩紮穩打的策略。如遇秦軍堅強防守的城鎮，能攻下就攻取，如攻不下就從旁邊繞過，不受堅城的牽制，吸取吳廣攻滎陽失敗的教訓，以爭取進入關中的時間。如他發現開封、滎陽、洛陽秦軍防守堅固，攻不下來。〔註174〕如果留下這些城鎮不攻，有受秦軍前後夾攻的危險，如果進攻這些堅城，再前進，又有頓兵堅城之下，貽誤戰機的可能。

〔註167〕徐亮之，《張良與諸葛亮》，頁23。
〔註168〕林劍鳴，《新編秦漢史》上，頁290。
〔註169〕《史記》，卷55，〈留侯世家〉，頁2037。
〔註170〕《史記》，卷55，〈留侯世家〉，頁2037。
〔註171〕阮芝生，〈論留侯與三略〉上，《食貨月刊》復刊第11卷第2期。
〔註172〕林劍鳴，《新編秦漢史》上，頁291。
〔註173〕《史記》，卷6，〈秦始皇本紀〉，頁275。
〔註174〕《漢書》，卷1上，〈高帝紀〉上，頁18～19。

因而避開向函谷關的方向，向南大迂迴至南陽（河南南陽）作戰，〔註175〕
這是最大的乘虛。既避開幾個堅城，又向秦軍防備較弱的地區前進，因此，
能以較少的兵力，較短的時間，獲得最大的戰果。〔註176〕

（二）邊進軍邊發展策略

劉邦從彭城率反秦軍西征時，兵力「不滿萬人」，〔註177〕如果等待兵力
壯大以後再西征，會喪失早先入關的時機，如果兵力不足，又難以完成西入
關的作戰任務，為了適應當時的滅秦形勢，劉邦只有採取邊進軍邊發展的策
略。

劉邦在西入關的過程中，逐漸發展壯大起來，他擴張勢力的手段很靈活，
軍事作戰與政治作戰交互運用。可以用軍事作戰擊敗的秦軍，就用軍力解決；
不必用兵的，就用誘降的方法招降秦軍；可以聯合的，就以合併的方式吸納。
這樣，既不影響西入關的進兵速度，也不會消耗太多兵力，劉邦集團的實力
又逐漸擴大。實力擴大又使向西進兵的速度加快，表現了向西進軍與自我發
展的一致性，〔註178〕兩者同時進行。這個策略的運用成功，使劉邦集團順利
入關，而且兵力增為十萬人。〔註179〕

（三）收攬民心的策略

劉邦西入關的用兵策略，是攻心為上，攻城為下，注意宣傳與政治作戰，
軍紀嚴明，對百姓秋毫無犯，對俘虜給予優待，因此，受百姓擁護，使進兵
順利，比其他將領更早進入關中。

劉邦集團收攬民心的策略，史書記載如下：

> 諸所過毋得掠鹵，秦人喜。〔註180〕

> 劉邦召諸縣父老豪傑曰：「父老苦秦苛法久矣，誹謗者族，偶語者
> 棄市。吾與諸侯約，先入關中者王之，吾當王關中。與父老約，法
> 三章耳：殺人者死，傷人及盜抵罪。餘悉除去秦法。諸吏人皆案堵
> 如故。凡吾所以來，為父老除害，非有所侵暴，無恐！且吾所以還

〔註175〕《漢書》，卷1上，〈高帝紀〉上，頁19。
〔註176〕《中國軍事史》，第2卷，〈兵略〉上，頁202。
〔註177〕《漢書》，卷43，〈酈陸朱劉叔孫傳〉，頁2107。
〔註178〕《中國軍事史》，第2卷，〈兵略〉上，頁203。
〔註179〕《史記》，卷8，〈高祖本紀〉，頁364。
〔註180〕《史記》，卷8，〈高祖本紀〉，頁361。

軍霸上，待諸侯而定約束耳。」乃使人與秦吏行縣鄉邑，告諭之。

秦人大喜，爭持牛羊酒食獻饗軍士。沛公又讓不受，曰：「倉粟多，

非乏，不欲費人。」人又益喜，唯恐沛公不爲秦王。〔註181〕

《史記‧高祖本紀》說：「沛公素寬大長者」。〔註182〕劉邦的性格，對於一般人士，尤其是百姓庶民，非常寬容仁愛，有長者風。〔註183〕因此，深得民心。劉邦收攬民心的策略運用成功，使他順利西入關滅秦。

第四節　熊心集團的分裂

一、劉邦、項羽矛盾的開始──劉邦守關拒納項羽

漢元年（西元前206年）十月，劉邦率十萬熊心集團西征軍，破武關（陝西商南東南），攻至霸上（陝西西安東南），秦王子嬰被迫投降，秦朝滅亡。

劉邦集團入關後，施行三項措施：

（一）封存府庫，還軍霸上。

（二）約法三章，除秦苛法。

（三）派兵守關，拒納項羽。

劉邦所採取的措施，前兩項是正確的，既防止了反秦軍入咸陽後的腐敗，又爭得關中百姓的民心，對後來楚漢戰爭產生深遠的影響。但第三項措施卻不合時宜。當時，項羽的實力遠超過劉邦，阻止項羽集團西入關中，勢必過早地激化劉、項之間的矛盾，而此時戰爭一旦爆發，劉邦將遭受無法挽回的失敗。〔註184〕

漢元年（西元前206年）十一月，項羽率熊心集團的北征軍四十萬，來到函谷關前，派英布攻破關門。十二月，駐紮在鴻門（陝西臨潼東北）。劉邦駐紮在霸上，兩大軍事集團相距只有四十里。劉、項矛盾的開始，是由於劉邦的左司馬曹無傷派人向項羽告密：

沛公欲王關中，令子嬰爲相，珍寶盡有之。〔註185〕

〔註181〕《史記》，卷8，〈高祖本紀〉，頁362。

〔註182〕《史記》，卷8，〈高祖本紀〉，頁357。

〔註183〕芮和蒸，〈漢高祖完成帝業的分析研究〉，收於王壽南等撰，《政治史》，（台北：漢苑出版社，1988年），頁86。

〔註184〕李德龍，《漢初軍事史研究》，頁4。

〔註185〕《史記》，卷8，〈高祖本紀〉，頁364。

項羽聽到消息後大怒，立即下令部隊：

　　旦日饗士卒，爲擊破沛公軍。〔註186〕

項羽的謀士范增建議，早日擊破劉邦：

　　沛公居山東時，貪於財貨，好美姬。今入關，財物無所取，婦女無
　　所幸，此其志不在小。吾令人望其氣，皆爲龍虎，成五采，此天子
　　氣也。急擊勿失。〔註187〕

劉邦、項羽兩大軍事集團，由於部下與謀士的撥弄或建議，雙方的矛盾迅速
被激化起來。

　　項羽在次日要進攻劉邦的軍事機密，被他的叔父項伯洩露給劉邦的謀士
張良。張良從前曾經救過項伯，項伯擔心項羽進攻劉邦時，張良會一起遇難，
於是夜奔敵營（其實劉、項皆熊心集團成員），私見張良，勸張良趕快逃走，
張良不逃，反而立刻報告劉邦，並建議：請項伯替劉邦說情。劉邦立刻與項
伯結爲兒女親家，並請他向項羽轉達自己並無對抗之意：

　　吾入關，秋豪不敢有所近，籍吏民，封府庫，而待將軍。所以遣將
　　守關者，備他盜之出入與非常也。日夜望將軍至，豈敢反乎！願伯
　　具言臣下之不敢倍德也。〔註188〕

項伯答應幫劉邦求情，也要求劉邦明日必定要親到鴻門面謝項羽。

　　項伯當夜回營，力勸項羽說：

　　沛公不先破關中，公豈敢入乎？今人有大功而擊之，不義也，不如
　　因善遇之。〔註189〕

這番話果然將缺乏主見又具「婦人之仁」的項羽說動，暫時放棄消滅劉邦的
計劃。〔註190〕

　　第二天，劉邦帶張良、樊噲等人，親赴鴻門拜謝。當時天下未定，劉項也
都不曾稱王，鴻門之會正所以決定領導權誰屬。劉邦不得已冒奇險來會，便是
表示願意接受項羽的領導，以示無他；而項羽則要借此機會收服劉邦。〔註191〕

〔註186〕《史記》，卷7，〈項羽本紀〉，頁311。
〔註187〕《史記》，卷7，〈項羽本紀〉，頁311。
〔註188〕《史記》，卷7，〈項羽本紀〉，頁312。
〔註189〕《史記》，卷7，〈項羽本紀〉，頁312。
〔註190〕林劍鳴，《新編秦漢史》上，頁309。
〔註191〕余英時，〈說鴻門宴的坐次〉，收於《史學與傳統》，（台北：時報出版公司，
　　　　1982年），頁187。

席間，范增三次示意項羽殺劉邦，項羽不動手。范增又找項羽從弟項莊，藉舞劍助興為由，乘機刺殺劉邦。項伯也拔劍起舞，保護劉邦。張良見劉邦處境危險，立即叫樊噲進來，樊噲大義凜然的教訓項羽：

> 大王今日至，聽小人之言，與沛公有隙，臣恐天下解，心疑大王也。

〔註192〕

樊噲的言論與行動，進一步動搖了項羽殺劉邦的決心。〔註193〕劉邦藉口小解，逃回軍中，立即殺掉曹無傷，留下張良收拾善後。項羽不僅沒有追究劉邦的不辭而別，還接受了張良代表劉邦所奉贈的禮物。鴻門宴當時，雙方已劍拔弩張，一觸即發，項羽若要消滅劉邦，易如反掌。但是，由於劉邦、張良巧施計謀，卑辭求和，項羽虛榮驕傲，加之項伯通敵，故使劉、項矛盾暫時緩和下來。〔註194〕

二、劉邦、項羽矛盾的激化 —— 劉邦對項羽分封的不滿

鴻門宴後數日，項羽進兵咸陽，殺已投降的秦王子嬰，搶掠秦宮大量財寶宮女，火燒阿房宮與秦始皇陵，「秦人大失望」。〔註195〕項羽西屠咸陽後，回軍戲下（陝西臨潼東北），開始處理秦滅亡以後的善後政治事宜。項羽自認滅秦功大，以為楚懷王熊心會肯定自己，改變原來與諸侯的約定：「先入定關中者王之」。〔註196〕他先派人請示楚懷王熊心，不料熊心回答：「如約」，項羽非常失望，他怨恨熊心：

> 項羽怨懷王不肯令與沛公俱西入關，而北救趙，後天下約。〔註197〕

項羽對熊心因怨生恨，想廢掉他，就對將領們說：

> 懷王者，吾家項梁所立耳，非有功伐，何以得主約！〔註198〕

> 天下初發難者，假立諸侯後以伐秦。然身被堅執銳首事，暴露於野
> 三年，滅秦定天下者，皆將相諸君與籍之力也。義帝雖無功，故當
> 分其地王之。〔註199〕

〔註192〕《史記》，卷95，〈樊酈滕灌列傳〉，頁2654。
〔註193〕林劍鳴，《新編秦漢史》上，頁310。
〔註194〕李德龍，《漢初軍事史研究》，頁5～6。
〔註195〕《史記》，卷8，〈高祖本紀〉，頁365。
〔註196〕《史記》，卷8，〈高祖本紀〉，頁356。
〔註197〕《史記》，卷8，〈高祖本紀〉，頁365。
〔註198〕《史記》，卷8，〈高祖本紀〉，頁365。
〔註199〕《史記》，卷7，〈項羽本紀〉，頁316。

漢元年（西元前 206 年）正月，佯尊懷王爲義帝，後以「古之帝者地方千里，必居上游」〔註200〕爲藉口，強迫熊心由彭城（江蘇徐州市）大本營，遷往郴（湖南郴州），表面上是天下共主，實際上貶到江南較落後的地方，「不用其命」。〔註201〕漢元年（西元前 206 年）二月，項羽分封了十八個諸侯王。

項羽與范增懷疑劉邦企圖奪取天下，但鴻門宴雙方已和解，又不願被各諸侯指責有負楚懷王「先入定關中者王之」的約定，就策劃將巴、蜀、漢中分封給劉邦，硬說：「巴、蜀亦關中地也」，〔註202〕都南鄭（陝西漢中）。爲了防止劉邦北上進入關中及防他出函谷關向東發展，將關中分封給秦朝的三位降將：雍王章邯、塞王司馬欣、翟王董翳。

漢元年（西元前 206 年）四月，項羽分封完後，諸侯各就其國。劉邦未被項羽分封在關中，非常不滿，想與項羽決一死戰，他的部將周勃、灌嬰、樊噲勸阻他，蕭何也勸諫劉邦說：

> 雖王漢中之惡，不猶愈於死乎？……今眾弗如，百戰百敗，不死何爲？周書曰：「天予不取，反受其咎」。語曰「天漢」，其稱甚美。
> 夫能詘於一人之下，而信於萬乘之上者，湯武是也。臣願大王王漢中，養其民以致賢人，收用巴蜀，還定三秦，天下可圖也。〔註203〕

劉邦採納蕭何的建議，離開關中，在進入漢中途中，又採納張良的意見：「燒絕棧道，示天下無還心，以固項王意」。〔註204〕張良的計謀，一有斷絕追兵的用意；〔註205〕二可麻痺項羽，促使其早日撤離關中；〔註206〕三可顯示劉邦決無再回關中和東歸的誠意，好讓項羽死了心，不再防備漢中的劉邦。

劉邦按照熊心之約，本該得到關中。項羽的分封不公，使劉邦丟了關中，被困鎖到巴蜀、漢中，關中被不得民心的三位秦降將佔去。項羽的分封失策，激化了劉邦、項羽的矛盾，種下了楚漢戰爭的禍根，使熊心集團徹底分裂。

〔註200〕《史記》，卷7，〈項羽本紀〉，頁320。《史記》，卷16，〈秦楚之際月表〉，記時間爲正月，頁775。
〔註201〕《史記》，卷8，〈高祖本紀〉，頁365。
〔註202〕《史記》，卷7，〈項羽本紀〉，頁316。
〔註203〕《漢書》，卷89，〈蕭何曹參傳〉，頁2006。
〔註204〕《漢書》，卷40，〈張陳王周傳〉，頁2027。
〔註205〕林劍鳴，《新編秦漢史》上，頁319。
〔註206〕李德龍，《漢初軍事史研究》，頁12。

第五節　熊心集團的分析

一、組織結構

（一）籍　貫

　　熊心集團的建立者項梁與其姪項羽，祖先被楚國國君封於項（河南項城縣東北），以封地「項」為姓。秦朝時，項梁犯殺人罪，逃至吳中（江蘇蘇州市）地區避難。項羽出生於下相（江蘇宿遷縣西南）地區，故籍貫是楚國。項梁所立的楚懷王熊心，是原楚懷王的孫子。項梁死後，熊心是集團的領袖。熊心的籍貫，根據《史記・楚世家》引《集解》說，在南郡枝江縣（湖北秭歸縣）。

　　根據表 4-1，熊心集團成員 40 人中，籍貫可知者有 25 人，占 62%，屬於今日湖北省者有 1 人，江蘇省者有 21 人，安徽省者有 2 人，河南省者有 1 人，熊心集團成員是以今日江蘇省人最多，占 53%。出身國可知者有 40 人，其中楚國有 36 人，占 90%，秦國有 3 人，占 7%，韓國有 1 人，占 2%。從出身國來看，熊心集團是以楚地人士為主的反秦集團。

（二）出　身

　　建立者項梁是楚將項燕之子，姪項羽是項燕之孫，是貴族。集團領袖熊心是楚懷王之孫，秦亡後，雖流落民間當牧羊人，但其出身是貴族。從領導人的出身來看，熊心集團是楚國貴族領導的反秦集團。

　　從身分來看，熊心集團成員 40 人中，身分可知者有 25 人，占 88%，其中以熊心、項梁、項羽、項伯、項莊、項襄、項佗、項？、項悍、項聲、張良等 11 人較尊貴。如以階層來看，屬於舊貴族的，有 11 人，占 28%，熊心是楚懷王之孫；張良出身於韓國宰相後代；項梁、項羽、項伯、項莊、項襄、項佗、項？、項悍、項聲都是楚將項燕的後代及族人，這些人都是舊貴族。熊心集團成員中屬於平民的，有 27 人，占 68%。從出身的階層來看，熊心集團是以楚地平民為主，而以楚國貴族為領導的反秦集團。

（三）權力圈

　　熊心集團由幾個派系組成：

1. 陳勝派

　　呂臣（陳勝故涓人）、呂青（呂臣之父）等，此派後被熊心收編，呂臣任司徒，其軍隊在項梁戰死後，歸熊心直接指揮。熊心為拉攏呂臣，任命其父

呂青爲令尹。《說苑‧至公》說：令尹「執一國之柄」，「在上位，以率萬民」。
〔註207〕令尹對內執國事，對外主戰爭，總攬大權於一身，在楚國官職中是地
位最尊的執政官。〔註208〕

2. 項梁派

　　領袖是項梁，成員有項羽、項伯、項莊、項襄、項佗、項？、項悍、項
聲、陳嬰、曹咎、司馬龍且、英布、蒲將軍、范增、薛公、韓信、桓楚等，
此派勢力最大，項梁死後由項羽領導。項羽所信任的是項氏族人與項羽妻子
的兄弟，因此，項伯、項莊、項襄、項佗、項？、項悍、項聲等項氏族人是
項梁派的核心圈。

3. 劉邦派

　　劉邦、蕭何、曹參、張良、任敖、周昌、周苛兄弟、周勃、周緤、盧綰、
夏侯嬰、樊噲等，除了張良以外，皆爲劉邦在沛縣反秦起事的核心成員，劉
邦的勢力僅次於項梁派。劉邦派的成員，除了周苛於楚漢戰爭時，在滎陽被
項羽烹殺以外，其餘的成員，都成爲漢朝的開國功臣，有的官至丞相、御史
大夫、太尉三公的高官（參閱附表4-1）。

4. 熊心派

　　熊心、宋義、宋襄等，熊心也從項梁派中挖角故東陽令史陳嬰，給予高
官，任命爲上柱國，安插在身邊。《戰國策‧齊策二》記載「上柱國」：

　　　楚之法，覆軍殺將，……官爲上柱國，爵爲上執圭。〔註209〕

《通典》說：

　　　柱國、上柱國，皆楚之寵官。〔註210〕

上柱國是楚卿、寵官，地位僅次於令尹。〔註211〕此外，熊心也收編陳勝派的
呂臣與呂青二人。

5. 獨立派

　　朱雞石、餘樊君等。陳勝反秦時，也在楚地反秦，不屬於陳勝，後加入

〔註207〕劉向原著，王瑛、王天海譯注，《說苑》下，（台北：台灣古籍出版公司，1996
　　　　年，卷14，〈至公〉，頁690。
〔註208〕熊傳薪主編，《楚國、楚人、楚文化》，（台北：藝術家出版社，2001年），頁69。
〔註209〕溫宏隆注譯，《戰國策》上，（台北：三民書局，1996年），頁400。
〔註210〕杜佑，《通典》，轉引自熊傳薪主編，《楚國、楚人、楚文化》，〈楚國的官制〉，
　　　　頁69。
〔註211〕熊傳薪主編，《楚國、楚人、楚文化》，頁69。

熊心集團。此派後被秦軍擊潰，餘樊君戰死，朱雞石敗逃，爲項梁所殺，派系瓦解。

二、權力運作

（一）縱向的權力關係

1. 領導方式

從楚懷王熊心採納諸老將的建議，任命仁厚長者劉邦爲「西入關」西征軍統帥，可見他能採納眾議，是開明的領導。這種領導方式是開放的，好的計謀、策略可以進入決策系統，使領導者、決策者有很多決策選項，導致決策正確。

2 領導效能

（1）項梁戰死以後，楚懷王熊心立即接管呂臣與項羽這兩支軍隊，並命令呂臣、項羽、劉邦這三位將軍駐紮於大本營彭城附近。呂臣與項羽甘心將兵權交給楚懷王熊心，可見熊心是有效領導。

（2）楚懷王熊心任命宋義爲上將軍，率熊心集團反秦軍主力北上救趙，項羽爲次將，范增爲末將。劉邦爲西征軍統帥，這些指揮官都能服從領導，可見熊心是有效領導，命令能貫徹，縱向的權力運作順暢。

（二）橫向的權力關係

1. 次將項羽殺上將軍宋義，取代宋義爲「北救趙」軍統帥，部將之間雖權力關係緊張、衝突，但項羽馬上派桓楚向彭城大本營領袖楚懷王熊心報告，獲得領袖楚懷王熊心重新任命爲上將軍，取得統帥權力的合法性與正當性。

2. 項羽、劉邦兩支軍隊，能團結合作，項羽的北征軍殲滅秦軍主力，爲劉邦西征軍的入關創造有利的形勢。熊心集團內部橫向的權力關係運作順利。

3. 楚懷王熊心收編陳嬰、呂臣、呂青，提拔並重用他們擔任高官，一方面可擴大熊心派的實力，一方面可壓制項羽派的勢力。任用宋義爲北征軍統帥，也有壓制項羽的意味。

三、成敗得失

（一）領導人

1. 擬訂戰略能力

楚懷王熊心最了不起的貢獻，是擬訂與實施「北救趙與西入關」的戰略

決策，楚懷王熊心一面派宋義、項羽、范增等三位將軍，率熊心集團反秦軍的主力北上就趙，一面派劉邦將軍率偏師西入關，直攻秦朝的首都咸陽，形成兩路反秦軍夾擊秦國的態勢，這一戰略決策，顯示楚懷王熊心具有經緯全局的政治眼光與擬訂滅秦的戰略能力。

2. 危機處理能力

（1）項梁戰死後，熊心將大本營由盱台遷往彭城，接管呂臣與項羽的軍隊，並命令呂臣軍駐紮於彭城東，項羽軍駐紮於彭城西，劉邦軍駐紮於碭，三支反秦軍構成犄角之勢，互相策應，以應付秦軍對彭城的進攻。

（2）項羽殺宋義並派人向楚懷王熊心報告，熊心迅速任命項羽爲上將軍，擔任「北救趙」軍的統帥，率領英布與蒲將軍的部隊。

從以上二件重大事件的處理來看，熊心能面對瞬息萬變的戰場變化，迅速處理反秦集團所面臨的危機，化險爲夷，這是滅秦成功的領導因素。

（二）部將攻防能力

1. 項羽北征軍的戰鬥力

項羽北征軍的戰鬥力主要表現在鉅鹿之戰，鉅鹿之戰是楚地反秦軍與秦軍主力的大決戰，是項羽建立霸業的開始，《史記·項羽本紀》記載鉅鹿之戰項羽統率北征軍擊敗秦軍主力的經過：

> （項羽）乃遣當陽君（英布）、蒲將軍將卒二萬渡河，救鉅鹿，戰少利，陳餘復請兵。項羽乃悉引兵渡河，皆沉船，破斧甑，燒廬舍，持三日糧，以示士卒必死，無一還心。於是至則圍王離，與秦軍遇，九戰，絕其甬道，大破之，殺蘇角，虜王離，涉間不降楚，自燒殺。當是時，楚兵冠諸侯。諸侯軍救鉅鹿下者十餘壁，莫敢縱兵。及楚擊秦，諸侯皆從壁上觀。楚戰士無不一以當十，楚兵呼聲動天，諸侯軍無不人人慴恐。於是已破秦軍，項羽召見諸侯將，入轅門，無不膝行而前，莫敢仰視。項羽由是始爲之諸侯上將軍，諸侯皆屬焉。章邯軍棘原，項羽軍漳南，相持未戰，秦軍數卻……約未成，項羽使蒲將軍日夜引兵度三戶，軍漳南，與秦戰，再破之。〔註212〕

項羽在鉅鹿之戰中所用的戰術，是先派當陽君英布與蒲將軍帶二萬楚軍先頭部隊渡河，一來建立橋頭陣地，二來切斷章邯補給王離的糧食甬道，三來可

〔註212〕《史記》，卷7，〈項羽本紀〉，頁307～308。

以穩定鉅鹿城中趙國守軍的軍心，四來又與駐紮在鉅鹿之北的趙將陳餘互通聲氣，形成兩面夾擊的形勢。等到先頭部隊渡河成功，橋頭陣地建立以後，項羽才親自率領楚軍主力渡河。渡河之前，他先給楚軍精神動員，告訴全軍將士要抱持「必死無一還心」的決心，不能畏縮後退，只能向前奮勇殺敵，這是兵法「置之死地而後生」的運用。項羽的主力渡河以後。馬上攻擊包圍鉅鹿城的王離的秦軍，與鉅鹿城內的趙軍及城北的陳餘的趙軍聯合，內外夾擊，對王離的秦軍形成反包圍。〔註213〕

王離的秦軍因補給糧食的甬道被切斷，糧食缺乏，秦軍戰鬥力減弱，終於被項羽的楚軍擊敗。項羽北征軍的戰鬥力，司馬遷說「楚戰士無不一以當十，楚兵呼聲動天」、「與秦軍遇，九戰，絕其甬道，大破之」，楚軍殺死秦將蘇角，秦將涉間不願投降自己燒死，項羽俘虜秦軍統帥王離。

項羽的北征軍先殲滅王離統率的秦軍主力之一，所謂的「河北之軍」〔註214〕再擊潰另一支秦軍主力，章邯統率的「河南之軍」，〔註215〕俘虜秦軍統帥章邯及二十多萬秦軍。

2. 劉邦西征軍的戰鬥力

劉邦西征軍的戰鬥力沒有項羽北征軍那麼強，劉邦的西征軍所遭遇的秦軍，大多是郡縣的地方軍，不是秦軍主力。但是能比其他諸將早一步攻入咸陽，滅掉秦朝，這顯示劉邦的西征軍也有相當的戰鬥力，劉邦西征軍的戰鬥力從曹參的軍功中可以看出，《史記・曹相國世家》記載：

> 高祖爲沛公而初起也，參以中涓從。將擊胡陵、方與，攻秦監公軍，大破之。東下薛，擊泗水守軍薛郭西。復攻胡陵，取之。……擊秦司馬夷軍碭東，破之，取碭、狐父、祁善置。……又攻下邑以西，至虞。……攻爰戚及亢父，先登。遷爲五大夫。北救阿，擊章邯軍，陷陳，追至濮陽。攻定陶，取臨濟。南救雍丘，擊李由軍，破之，

〔註213〕賴漢屏，《史記評賞》，（台北：三民書局，1998年），頁6。
〔註214〕《史記》，卷7，〈項羽本紀〉，頁304。《史記》，卷8，〈高祖本紀〉，頁356。
〔註215〕北大歷史系張傳璽教授認爲：陳勝反秦起事後，秦政府組織了兩支主力軍東向，王離與章邯分別受命爲這兩支主力軍的統帥。這兩支軍隊本來就是平行的，互無隸屬關係。他們在不同的地點奉命東向。章邯從驪山一帶出發，他的主要活動地區在三川郡、潁川郡、陳郡、東郡、薛郡一帶，所以叫做「河南之軍」；王離軍從上郡一帶出發東渡，主要活動地區在太原、上黨、邯鄲一帶，所以叫做「河北之軍」。見氏著，〈關於「章邯軍」與「王離軍」的關係問題〉，收於《秦漢問題研究》，（北京：北京大學出版社，1985年），頁337。

　　殺李由，虜秦侯一人……其後從攻東郡尉軍，破之成武南。擊王離
　　軍成陽南，復攻之杠里，大破之。追北，西至開封，擊趙賁軍，破
　　之，為趙賁開封城中。西擊秦將楊熊軍於曲遇，破之，虜秦司馬及
　　御史各一人。遷為執珪。從攻陽武，下轘轅、緱氏，絕河津，還擊
　　趙賁軍尸北，破之。從南攻犨，與南陽守齮戰陽城郭東，陷陳，取
　　宛，虜齮，盡定南陽郡。從西攻武關、嶢關，取之。前攻秦軍藍田
　　南，又夜擊其北，秦軍大破，遂至咸陽，滅秦。〔註216〕

劉邦西征軍的戰鬥力雖沒有項羽那麼強，但能採納謀士張良的計謀，避實擊
虛，邊進軍邊發展，軍紀嚴明，收攬民心，因此，比項羽早入關滅秦。劉邦
軍是鬥力與鬥智雙管齊下，交互運用，順利滅秦。

表 4-1　熊心集團成員表

編號	姓　名	籍　貫	出身國	身　分	階層	官　職	結　局
1	熊　心	南郡枝江縣（湖北秭歸縣）	楚	楚懷王之孫	貴族	楚懷王	為英布所殺
2	項　梁	下　相（江蘇宿遷縣）	楚	楚將項燕之子	貴族	楚將、會稽郡守、武信君	戰　死
3	項　羽	下　相（江蘇宿遷縣）	楚	楚將項燕之孫	貴族	楚將、魯公、上將軍	自　殺
4	項　伯	下　相（江蘇宿遷縣）	楚	楚將項燕之子	貴族	漢封射陽侯	叛楚降漢
5	項　莊	下　相（江蘇宿遷縣）	楚	項羽族人	貴族	楚將	
6	項　襄	下　相（江蘇宿遷縣）	楚	項羽族人	貴族	楚將	叛楚降漢，封桃侯
7	項　佗	下　相（江蘇宿遷縣）	楚	項羽族人	貴族	楚將	叛楚降漢，封平皋侯
8	項　？	下　相（江蘇宿遷縣）	楚	項羽族人	貴族	楚將	叛楚降漢，封玄武侯
9	項　悍	下　相（江蘇宿遷縣）	楚	項羽族人	貴族	楚將	
10	項　聲	下　相（江蘇宿遷縣）	楚	項羽族人	貴族	楚將	

11	曹咎		楚	獄掾	平民	大司馬、海春侯	自殺
12	陳嬰		楚	故東陽令史	平民	楚上柱國	
13	黥（英）布	六（安徽六縣）	楚	刑徒	平民	楚將、當陽君、九江王	謀反爲劉邦所殺
14	蒲？		楚		平民	楚將	
15	朱雞石		楚		平民	楚將	兵敗逃胡陵、爲項梁所殺
16	餘樊君		楚		平民	楚將	戰死
17	范增	居鄛（安徽桐城縣）	楚	書生	平民	楚將？項羽謀士	中陳平之計、疽發背而死
18	宋義		楚		平民	上將軍	爲項羽所殺
19	宋襄		楚	宋義之子	平民	齊相國	爲項羽所殺
20	呂臣		楚	陳勝故涓人、將軍	平民	楚將、司徒	
21	呂青		楚	呂臣之父	平民	令尹	
22	章邯		秦	原秦將		雍王	自殺
23	司馬欣		秦	獄掾、長史，原秦將	平民	上將軍、塞王	自殺
24	董翳		秦	督尉、原秦將		翟王	自殺
25	司馬龍且		楚	項梁部將	平民	楚將	爲灌嬰所殺
26	薛公		楚	薛縣令	平民	楚將	爲彭越所殺
27	韓信	淮陰（江蘇淮陰南）	楚	項羽部下	平民	項梁、項羽部下	叛楚降漢
28	桓楚		楚	亡在澤中	平民	楚將	
29	劉邦	沛（江蘇沛縣東）	楚	沛公	平民	楚將、漢王	先入關，漢皇帝
30	張良	城父（河南禹縣南）	韓	韓國宰相後代	貴族	韓相	留侯
31	蕭何	沛（江蘇沛縣東）	楚	沛縣主吏	平民	縣丞	漢朝丞相
32	曹參	沛（江蘇沛縣東）	楚	沛縣獄掾	平民	楚將	漢朝丞相

33	任　敖	沛（江蘇沛縣東）	楚	沛縣獄吏	平民	賓客、御史	漢朝御史大夫
34	周　昌	沛（江蘇沛縣東）	楚	泗水郡卒史	平民	主旗幟	漢朝御史大夫
35	周　苛	沛（江蘇沛縣東）	楚	泗水郡卒史	平民	賓客	爲項羽烹殺
36	周　勃	沛（江蘇沛縣東）	楚	織薄曲爲生	平民	中涓	漢朝太尉、丞相
37	周　緤	沛（江蘇沛縣東）	楚		平民	舍人	漢朝信武侯
38	盧　綰	沛（江蘇沛縣東）	楚	劉邦鄰居、同學	平民	賓客	漢朝燕王
39	夏侯嬰	沛（江蘇沛縣東）	楚	沛縣縣吏	平民	太僕	漢朝太僕
40	樊　噲	沛（江蘇沛縣東）	楚	屠狗	平民	舍人	漢朝舞陽侯

此表主要根據《史記・項羽本紀》、《史記・高祖本紀》、《漢書・高帝紀》、《漢書・陳勝項籍傳》及劉邦開國功臣蕭何等人本傳整理

圖 4-1　熊心集團權力圈圖　　　　　圖 4-2　熊心集團地位圖

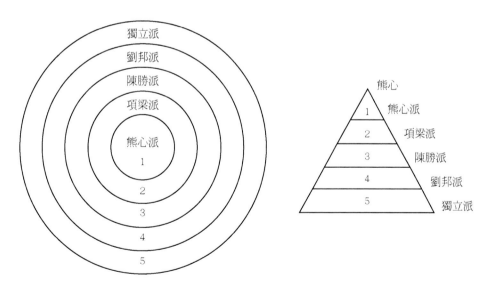

第五章　項羽集團在楚漢戰爭失敗的原因

　　秦亡後，劉邦和項羽為了爭奪領導權而互相戰爭，史稱「楚漢相爭」，項羽是一個反秦戰爭的英雄，同時又是一個眼光短視的將領；他有時天真純樸、寬厚慈和得令人喜愛，有時又暴戾兇殘得令人髮指。項羽恭謹，恭謹的人往往不易信人，人才紛紛遠離他，投靠劉邦。殘暴的性格使他喪失民心，埋下日後失敗的種子。他缺乏政治智慧，在一系列的策略上犯了錯誤。他的地域觀念，決定兩件大事，一是定都彭城，二是分封諸侯，這兩個錯誤的決策使他深受其害，促成項羽在楚漢相爭中的失敗。項羽對劉邦的戰略：（一）封鎖劉邦戰略（二）先齊後漢戰略，與後勤補給失策，另外，項羽的後方根據地常常受到襲擾、破壞，使楚軍的後方補給常遭中斷，終因糧食缺乏而失敗。

第一節　項羽失敗的性格因素

　　項羽的性格有優點，也有缺點，優點促成了反秦戰爭中軍事上的勝利，奠定了項羽的豐功偉績，留名青史，永垂不朽。缺點使他在楚漢相爭中失敗，成為一個悲劇英雄。

一、項羽性格上的優點

（一）英　勇

　　《史記・項羽本紀》篇首曰：

　　　　項籍少時，學書不成，去學劍，又不成。項梁怒之。籍曰：「書足以

> 記名姓而已。劍一人敵，不足學，學萬人敵。」於是項梁乃教籍兵
> 法，籍大喜，略知其意，又不肯竟學。……秦始皇帝游會稽，渡浙
> 江，梁與籍俱觀。籍曰：「彼可取而代之。」梁掩其口，曰：「毋妄
> 言，族矣！」梁以此奇籍。籍長八尺餘，力能扛鼎，才氣過人，雖
> 吳中子弟皆已憚籍矣。〔註1〕

這一段文字標出了項羽的全部面貌，項羽是一個少有才能，有力氣，有膽識，
亦有大志的少年。但是性情急躁，沒有耐心，不虛心，不好學。驕矜之色露
於外，這顯示他英才外露而終不能成就大事。氣量不夠大，毅力不夠強，不
能容人，不能以遠大眼光作久遠打算。一生成敗得失，已隱隱於此作一伏筆。
〔註2〕

項羽英勇的性格與作戰才華表現在鉅鹿之戰，《史記‧項羽本紀》曰：

> 項羽已殺卿子冠軍，威震楚國，名聞諸侯。乃遣當陽君、蒲將軍將
> 卒二萬渡河，救鉅鹿。戰少利，陳餘復請兵，項羽乃悉引兵渡河，
> 皆沉船，破釜，燒廬舍，持三日糧，以示士卒必死，無一還心。於
> 是至則圍王離，與秦軍遇，九戰，絕其甬道，大破之，殺蘇角，虜
> 王離。涉間不降楚，自燒殺。當是時，楚兵冠諸侯救鉅鹿下者十餘
> 壁，莫敢縱兵。及楚擊秦，諸侯皆從壁上觀。楚戰士無不一以當十，
> 楚兵呼聲動天，諸侯軍無不人人慌恐。於是已破秦軍，項羽召見諸
> 侯將，入轅門，無不膝行而前，莫敢仰視。項羽由是始為諸侯上將
> 軍，諸侯皆屬焉。〔註3〕

項羽將全體軍士帶入「死地」，讓他們知道，若不戰勝，只有死路一條。此時，
一個戰士可以發揮十個戰士的戰力，勝利的機率大增。這是《孫子兵法》所
謂「投之亡地然後存，陷之死地然後生」〔註4〕之實証。從鉅鹿圍城戰中，項
羽以奇兵制勝之奇蹟，使他脫穎而出，成為最能幹和最傑出的軍人。〔註5〕鉅
鹿一戰為項羽最大的戰功，其英勇的表現達到最高點。無論就戰略、戰術以
及革命破秦之意義而言，都值得稱述。此後數年宰制天下，與劉邦互爭雄長，

〔註1〕 司馬遷，《史記》，卷7，〈項羽本紀〉，頁295～296。
〔註2〕 徐文珊，《史記評介》，（台北：維新書局，1985年），頁116。
〔註3〕 《史記》，卷7，〈項羽本紀〉，頁307。
〔註4〕 曹操等注，《十一家註孫子》，（台北：里仁書局，1982年），頁209。
〔註5〕 《劍橋中國秦漢史》，（北京：中國社會科學出版社，1993年），頁133。

皆以此役爲其基礎。影響重大，意義深長。〔註6〕

（二）坦　誠

項羽的性格也有坦誠、光明磊落之一面，關於此點，項羽的長處表現在兩件大事，一爲鴻門宴不殺劉邦，二爲鴻溝講和放回太公與呂后，罷兵東歸。

鴻門宴時，項羽「東鄉坐」和劉邦「北鄉坐」，從坐位的安排，顯示項羽已把劉邦看作他的部屬，並正式接受了劉邦的臣服表示。所以當主客都入坐之時，項羽已不復有殺劉之心。〔註7〕范增對沛公有知人之明，預知沛公將來必爲項羽對手，故極力勸項羽早下毒手，以除後患，「范增數目項王，舉所佩玉玦以示之者三，項王默然不應。」〔註8〕范增不愧是個有韜略、有遠見的謀士，他的預言後來都被事實證明了。如果項羽對他言聽計從，那麼後來也就不會有楚漢相爭了。〔註9〕

《史記‧樊酈滕灌列傳》記載樊噲的一席話：「……且沛公先入定咸陽，暴師霸上，以待大王。大王今日至，聽小人之言，與沛公有隙，臣恐天下解，心疑大王也。」，樊噲一付威武不屈的面孔，慷慨淋漓，足抵百萬雄兵。以一屠狗之夫，能在如此嚴重的場合，坦然自若，耀武揚威，侃侃而談，說出這樣一套義正詞嚴，深合外交辭令的話，實在令人欽佩，不敢認他是不學無術的粗莽之夫。他這幾句話，即將危險的局勢抵擋過去，使蘊藏在內的危險無形消逝。也反映出項羽在正義之前肯於低頭，不蠻幹，不無理取鬧，恃強逞暴，這就是他的極大長處。〔註10〕范增最後撞破玉斗，面斥項羽：「唉！豎子不足與謀，奪項王天下者，必沛公也，吾屬今爲之虜矣。」〔註11〕反襯項羽之性格，大英雄不做暗事，在酒筵之間乘人不備而殺之，雖勝之不武。項羽不後悔，不責怪沛公之不辭而別，也不責怪范增之無禮，愈顯其態度之光明、豁達，意志之堅決。項羽雖恃力逞強，且誤聽傳言，怒而欲殺沛公，但由於事實之澄清，大義之分析，終於放棄原意，打消殺機。表現了大勇精神，坦白的態度。雖有范增之慫恿，終不爲所動。此在項羽一生行事而論，是一件值得稱述的大事，也是他的

〔註6〕徐文珊，《史記評介》，頁117～118。

〔註7〕余英時，〈說鴻門宴的坐次〉，收於《史學與傳統》，（台北：時報文化出版公司，1982年），頁194。

〔註8〕《史記》，卷7，〈項羽本紀〉，頁312。

〔註9〕唐子恒，《漢高祖的領導藝術》，（台北：知青頻道出版公司，1994年），頁49。

〔註10〕徐文珊《史記評介》，頁122。

〔註11〕余英時，〈說鴻門宴的坐次〉，收於《史學與傳統》，頁315。

一大長處。〔註12〕鴻門宴時項羽擁兵四十萬，劉邦只有十萬兵力，項羽兵多勢盛，在軍力上穩操勝算卻按兵不動。劉邦派兵守關，失理在先，項羽能在酒宴上除劉邦卻縱虎歸山，並非力不能逮，而是心有不忍；不是不知利害，而是以情為重。項羽是楚國貴族出身，堂堂君子，重情使氣的人格，天生光明磊落，不知奸詐說謊，故對劉邦前來謝罪之說辭〔派兵守關，獨佔秦地，不是為了拒項羽而是為了「備他盜之出入」；「籍吏民，封府庫」是為了「待將軍」（指項羽）〕堅信不移，所以放棄殺害劉邦之機會，鴻門宴顯示的項羽的真性格、真精神正在此，項羽人格感人之處亦在此。〔註13〕而從劉邦的角度來看，項羽在鴻門宴中所暴露的卻是「婦人之仁」，劉邦、張良巧妙地利用了項羽貴族性格的侷限性，竟在觥籌交錯之間以柔克剛，迷惑了項羽。劉邦既全身而遁，從此龍歸大海，項羽再也沒剷除他的機會了。此後短短四年的楚漢相爭（西元前206年至西元前202年）劉邦終於取得了項羽的天下。〔註14〕

漢四年（西元前202年）楚漢相持於廣武山（今河南滎陽東北），中隔巨澗，項羽屢次挑戰，漢軍堅守不出。兩軍相持日久，楚軍的糧食日漸減少，項羽感到再僵持下去對自己不利，於是在陣前對劉邦說「天下匈匈數歲者，徒以吾兩人耳，願與漢王挑戰決雌雄，毋徒苦天下之民父子為也。」〔註15〕這是一種豪爽磊落的態度，也是項羽的英雄本色。

楚漢相持日久，「項羽兵疲食絕」，劉邦雖佔優勢，但因彭城之役以後，劉邦的父親太公、呂后為項羽所虜，劉邦乃主動提出和解，先後派陸賈、侯公遊說項羽，項羽答應，雙方「中分天下，割鴻溝以西為漢，鴻溝以東者為楚」。項羽踐約「即歸漢王父母妻子」，並「引兵解而東歸」。〔註16〕太公、呂后既在項羽手中，則其命運操之於項羽，項羽未嘗不可殺之以洩憤。但項羽不肯，並於雙方講和之後放之歸漢，顯示了項羽的坦率、真誠、度量、品格與作人態度。〔註17〕對於死敵劉邦之親人，項羽是能殺而未殺，由此可知，項羽的忠實誠信，重諾守約，在人格上是堂堂君子。〔註18〕

〔註12〕唐子恒，《漢高祖的領導藝術》，頁119、124。
〔註13〕周先民，《司馬遷的史傳文學世界》，（台北：文津出版社，1995年），頁125。
〔註14〕余英時，〈說鴻門宴的坐次〉，收於《史學與傳統》，頁195。
〔註15〕《史記》，卷7，〈項羽本紀〉，頁328。
〔註16〕《史記》，卷7，〈項羽本紀〉，頁331。
〔註17〕徐文珊，《史記評介》，頁125。
〔註18〕周先民，《司馬遷的史傳文學世界》，頁126。

二、項羽性格上的弱點

（一）殘暴好殺

項羽的性格雖有高尚的一面，但也有很多弱點。項羽的弱點多而優點少，過多而功少。他的弱點，以殘暴好殺爲最大。〔註 19〕史記記載項羽殘暴的事蹟如下：

> 秦二世元年七月，陳涉等起大澤中。其九月，會稽守通謂梁曰：「江西皆反，此亦天亡秦之時也。吾聞先即制人，後則爲人所制。吾欲發兵，使公及桓楚將。」是時桓楚亡在澤中，梁曰：「桓楚亡，人莫知其處，獨籍知之耳。」梁乃出，誡籍持劍居外待。梁復入，與守坐，曰：「請召籍，使受命召桓楚。」守曰：「諾。」梁召籍入。須臾，梁眴籍曰：「可行矣！」於是籍遂拔劍斬守頭。項梁持守頭，佩其印綬。門下大驚，擾亂，籍所擊殺數十百人。一府中皆慴伏，莫敢起。〔註20〕

會稽守主動召項梁商議起義反秦之事，無錯更無罪，但項梁卻與項羽用陰謀手段斬其頭，奪其權。並爲了鎮壓騷亂，殘殺數十百人，用血腥恐怖壓服，使「一府中皆慴伏，莫敢起」。項羽雖起事成功，奠定了反秦事業的基礎，但他恃勇尚力好殺行威，作風殘暴蠻橫，以武力壓服樹立自己的權威，而並不能使部下心悅誠服，其權力基礎不穩可以想見。項羽的會稽首義是其反秦事業成功的開始，也爲其最後的失敗留下了隱患。〔註21〕

《史記·高祖本紀》曰：

> 項羽嘗攻襄城，襄城無遺類，皆阬之，諸所過無不殘滅。〔註22〕

《史記·項羽本紀》也說：

> 項梁前使項羽別攻襄城，襄城堅守不出。已拔，皆阬之。〔註23〕

楚懷王與諸將約定，誰先進關中入咸陽，誰就做關中王。不過秦軍勢力尚強，諸將望而生畏，不敢定下進攻關中的決心，只有項羽痛恨秦軍襲破、擊殺項梁，情緒憤激，自告奮勇地請求與劉邦一起帶兵西進入關。而懷王部下一些

〔註19〕徐文珊，《史記評介》，頁 130。

〔註20〕《史記》，卷 7，〈項羽本紀〉，頁 297。

〔註21〕周先民，《司馬遷的史傳文學世界》，頁 116。

〔註22〕《史記》，卷 8，〈高祖本紀〉，頁 356。

〔註23〕《史記》，卷 7，〈項羽本紀〉，頁 299、300。

老將卻反對派項羽入關，〔註24〕他們的理由是：

> 項羽爲人僄悍猾賊⋯⋯。諸所過無不殘滅。且楚數進取，前陳王、
> 項梁皆敗。不如更遣長者扶義而西，告諭秦父兄苦其主久矣，今誠
> 得長者往，毋侵暴，宜可下。今項羽僄悍，今不可遣。獨沛公素寬
> 大長者，可遣。〔註25〕

楚懷王部下一些老將見識高明，知道項羽殘暴，不是西進入關合適的人選，
沛公劉邦平素寬懷大量，有長者的風度，只有他可以派遣。項羽因爲殘暴，
不得膺入關之選，讓沛公劉邦首先入關亡秦。

　　鉅鹿之戰後，秦將章邯率領二十餘萬人投降了項羽，項羽竟將這二十多
萬人一夜之間都活埋在新安城南，《史記‧項羽本紀》計其事曰：

> 到新安，諸侯吏卒異時故繇使屯戍過秦中，秦中吏卒遇之多無狀，
> 及秦軍降諸侯，諸侯吏卒乘勝多奴虜使之，輕折辱秦吏卒。秦吏卒
> 多竊言曰：「章將軍等詐吾屬降諸侯，今能入關破秦，大善；即不能，
> 諸侯虜吾屬而東，秦必盡誅吾父母妻子。」諸將微聞其計，以告項
> 羽。項羽乃召黥布、蒲將軍計約：「秦吏卒尚眾，其心不服，至關中
> 不聽，事必危，不如擊殺之，而獨與章邯、長史欣、都尉翳入秦。」
> 於是楚軍夜擊阬秦卒二十餘萬人新安城南。〔註26〕

就新安阬降一事來看，項羽的過錯有三：第一，秦降兵即使不服，爲數必不
多，豈可不分青紅皂白，全數阬殺。且出之以詐，行之於夜，乘其不備，此
皆非君子所忍爲，大將所肯出。第二，禍莫大於殺已降，已受降而又殺之，
論道義，則秦降兵罪不容於誅，在道德上是悖德無信，在行爲上是殘暴不仁。
第三，被阬殺的降兵竟達二十多萬人，其規模之大，情狀之慘，手段之殘忍，
殊難想像！天怒人怨，無所逃於天地之間〔註27〕。「新安阬卒」是歷史上除白
起在長平阬殺降卒以外的最殘酷的一次屠殺降卒事件，〔註28〕這一著的錯誤
是帶有關鍵性的，從此，關中的家家戶戶，男男女女，大人小孩，個個都是
項羽的死敵。這與劉邦入關後所實行的那一整套撫慰政策剛好相反。在這種

〔註24〕唐子恒，《漢高祖的領導藝術》，頁32。
〔註25〕《史記》，卷8，〈高祖本紀〉，頁356、357。
〔註26〕《史記》，卷7，〈項羽本紀〉，頁310。
〔註27〕徐文珊，《史記評介》，頁131。
〔註28〕林劍鳴，《新編秦漢史》上，頁308。

局面下，項羽還能在關中與劉邦相鬥，自己還能在關中立得住腳麼？〔註29〕
從此項羽完全失去關中人民的支持，間接為劉邦造成了更鞏固的政治資本。

項羽進入咸陽之後，「引兵西屠咸陽，殺秦降王子嬰，燒秦宮室，火三月
不滅，收其貨寶婦女而東。」〔註30〕項羽此舉是出於狹隘的復仇洩憤心理。
項羽代表了楚國人的願望和利益，他起兵的目的之一是為了復仇，既要復仇，
必屠咸陽，燒秦宮室，殺秦後裔子嬰。〔註31〕項羽燒殺咸陽的野蠻行為，留
下嚴重後果，將這座自商鞅變法以來營建的城市，燒得片瓦難存，從目前考
古發掘的情況可以證明，整個咸陽的全部宮殿、陵墓以及其他一切建築，均
焚於項羽的這把大火，很少有倖免者。〔註32〕史家翦伯贊說：「咸陽的一切，
在項羽眼中，幾乎都是仇恨。為了楚懷王之入秦不返，為了項燕、項梁之死
於秦軍，忠孝之心，油然而生，因而激動他開始一個痛快淋漓的犁庭掃穴之
舉。他殺了子嬰，燒了阿房宮，掘了始皇墓，並且也屠殺了不少的貪官污吏
和商人地主。這一個燒殺，真是替被抑壓了幾十年的舊貴族，大大地吐了一
口冤氣。」〔註33〕秦朝滅亡後，人民急切渴望社會安定，大家都能安居樂業。
項羽入關後，把對秦王朝的仇恨發洩在關中民眾身上，這種燒殺搶掠的行為，
使「秦民大失望」，〔註34〕引起關中人民強烈反感，因而喪失人心，〔註35〕埋
下了項羽日後失敗的種子。

咸陽成為一片廢墟後，有人勸項羽定都關中，項羽拒絕，這個建議者說
「人言楚人木沐猴而冠耳，果然。」項羽聽到了，就把這人烹殺了。〔註36〕

〔註29〕韓兆琦，《史記博議》，（台北：文津出版社，1995年），頁346。
〔註30〕《史記》，卷7，〈項羽本紀〉，頁315。
〔註31〕姚秀彥，《秦漢史》，（台北：里仁書局，1981年），頁75。
〔註32〕林劍鳴，《新編秦漢史》上，頁311。
〔註33〕翦伯贊，《秦漢史》，（北京：北京大學出版社，1983年），頁108。
〔註34〕《漢書》，卷1，〈高帝紀〉上，1986年，頁27。
〔註35〕《中國軍事史》，第2卷，兵略（上），（北京：解放軍出版社，1986年），頁208。
〔註36〕《史記》，卷7，〈項羽本紀〉，頁315。建議項羽定都關中的人，《史記·項羽本紀》只記「說者」，未指明是誰。這個「說者」是何許人？有兩種記載。《法言·重黎》：「蔡生欲安項咸陽不能移又烹之，或者未辨與曰：生舍其沐侯而謂人沐侯，烹之，不亦宜乎？」這裡記的是「蔡生」。宋王益之《西漢紀年·高祖考異》曰：「《楚漢春秋》、揚雄《法言》以為蔡生，班史、《通鑑》以為韓生，未知孰是，唯《史記》以為『說者』，今從《史記》。」（轉引自《困學紀聞》卷12）以上見《新編秦史》，上冊，頁340。

項羽自以爲天下無敵，不聽從正確的勸告，而且還把進言者殺死以堵塞言路，他自己卻意識不到這是自掘墳墓的行爲。從這個意義上來說，不是後來劉邦戰勝了項羽，而是項羽自己選了一條滅亡的道路。〔註37〕

漢元年（西元前 206 年）五月以後，齊將田榮驅殺了項羽封立於山東的二個國王膠東王田市、濟北王田安，齊王田都逃到楚國，田榮自立爲齊王。漢元年（西元前 206 年）七月，項羽派蕭公角討伐田榮的叛亂，結果失敗。漢二年（西元前 205 年）一月，項羽率軍伐齊，田榮後來敗死於山東。項羽又使出殘暴手段對付齊人，《史記・項羽本紀》曰：

> 遂北燒夷齊城郭宗屋，皆坑田榮降卒，係虜其老弱婦女。徇齊至北
> 海，多所殘滅。齊人相聚而叛之。於是田榮弟田橫收齊亡卒得數萬
> 人，反咸陽。項王因留，連戰未能下。〔註38〕

項羽在擊敗齊國田榮之後，大事殺戮，使他陷入齊人堅強抵抗的泥淖之中，滯留於齊，讓劉邦從容地平定三秦，挾諸侯兵攻至彭城，而且此後齊人一直與項羽爲敵。這都是由於失去民心所造成的項羽失敗的關鍵。〔註39〕

項羽的殘暴，不但關中人民恨項羽，連關東的民眾也多恨他，除了「齊人相聚而叛之」以外，垓下戰役失敗後，項羽向南逃到陰陵（安徽定遠縣西北），迷路，向一個農夫問路，農夫故意指導他走錯道路，被大澤所阻，因而被漢兵追及，這是人民厭棄他的明証。〔註40〕項羽英雄一世，竟敗在一農夫手上，這是他至死不明白的。這農夫後來未受封賞，可見他並非爲名爲利，而只是順從本性騙項羽的。因此，這位農夫可看作民意的代表，表明了民心的向背。項羽無視民心，殘暴好殺，喪盡了民心。所以他最後被農夫所欺是咎由自取，罪有應得，是對其無視民心的懲罰。〔註41〕

（二）缺乏政治智慧

項羽性格上的弱點之二是缺乏政治智慧。項羽青少年時期，不學無術，胸無點墨，不虛心向學，無涵養的功夫，以致於缺乏遠見，缺乏政治智慧，在一些國家方向與策略上犯了錯誤。除定都、分封以外，殺義帝（楚懷王）

〔註37〕 唐子恒，《漢高祖的領導藝術》，頁 52、53。

〔註38〕 《史記》，卷 7，〈項羽本紀〉，頁 321。

〔註39〕 閻鴻中，《從崇尚長者的風氣看西漢前期政治》，（台北：台灣師大歷史研究所碩士論文，1988 年），頁 3、4。

〔註40〕 范文瀾，《中國通史簡編》，修訂本第 2 編，（香港：南回出版社），頁 28。

〔註41〕 周先民，《司馬遷的史傳文學世界》，頁 133。

及韓王成亦是大失策。《史記‧項羽本紀》記其事曰：

> 漢之元年四月，諸侯罷戲下，各就國。項王出之國，使人徙義帝，
> 曰：「古之帝者地方千里，必居上游。」乃使使徙義帝長沙郴縣。趣
> 義帝行，其群臣稍稍背叛之，乃陰令衡山、臨江王擊殺之江中。韓
> 王成無軍功，項王不使之國，與俱至彭城，廢以爲侯，已又殺之。
> 〔註42〕

義帝即楚懷王之孫，本流落民間牧羊，項梁反秦時採范增之計，立爲楚懷王，
以順應人民的願望，促進了反秦軍事的進展。秦滅亡後，項羽認爲義帝偏袒
劉邦，且妨礙自己稱霸，於是於漢二年（西元前 205 年）十月，命九江王英
布等擊殺義帝。項羽妄殺義帝，在政治上是愚蠢的作法。因爲項羽濫殺名義
上的最高統治者，既犯了犯上作亂之罪，又得罪了廣大的楚國人民，這正好
給了劉邦順民心，討大逆，誅勁敵的用兵藉口。〔註43〕

　　漢元年（西元前 206 年）八月，劉邦從漢中還定三秦，塞王司馬欣、翟
王董翳投降。雍王章邯守廢丘，劉邦基本上平定了關中。漢二年（西元前205
年）十月，劉邦率軍出函谷關，攻至陝（河南陝縣），河南王申陽投降。劉邦
又派韓王信在陽城（河南登封）打敗韓王鄭昌，鄭昌投降。同年三月，劉邦
率曹參、灌嬰等部隊從臨晉（陝西朝邑東）渡黃河，逼降魏王豹，往東攻下
朝歌（河南淇縣），俘虜了殷王司馬卬。劉邦出關取得初步勝利後，就率軍由
平陰津（河南孟津東北）南渡黃河，到洛陽新城（今河南伊川南），在這裡有
三老董公向劉邦獻策：

> 臣聞「順德者昌，逆德者亡」，「兵出無名，事故不成」。故曰：「明
> 其爲賊，敵乃可服。」項羽爲無道，放殺其主，天下之賊也。夫仁
> 不以勇，義不以力，三軍之眾爲之素服，以告之諸侯，爲此東伐，
> 四海之內莫不仰德。此三王之舉也。〔註44〕

這就是說，劉邦應向天下公佈項羽殺義帝的罪狀，大張旗鼓的對他進行討伐。
這樣做就使項羽處於政治上的被動地位。〔註45〕劉邦受了董公這些話的啓
發，馬上下令公開爲義帝發喪：

〔註42〕《史記》，卷7，〈項羽本紀〉，頁300。
〔註43〕周先民，《司馬遷的史傳文學世界》，頁121。
〔註44〕《漢書》，卷1，〈高帝紀〉上，頁34。
〔註45〕林劍鳴，《新編秦漢史》上，頁324。

　　漢王聞之，袒而大哭。遂爲義帝發喪，臨三日。發使者告諸侯曰：
「天下共立義帝，北面事之。今項羽放殺義帝於江南，大逆無道。寡人親爲
發喪，諸侯皆縞素。悉發關內兵，收三河士，南浮江漢以下，願從諸侯王擊
楚之殺義帝者。」〔註46〕

　　劉邦爲義帝發喪，可以把項羽殺義帝的行爲再一次昭示天下，項羽成了
眾人矚目的亂臣賊子，劉邦也就有了一個像樣的藉口，可以堂而皇之地據關
中而討伐賊臣，爭奪天下了。從這個意義上說，項羽逐殺義帝之舉，實在太
愚蠢了。他可能以爲秦朝已經滅亡，自己利用義帝做了西楚霸王，這個政治
人物已經沒有用處了。可是他沒有想到，義帝活著，對他的霸主地位並不能
構成多大威脅，但是由於自己殺了義帝，反而被劉邦利用來大造聲勢。〔註47〕
這樣，劉邦就爲與項羽的戰爭找到一個堂皇的理由，爭取到多數諸侯的支持，
使漢軍在道義上、輿論上居於主動地位。〔註48〕原來忠於項羽的諸侯，對他
信心動搖了。項羽縱然英勇無敵，但是人心盡失，以致怒火燎原，使他顧此
失彼，撲救不暇，終至逼他走上了潰敗的險路。〔註49〕

　　項羽殺韓王成也很不智，使張良投向劉邦。張良祖先世代爲韓相，是屬
於復國派的人物，劉邦初起兵不久，就遇到張良，張良屢出計謀輔佐劉邦滅
秦。項羽爲霸王後，不准韓王成回國，挾韓王到楚都彭城，接著將他貶爲侯，
後來就把他殺了。張良的理想成泡影，只好投奔劉邦。張良是世家子弟，博
極群書，「常習誦讀太公兵法」，〔註50〕有了張良，劉邦眞是如虎添翼。〔註51〕
張良屢出奇計，幫助劉邦擊滅項羽。漢帝國建立後，劉邦與群臣在洛陽南宮
討論楚漢相爭的勝負因素，他說：「運籌策帷帳之中，決勝千里之外，吾不如
子房（張良）。」〔註52〕由此可見張良的功勞。從這個意義來說，項羽殺韓王
成是沒有政治智慧。

　　項羽自恃勇武，臂力過人，只知〝鬥力〞，不會用計。有勇無謀，不講究
策略，最後使他一敗塗地。〔註53〕

〔註46〕《史記》，卷8，〈高祖本紀〉，頁370。
〔註47〕唐子恒，《漢高祖的領導藝術》，頁71。
〔註48〕林劍鳴，《新編秦漢史》上，頁324。
〔註49〕鄔紀萬，《秦漢史》，（台北：長橋出版社，1979年），頁31。
〔註50〕《史記》，卷55，〈留侯世家〉，頁2035。
〔註51〕李定一，《中華史綱》，（台北：傳記文學出版社，1986年），頁109。
〔註52〕《史記》，卷8，〈高祖本紀〉，頁381。
〔註53〕趙文潤，〈重評劉邦、項羽的成敗原因及是非功過〉，《人文雜誌》，1982：6。

（三）不善於用人

項羽性格上的弱點之三是不善於用人。項羽恭謹，恭謹的人往往不易信人。〔註54〕韓信說：

> 項王見人恭謹，言語姁姁，人有疾病，涕泣分食飲，至使人有功，當封爵，刻印刓，忍不能予。〔註55〕

高起、王陵說：

> 項羽妒賢嫉能，有功者害之，賢者疑之，戰勝而不予人功，得地而不予人利，此所以失天下也。〔註56〕

酈食其說：

> 項羽於人之功無所記，於人之罪無所忘；戰勝而不得其賞，拔城而不得其封；非項氏莫得用事；爲人刻印，刓而不能授；攻城得賂，積而不能賞。天下畔之，賢才怨之，而莫爲之用。故天下之士歸於漢王。〔註57〕

項羽不輕易相信別人，勢必只有任用自己家人或親戚，計以腹心之任。陳平說：

> 項王不能信人，其所任愛，非諸項即妻之昆弟，雖有奇士不能用。
> 〔註58〕

項羽用人是以「親親」爲原則，對非貴族出身的人一概排斥。韓信、陳平先後都曾是項羽的部下，因爲他們出身低賤而不受重用。陳平對項羽用人的評論，這是一個恰如其分的評價。項羽集團的核心成員完全是由舊貴族遺老、遺少和家親組成的：一是項氏宗族：項伯、項莊、項聲、項佗等；二是舊貴族：范增、司馬龍且、司馬欣等。〔註59〕可見項羽的最大毛病是政治的器量太小。〔註60〕劉邦謀士群的一些重要成員，如韓信、陳平、叔孫通，都是來自與劉邦爭奪天下的主要敵手──項羽一方。來自敵人者，最了解敵人。他們與項羽的政治主張不同，對項羽剛愎自用、驕傲輕敵、優柔寡斷等弱點

〔註54〕薩孟武，《中國社會政治史》（一），（台北：三民書局，1975年），頁128。
〔註55〕《漢書》，卷34，〈韓信傳〉，頁1864。
〔註56〕《史記》，卷8，〈高祖本紀〉，頁381。
〔註57〕《史記》，卷97，〈酈生陸賈列傳〉，頁2695。
〔註58〕《史記》，卷56，〈陳丞相世家〉，頁2054。
〔註59〕楊維、任澤全，〈楚漢戰爭試析〉，《武漢大學學報》，哲學社會科學版，1974：3。
〔註60〕余英時，《史學與傳統》，頁194。

瞭如指掌,因此在投奔劉邦後,常常能提出中肯的建議,來攻擊項羽一方的要害。〔註61〕韓信、陳平皆當世俊傑,項羽閒置不予重用,不得已而投奔劉邦。漢元年(西元前206年)六月,韓信拜將,對劉邦分析了項羽的情況,指出:「項羽恃匹夫之勇,懷婦人之仁,背義帝之約」,故「天下多怨,百姓不親附」,「名雖為霸,實失天下心」。又指出:「今大王誠能反其道:任天下武勇,何所不誅!以天下城邑封功臣,何所不服!以義兵從思東歸之士,何所不散!」〔註62〕韓信建議劉邦反項羽之道而行之,可謂抓住了戰勝項羽的成功鑰匙。〔註63〕漢三年(西元前204年)四月,劉邦被楚軍圍困於滎陽,陳平向劉邦建議,利用項羽「為人意忌信讒,必內相誅」的弱點,「出捐數萬金,行反間,間其君臣」。〔註64〕陳平的建議實施後,項羽果然懷疑主要謀士范增,將領鍾離眛、龍且、周殷等被讒,范增憤而出走,周殷守九江時乘機降漢,其他諸人消存自保,不願為項羽出力。五月,劉邦採用陳平、紀信的詐降計謀,逃出滎陽,經過成皋進入關中,劉邦重新組織漢軍,準備反攻。項羽不能用人,招致眾叛親離,領導核心分裂,軍心士氣因之渙喪。〔註65〕

當群雄競逐天下時,勢力的大小常以游士肯否歸附為標準。〔註66〕項羽恭謹,不易信人,氣量狹小的個性,使他喪失許多人才,而這些人才都是替劉邦出計謀或衝鋒陷陣,消滅項羽的重要文臣武將。劉邦滅項羽後說:

> 夫運籌策帷帳之中,決勝於千里之外,吾不如子房(張良)。鎮國家,
> 撫百姓,給餽饟,不絕糧道,吾不如蕭何。連百萬之軍,戰必勝,
> 攻必取,吾不如韓信,此三者,皆人傑也,吾能用之,此吾所以取
> 天下也。項羽有一范增而不能用,此其所以為我擒也。〔註67〕

這是劉邦對項羽不會用人中肯的評價。

第二節　項羽失敗的地域觀念因素

項羽的地域觀念,決定兩件大事,一是建都彭城,二是分封諸侯,這兩

〔註61〕宋公文、何曉明,〈略論劉邦的謀士群〉,《武漢師範學院學報》,1983：1。
〔註62〕《史記》,卷92,〈淮陰侯列傳〉,頁2612。
〔註63〕宋公文、何曉明,〈略論劉邦的謀士群〉,《武漢師範學院學報》,1983：1。
〔註64〕《史記》,卷56,〈陳丞相世家〉,頁2055。
〔註65〕《中國軍事史》,第2卷,兵略(上),頁245。
〔註66〕薩孟武,《中國社會政治史》(一),頁129。
〔註67〕《史記》,卷8,〈高祖本紀〉,頁381。

件大事使項羽深受其害，促成他的滅亡。

一、建都彭城的失策

　　項羽建都彭城，實是失策。韓生曾勸項羽建都關中，「關中阻山帶河，四塞之地，肥饒，可都以伯（霸）。」項羽看到咸陽已燒殘，又思念故鄉，說：「富貴不歸故鄉，如衣錦夜行。」〔註68〕項羽是以故鄉的地域觀念為優先考慮，可見其目光短淺，心胸狹隘，不能成大業。〔註69〕

　　從地理形勢、經濟和交通補給三方面來看，建都關中皆優於彭城。就地理形勢而言，關中「帶山阻河，地勢便利」。〔註70〕張良勸劉邦建都關中時，對關中的地理形勢有精闢的分析：

> 關中左殽函，右隴蜀，沃野千里，南有巴蜀之饒，北有胡苑之利，阻三面而守，獨以一面東制諸侯。諸侯安定，河渭漕輓天下，西給京師，諸侯有變，順流而下，足以委輸。此所謂金城千里，天府之國也。〔註71〕

關中地理形勢險要，進可攻，退可守，據險以建都，可以控制關東，居高臨下，行動較便利。彭城雖是中原地區的戰略要地，東西南北交通的要衝，但是無險可守，是四戰之地，四面八方均遭敵人的進攻與騷擾。因此，這地區古來「成為兵家必爭之地」。〔註72〕

　　就經濟利益而言，關中地處涇水、渭河河谷，土地肥沃。自西周以來，即已開發。經商鞅變法以來，長期從事水利建設，使關中成為天府之國。是政治力量之「醞釀地」。〔註73〕彭城「州岡蠻環合，汴泗交流，北走齊魯，西通梁宋，自昔要地也。」〔註74〕彭城位於淮、泗地區，戰國以來雖亦逐漸開發，但仍多荒蕪未闢，兼有黃河為害，故其經濟條件不如關中。就交通補給而言，一旦有事用兵於關東，自關中順渭水、黃河而下，運輸補給甚為便利，

〔註68〕《漢書》，卷31，〈項籍傳〉，頁1808。

〔註69〕林劍鳴，《新編秦漢史》上，頁315。

〔註70〕《資治通鑑》，卷11，漢紀三，高帝五年，頁361～362。

〔註71〕《史記》，卷55，〈留侯世家〉，頁2044。

〔註72〕鄒逸麟，《黃淮海平原歷史地理》，（合肥：安徽教育出版社，1993年），前言，頁2。

〔註73〕陸寶千，《中國史地綜論》，（台北：廣文書局，1962年），頁155。

〔註74〕顧祖禹，《讀史方輿紀要》，（台北：新興書局，1956年），卷29，徐州條，頁1294。

人力節省很多。彭城雖有淮水、泗水可供運輸，但流量小，又處逆流，冬季水枯，運輸多賴陸上輸卒。〔註75〕

項羽封劉邦為漢王，管轄漢中、巴、蜀之地，又封秦三個降將雍王章邯、塞王司馬欣、翟王董翳在關中，以擋住劉邦，防止他進入關中，韓信批評項羽的失策說：

> 且三秦王為秦將，將秦子弟數歲矣，所殺亡不可勝計，又欺其眾降諸侯，至新安，項羽詐坑秦降卒二十餘萬，唯獨邯、欣、翳得脫，秦父兄怨此三人，痛入骨髓。今楚彊以威王此三人，秦民莫愛也。
> 〔註76〕

項羽不建都關中，而都彭城，三分關中，王秦降將，付托失人，何能距塞漢王。而且建國於中原，與秦地接壤的又是西魏王魏豹、殷王司馬卬、河南王申陽，皆碌碌無能之輩，何能距塞漢王，阻其出關。何況項羽本人又立國於西楚之地，鞭長莫及。〔註77〕項羽這種「以關中制漢中，以關東制關中」的政策，注定失敗。〔註78〕

建都彭城的另一個缺點是：無險可守。項羽的根據地魏楚九郡雖占天下的三分之一，〔註79〕都城彭城卻位於中原的東部，黃淮大平原上，交通四通八達，是戰爭頻仍的四戰之地，無險可守，全憑強大的兵力保護。〔註80〕楚漢相爭時，兩軍對峙於豫西山地的滎陽、成皋，「項羽定都彭城，西向以爭，輒有後顧之憂，劉項得失即判別以此」。〔註81〕史學家繆鳳林分析項羽失敗，劉邦成功的原因時，說「楚失地勢而漢憑險固」。〔註82〕這就是指項羽定都彭城，無險可守，在地勢上已處於不利的地位。

楚漢戰爭期間，韓信之軍已由山西出井陘（娘子關），滅趙，破齊，降燕，盡有黃河以北之地，韓信自為齊王，大有由山東南向擊楚之勢。同時，黥布

〔註75〕《中國軍事史》，第2卷，兵略（上），頁213

〔註76〕《史記》，卷92，〈淮陰侯列傳〉，頁2612。

〔註77〕薩孟武，《中國社會政治史》（一），頁130、131

〔註78〕徐亮之，《張良與諸葛亮》，（台北：華世出版社，1975年），頁37、38。

〔註79〕惲敬說「項羽據天下三分之一」，見《大雲山房文稿》，四部叢刊本，（台北：台灣商務印書館。

〔註80〕徐進興，《關中對楚漢之爭成敗的影響》，（台北：師大歷史研究所碩士論文，1991年），頁75。

〔註81〕鄧之誠，《中華二千年史》，卷1，台灣商務印書館，頁52。

〔註82〕繆鳳林，《中國通史要略》，（台北：台灣商務印書館，1989年），頁101。

已舉皖北之地，背楚投漢，雖被楚軍擊潰，但在劉邦支持之下，又重整齊鼓，成為項羽後方最大的威脅。此外，彭越已再入梁地，往來遊擊於山東西南一帶，經常截斷楚軍的補給線。而劉邦的主力軍，亦集結於鄭州以西之廣武。這樣的形勢，很明顯的可以看出，當時的項羽，一方面，已經不能控制自己的後方；同時，又陷入三面作戰的危險之中了。〔註83〕而楚都彭城受彭越的襲擾、破壞，使楚軍的後方補給常遭中斷。項羽終因經濟不敵，糧食缺乏而告失敗。〔註84〕由此可以看出項羽建都彭城的禍害。

二、分封諸侯的失策

秦朝滅亡不久，項羽也進入了咸陽，這時他擁兵四十萬，勢如長河巨浪，儼然是天下的主宰，無人敢與之抗衡。他公然撕毀與楚懷王的舊約，憑著個人的喜怒旨意，裂土剖疆，分封了十八個諸侯王，建立起新的政治秩序。〔註85〕

漢元年（西元前206年）二月，項羽分封十八個諸侯王如下：〔註86〕

1. 漢王劉邦，都南鄭（陝西南鄭縣），領有漢中及巴蜀。
2. 雍王章邯，都廢丘（陝西興平縣東南），領有咸陽以西故秦地。
3. 塞王司馬欣，都櫟陽（陝西臨潼縣東北），領有咸陽以東故秦地。
4. 翟王董翳，都高奴（陝西膚縣東），領有上郡。
5. 西魏王魏豹，都平陽（山西臨汾縣），領有河東。
6. 河南王申陽，都洛陽（河南洛陽縣），領有河南。
7. 殷王司馬卬，都朝歌（河南淇縣），領有河內。
8. 韓王鄭昌，都陽翟（河南禹縣），領有故韓地。
9. 代王趙歇，都代（河北蔚縣），領有代郡。
10. 常山王張耳，都襄國（河北邢台縣西南），領有故趙地。
11. 九江王英布，都六（安徽六安縣），領有故楚地一部分。
12. 衡山王吳芮，都邾（湖北黃岡縣），領有故楚地一部分。
13. 臨江王共敖，都江陵（湖北江陵縣），領有故楚地一部分。
14. 遼東王韓廣，都無終（河北薊），領有故燕地一部分及遼東。
15. 燕王臧荼，都薊（河北大興縣西南），領有故燕地大部分。

〔註83〕翦伯贊，《秦漢史》，頁112。
〔註84〕《中國軍事史》，第2卷，兵略（上），頁213。
〔註85〕鄒紀萬，《秦漢史》，頁28。
〔註86〕林瑞翰，《中國史》，（台北：三民書局，1993年），頁72、73。

16. 膠東王田市，都即墨（山東即墨縣），領有故齊地一部分。

17. 齊王田都，都臨淄（山東臨淄縣），領有故齊地一部分。

18. 濟北王田安，都博揚（山東泰安縣東南），領有故齊地一部分。

項羽所封的十八個諸侯王，可分為五類：〔註87〕

第一類型：已自立為王，不得不給予承認者。項羽處置的方式是「徙之惡地」。如膠東王、遼東王、代王、西魏王、韓王等。

第二類型：已成勢力，故不得不封為王者。如漢王、衡山王。

第三類型：諸侯將領，並從項羽入關有功而封者。如臨淄王、燕王、常山王、臨江王、殷王、河南王等。

第四類型：屬於項羽之系統者。如濟北王、九江王、雍王、塞王、翟王等。

第五類型：其他。如番君將梅鋗、成安君陳餘。

以上的分類，是根據項羽所分封諸侯之出身背景及該諸侯與項羽的關係而定，它反映了項羽的政治安排。具體而論，項羽的分封，表面上是按照亡秦的軍功授予爵位，實際上含有「徙逐故主」與「分化封國」的政治用意。〔註88〕

項羽之所以實行分封，是因為當時東方六國，一般人想像的，還是封建共主，並非郡縣帝國；在六國遺民中，只想到恢復他的本國，並未想到建設一個大帝國。〔註89〕

項羽分封之後，天下大譁。因為原來諸侯跟從項羽時，至少希望保全領土。至此幾乎沒有一個國家可以和從前一樣，其中許多國家，如魏、趙、齊、燕都被縮小。而齊相田榮，趙將陳餘，也因為沒有封上而成為項羽的敵人。總之，這一次分封的處置失當，成為項羽事業中的致命傷。〔註90〕

項羽與諸侯之間，因為分封產生很深的矛盾。在項羽看來，分封應該「計功割地，分土而王之」，〔註91〕也就是應該根據反秦戰爭中的表現來分。可是諸侯們卻認為：秦滅亡後，他們應該無條件的恢復故國，割據一方，不受任

〔註87〕 廖伯源，〈試從爵邑制度論楚漢相爭之勝負〉，《東吳文史學報》，1982：4。吳景超，〈一個內亂的分析——楚漢之爭〉，《金陵學報》，1931 年 1：2，也有不同的分類法，筆者較贊同廖先生之分類法，故加以採用。

〔註88〕 徐進興，《關中對楚漢之爭成敗的影響》，（台北：師大歷史研究所碩士論文，1991 年），頁 45。

〔註89〕 勞榦，《秦漢史》，（台北：中國文化大學出版部，1986 年），頁 20。

〔註90〕 勞榦，《秦漢史》，頁 19。

〔註91〕 《史記》，卷 92，〈淮陰侯列傳〉，頁 2622。

何干涉。這種矛盾隨著項羽「盡王故王於醜地，而王其群臣諸將善地，逐其故主」〔註92〕而擴大。項羽分封不公平，歧視原來的諸侯，將他們遷到較偏僻的地區爲王，如徙原魏王豹爲西魏王，原趙王歇爲代王，原齊王田市爲膠東王，原燕王韓廣爲遼東王等，領土不但未擴大，反比以前大大縮小，〔註93〕他們因徙封僻地而心存怨望。劉邦依約應封關中而改封漢中，心裏憤憤不平。齊相田榮實握齊國大權而未受封，趙將陳餘因未隨項羽入關，只封三縣而無王號，壯士彭越常率其徒眾出沒於楚魏之間，亦未受封，這些勢力不久即結合成爲反楚集團，故項羽的霸業並未能維持長久。〔註94〕

　　項羽這種分封，實是倒行逆施，樹敵召亂。他將其已形成的強大力量自行瓦解，諸侯分封受地後，遂各自爲謀。他們所關心的是如何保持既得的利益，如何發揮壯大自己的實力，不再關心霸王的利益，不再聽從提調指揮，使項羽失去控制諸侯的權力。例如英布不跟項羽北擊齊國，劉邦進擊彭城，英布也在淮南擁兵數萬，坐觀成敗，不急救彭城。在楚漢戰爭中，項羽東奔西馳，孤軍作戰，未見有一個諸侯王對他做過眞正有效的援助，這都是分封給他帶來的軍事上的孤立。〔註95〕

　　項羽分封的結果就是割據戰爭，有功未得封與受封不滿意的果然互相攻殺，霸王之威掃地無存。封建不能作爲屛藩，反而引起內鬨，項羽疲於奔命，給予劉邦以可乘的機會，這是項羽地域觀念所造成的最大的失策。〔註96〕

第三節　項羽失敗的戰略與後勤補給因素

一、項羽戰略的失策

（一）封鎖劉邦戰略的失策

　　劉邦被封爲漢王，管轄偏僻的巴蜀，他又請求將漢中也歸自己管，項羽同意。項羽又將秦朝三降將封在關中，章邯爲雍王，管轄咸陽以西；司馬欣爲塞王，管轄咸陽以東；董翳爲翟王，管轄咸陽以北。這三個王構成封鎖劉

〔註92〕《史記》，卷7，〈項羽本紀〉，頁321。
〔註93〕張傳璽，〈項羽論評〉，《文史哲》，1954，10月號。
〔註94〕林瑞翰，《中國史》，頁73。
〔註95〕《中國軍事史》，第2卷，兵略（上），頁211。
〔註96〕薩孟武，《中國社會政治史》（一），頁120。

邦的第一道防線，擋住劉邦出巴、蜀之路，以防劉邦進入關中。

在秦地以東，項羽封申陽爲河南王，管轄河南郡，定都洛陽；魏豹爲西魏王，管轄河東，定都平陽（山西臨汾西南）；司馬卬爲殷王，管轄河內，定都朝歌（河南淇縣）；韓成爲韓王，管轄韓國故地，定都陽翟（河南禹縣），韓成在項羽身邊，未就國，後改派故吳令鄭昌爲韓王。這四個王構成封鎖劉邦的第二道防線，擋住劉邦出函谷關與今山西之路，防止劉邦向東發展。

項羽將關中三分，由秦三降將管轄，「秦父兄怨此三人，痛入骨髓。今楚強以威王此三人，秦民莫愛也。」，〔註97〕付託失人，無法「距塞漢王」。〔註98〕而魏豹、司馬卬、鄭昌與申陽皆碌碌無能之輩，何能距塞漢王，阻其出關。何況項羽本人又立國於西楚之地，鞭長莫及。自難進兵魏地，守武關，杜函谷，塞臨晉，而防夏陽。項羽以第一道防線託之秦民共怨的降將，以第二道防線託之碌碌無能的諸侯，項羽的戰略已經失敗。〔註99〕難怪後來皆被劉邦突破防線。

（二）先齊後漢戰略的失策

漢王元年（西元前 206 年）七月，田榮、彭越與陳餘三人，因項羽分封不平，結成反楚集團。齊（田榮）在楚的北境，梁（彭越）與趙（陳餘）皆在楚的西北境，對楚的根據地構成威脅，於是項羽決心北上伐齊。〔註100〕

漢王二年（西元前 205 年）元月，項羽伐齊，與田榮戰於城陽（山東莒縣），田榮戰敗逃至平原，被當地人殺死。項羽立田假爲齊王，然後率兵至北海（山東北部），沿途將城郭、房屋燒光毀平，「皆坑田榮降卒，系虜其老弱婦女」，所過之處「多所殘滅，齊人相聚而叛之」。〔註101〕項羽的燒毀，激起齊人的反抗，田榮弟田橫收集散兵數萬人，在城陽堅強抵抗，「項王因留，連戰未能下」。〔註102〕

由於項王在齊地的屠殺，引起齊人的全面反抗，使楚軍陷入齊人反抗的泥淖之中，不能迅速消滅齊地的反抗勢力。劉邦趁項羽被牽制於齊地之際，於漢王二年（西元前 205 年）三月率兵從臨晉渡河，大舉東進。先後降服魏

〔註97〕《史記》，卷92，〈淮陰侯列傳〉，頁 2612。
〔註98〕《史記》，卷7，〈項羽本紀〉，頁 316。
〔註99〕薩孟武，《中國社會政治史》（一），頁 131。
〔註100〕冷欣，〈漢高祖之成功戰略〉，《戰史匯刊》，期 5，1973 年 12 月，頁 70。
〔註101〕《史記》，卷7，〈項羽本紀〉，頁 321。
〔註102〕《史記》，卷7，〈項羽本紀〉，頁 321。

王豹、殷王司馬卬和河南王申陽，結合各路諸侯軍形成反楚聯盟，劉邦親率諸侯軍共五十六萬人進攻彭城。

項羽得知劉邦攻向彭城的消息，仍堅持其「先齊後漢」的戰略，在定陶、曲遇、陽夏、蕭、碭一帶，佈下一道防線，由項它和龍且等將領防守，以保衛彭城。〔註103〕此道防線兵力薄弱，四月被劉邦突破，劉邦順利進入彭城。項羽低估了劉邦的實力，將主力軍北上伐齊，被齊軍拖住，陷入泥淖，後方空虛，又不派精銳軍防守，導致彭城被劉邦攻入。

項羽得知彭城失陷，立即從山東率精兵三萬，迅速南下，先切斷漢軍後方補給線，由西面攻至彭城，擊敗漢軍，漢軍匆忙南退，在泗水被楚軍追及，死亡十餘萬人。漢軍南逃，在靈壁（彭城以南）東之睢水上，被楚軍追上，漢軍又有十多萬人被殺或溺死水中，一時「睢水爲之不流」。〔註104〕劉邦逃至豫西，收集散兵，鞏固豫西山地防線，穩住了陣腳。

二、項羽後勤補給的失策

項羽的後方根據地梁、楚九郡，位於大平原，四通八達，無險可守，項羽又不重視後方保衛，只派少量軍隊防守，主力全在豫西作戰，因此，後方容易受到敵人侵襲。項羽的軍事補給線，是從彭城至滎陽，這條路是古代黃河長江間東西行之重要幹線，至今猶爲要道。〔註105〕大約三百五十公里長。〔註106〕楚漢相持於滎陽、成皋時，彭越等人常侵擾楚後方，項羽回師迎擊，大約半個月即可解決，〔註107〕由此可推知，此條路線運輸補給之快。

項羽的運輸補給雖然快速，但保障補給線卻不容易，因地處平原，無險可守，需賴強大的武力才能保護，易受敵人破壞。楚漢相爭時，彭越兵駐河上，正位於運輸補給線的北方，常配合劉邦兵敗時機，騷擾楚地，使劉邦得到喘息的機會，而項羽卻首尾不能兼顧，徒勞往返，這是劉邦致勝的重要因素。〔註108〕另外，在楚漢相爭後期，韓信從齊地對楚的威脅，使項羽憂心不

〔註103〕劉懷中主編，《古今征戰在徐州》，（北京：解放軍出版社，1988年），頁70。
〔註104〕《史記》，卷7，〈項羽本紀〉，頁322。
〔註105〕譚宗義，《漢代國內陸路交通考》，（香港：新亞研究所專刊，1967年），頁128～144。
〔註106〕將門文物出版公司編輯部編，《兵法項羽對劉邦》，（台北：將門文物出版公司，1989年），第24圖，頁135。
〔註107〕《史記》，卷7，〈項羽本紀〉，頁329。
〔註108〕徐進興，《關中對楚漢之爭成敗的影響》，（台北：師大歷史研究所碩士論文，

已，〔註109〕不得不與漢談和。

當項羽佔領滎陽時，既不能堅守敖倉，又不能焚毀敖倉，而乃拱手以讓劉邦。劉邦得到敖倉，既可以解軍糧問題，又可以減少關中人民的負擔，劉邦經濟上已經得到勝利，〔註110〕這是項羽的失策。

第四節　項羽集團的分析

一、組織結構

（一）籍　貫

項羽集團成員 48 人中，籍貫可知者有 17 人，占 35%。屬於今日湖北省者有 2 人，占 4%；江蘇省者有 9 人，占 19%；安徽省者有 2 人，占 4%；河南省者有 2 人，占 4%；河北省者有 1 人，占 2%；山東省者有 1 人，占 2%；其中以江蘇省者最多。從出身國來看，項羽集團成員中，燕國有 2 人，占 4%；齊國有 3 人，占 6%；韓國有 1 人，占 2%；趙國有 2 人，占 4%；魏國有 3 人，占 6%；秦國有 3 人，占 6%；。項羽集團成員 48 人中，非楚國人有 14 人，占 29%；楚國人 34 人，占 71%。楚漢戰爭期間，項羽集團是全國性的反漢政治軍事集團，此集團成員包含燕、齊、韓、趙、魏、秦、楚等各國人。其中楚人是主要的構成分子。

（二）出　身

項羽集團的實際領導人項羽及其族人，皆出身於楚國貴族，祖先世代為楚將。集團表面領導人楚懷王（義帝）熊心是楚懷王的孫子，也是出身於楚國宗室貴族。田安是齊王建的孫子，田市在反秦時立為齊王，皆齊國貴族。韓成是韓王室後裔，是貴族。趙歇是趙王室後裔，魏豹是魏王咎之弟，都是貴族。除了燕國以外，原東方六國王室都復國了。從階層來看，項羽集團成員中，貴族階層有 14 人，占 29%，將近三分之一。除了楚懷王熊心、項羽及其族人以外，都是項羽分封的原東方六國王室的後裔。因此，從出身的角度來看，項羽集團可以說代表東方六國舊貴族集團。

1991 年），頁 119。

〔註109〕《漢書》，卷 1，〈高帝紀〉上，頁 47。

〔註110〕薩孟武，《中國社會政治史》（一），頁 132。

（三）權力圈

項羽集團是由四個派系組成的：

1. 項羽派

由項羽的叔父項伯及其族人項莊、項襄、項佗、項？、項悍、項聲等人、謀士范增、曹咎、英布、蒲將軍、司馬龍且、蕭公角、周殷、鍾離眛、薛公、丁公、季布、桓楚、陳平、韓信……等組成，勢力最大。項羽派是項羽集團的核心圈，其中又以項氏族人及項羽妻子的兄弟，最得項羽的信任，也就是核心圈的核心。

2. 熊心派

成員有呂青、呂臣父子；陳嬰及楚懷王（義帝）熊心等，都是原熊心集團的重要官員。他們在秦朝滅亡以後，因領導人義帝被項羽殺害而失勢，消失於史籍記載之中。

3. 秦將派

成員有章邯、司馬欣、董翳，原來是秦軍將領，鉅鹿之戰後投降項羽。秦朝滅亡後，項羽重用這三位秦朝降將，分封章邯為雍王，領地在咸陽以西故秦地；封司馬欣為塞王，領地在咸陽以東故秦地；封董翳為翟王，領地在咸陽以北的上郡。項羽將這三位秦朝降將封在關中，賦予他們抵擋漢王劉邦進入關中的任務，可見項羽對秦將派的重視，由此也可看到秦將派在項羽集團中的地位，是僅次於項羽派。

4. 舊貴族派

成員有魏豹、韓成、趙歇、田市、田都、申陽、司馬卬、張耳、吳芮、共敖、韓廣、臧荼、梅鋗、鄭昌等，這些都是滅秦以後項羽所封的諸侯，不是東方六國王室後裔就是將軍，故統稱舊貴族派。他們在反秦戰爭中，追隨項羽入關，因為軍功而得到項羽的分封，地位又次於秦將派。

二、權力運作

（一）縱向的權力關係

1 領導方式

陳平曾說，項羽不能信任部屬，他所信任和寵愛的不是項氏族人就是妻子的兄弟，即使有奇謀的人才也不能重用。鴻門宴時，也不採納謀士范增的

意見，殺掉劉邦。可見項羽是獨斷式的領導，這種領導方式是封閉式的，好的計謀、策略進不了決策系統，使領導者、決策者喪失很多決策選項，導致決策失誤，這是項羽失敗的原因之一。

2 領導效能

項羽的決策、發號施令，都是憑個人主觀好惡，如（1）在新安坑殺二十餘萬秦降卒；（2）火燒咸陽；（3）鴻門宴前命令英布攻入函谷關；（4）鴻門宴前夕決定殺劉邦；（5）分封十八諸侯王；（6）定都彭城等，都展現了個人堅定的主觀意志。在分封以前，部將都能絕對服從，項羽的命令能貫徹。分封以後，田榮在齊地反項羽，項羽命令英布增援，「布稱疾不往，遣將將數千人行」，〔註111〕項羽的命令，部將開始不絕對服從，可見分封以後，項羽的縱向權力運作已出現問題。

項羽殺害義帝（楚懷王）熊心，是以下犯上，正好給項羽的政敵劉邦找到討伐項羽的藉口，在政治上是失策。義帝是熊心集團最高的領導人，他領導東方六國諸侯攻秦，項羽殺害最高領導人，使原來忠於項羽的諸侯，對他失去信心，對項羽的忠誠度降低了，此舉妨害項羽集團的團結，導致有些集團成員叛楚降漢，投奔劉邦。從縱向的權力關係來看，項羽以下犯上，殺害義帝，導致項羽集團四分五裂，項羽雖然作戰英勇，可是人心盡失，也挽救不了他失敗的命運。

項羽殺害韓王成，也逼使張良投向劉邦。項羽自稱西楚霸王以後，不准韓王成回國，將他挾持到楚都彭城，貶為侯，再殺害。張良復國理想破滅，只好再投靠劉邦。楚漢相爭時，張良屢出奇計，幫助劉邦屢敗項羽。從權力運作的角度來看，項羽利用權力殺韓王成是沒有政治智慧，對項羽有不利的影響。

（二）橫向的權力關係

1. 部將與部將之間，關係並不和諧。鴻門宴時，范增叫項莊舞劍，目的是要趁機殺劉邦，可是，項羽的叔叔項伯也舞劍，保護劉邦，使謀士范增殺劉邦的計劃不能實行。

2. 領袖與謀士之間關係也不和諧。鴻門宴時，范增要殺劉邦，可是項羽無意殺劉邦，即使范增三次以玉玦示之，項羽仍不為所動，項羽與范增的關係，經常處於緊張狀態，後中了陳平的反間計，范增因被項羽疏遠而離開，

〔註111〕《漢書》，卷34，〈韓彭英盧吳傳〉，頁1882。

途中病死。喪失唯一的謀士，是項羽很大的損失，也是項羽失敗的重要原因。劉邦總決項羽失敗原因時，曾說：

> 項羽有一范增而不能用，所以爲我禽也。〔註112〕

三、成敗得失

（一）領導人

1. 製訂政略能力

項羽的地域觀念，使他製訂的兩項政略失策：一是建都彭城，二是分封諸侯。

（1）建都彭城的失策：彭城位於黃淮平原，無險可守，楚漢戰爭期間，楚都彭城常受彭越的襲擾破壞，楚軍的補給線經常中斷，項羽終因缺乏糧食而失敗。

（2）分封諸侯的失策：項羽分封的結果是，有功未受封與受封不滿意的互相攻殺，形成割據戰爭，霸王之威掃地無存，項羽爲平亂疲於奔命，給劉邦可乘之機。

2. 擬訂戰略能力

項羽對劉邦的戰略有三項失策，一是封鎖劉邦的戰略，二是先齊後漢的戰略，三是後勤補給的失策。

（1）封鎖劉邦戰略的失策：項羽將秦朝三降將章邯、司馬欣、董翳封在關中，組成第一道防線，阻擋劉邦進入關中。又封申陽、魏豹、司馬卬、鄭昌在秦地以東，組成第二道防線，以防劉邦出函谷關，項羽付託失人，這兩道防線皆被劉邦突破。

（2）先齊後漢戰略的失策：漢二年（西元前 205 年）三月，劉邦大舉東進，結合各諸侯形成反楚聯盟，五十六萬大軍進攻楚都彭城。項羽在齊地鎮壓田榮，聽到消息，仍堅持「先齊後漢」戰略，彭城守備薄弱，被劉邦攻佔。項羽回師雖敗劉邦，但楚都被攻陷，已使西楚霸王聲威掃地，顏面無光。

（3）後勤補給的失策：楚漢戰爭期間，項羽既不焚毀敖倉糧食，也不佔領敖倉，以補給軍食，終被劉邦佔去，是一大失策。後方糧食產地與補給線無法保護，常被彭越襲擊，項羽終因缺糧而失敗。

〔註112〕《漢書》，卷 1 下，〈高帝紀〉下，頁 56。

3. 危機處理能力

（1）漢二年（西元前 205 年）四月，劉邦佔領楚都彭城，項羽立即從齊地，率精騎三萬，一個上午的時間，即攻入彭城，〔註113〕打敗劉邦反楚聯盟的五十六萬大軍，劉邦西逃滎陽，才站穩腳跟。

（2）漢三年（西元前 204 年）九月，彭越襲擊楚後方外黃、昌邑，項羽命曹咎、司馬欣守成皋，親自率軍回師東擊彭越，擊敗彭越，再率軍回到滎陽前線，來回只花十五天時間。〔註114〕

由以上兩件事可知，項羽作戰英勇，處理危機很明快。但都靠統帥一人，事必躬親使項羽疲於奔命，實力逐漸消耗，對項羽集團不利。

（二）部將攻防能力

楚漢戰爭時期，項羽楚軍的戰鬥力很強，劉邦的漢軍常被楚軍擊敗，楚軍的戰鬥力可從彭城之役與滎陽之役中看出，《史記・項羽本紀》記載漢二年（西元前 205 年）四月，劉邦的漢軍攻佔彭城，又被項羽親率的楚軍趕出彭城的經過：

> （漢二年）春，漢王部五諸侯兵，凡五十六萬人，東伐。項王聞之，即令諸將擊齊，而自以精兵三萬人南從魯出胡陵。四月，漢已入彭城，收其貨寶美人，日置酒高會。項王乃西從蕭、晨擊漢軍而東，至彭城，日中，大破漢軍。漢軍皆走，相隨入穀、泗水，殺漢卒十餘萬人。漢卒皆南走山，楚又追擊至靈壁東睢水上。漢軍卻，為楚所擠，多殺，漢卒十餘萬人皆入睢水，睢水為之不流，圍漢王三匝。於是大風從西北而起，折木發屋，揚沙石，窈冥晝晦，逢迎楚軍。楚軍大亂，壞散，而漢王乃得與數十騎遁去。〔註115〕

項羽所率領的三萬騎兵，從山東城陽東北經魯、胡陵至蕭，繞至漢軍的西側，再從西向東猛攻彭城，殲滅數十萬漢軍於彭城、穀水、泗水、睢水之間。項羽僅以三萬騎兵的絕對少數兵力，居然對數十萬漢軍實施迂迴殲滅作戰，楚軍的決心，勇氣與戰術，都是戰爭史上所罕見的。〔註116〕

項羽在彭城戰役中勝利的原因，一是他擁有一支強大而善戰的樓煩騎

〔註113〕《史記》，卷7〈項羽本紀〉，頁 322。
〔註114〕《史記》，卷7〈項羽本紀〉，頁 329。
〔註115〕《史記》，卷7〈項羽本紀〉，頁 321～322。
〔註116〕李德龍，《漢初軍事史研究》，頁 27。

兵，二是他發動突然快速猛烈的奇襲，劉邦的漢軍措手不及，慘遭毀滅性的打擊，而項羽的騎兵奇襲戰術展現了快速突擊的效果，掌握了戰場的主動權，將騎兵的震撼力、機動力與攻擊力完全發揮，終於取得彭城戰役的決定性勝利。從彭城之役很清楚的看到項羽楚軍的戰鬥力。

《史記·項羽本紀》記載滎陽之役（漢三年至四年）楚軍的戰鬥力：

> 漢軍滎陽，築甬道屬之河，以取敖倉粟。漢之三年，項王數侵奪漢甬道，漢王食乏恐請和割滎陽以西爲漢。……漢王使御史大夫周苛、縱公、魏豹守滎陽。……楚下滎陽城，生得周苛……漢王之出滎陽，南走宛葉，得九江王布，行收兵，後入保成皋。漢之四年，項王進兵圍成皋。漢王逃……楚遂拔成皋，欲西。漢使兵距之鞏，令其不得西。……是時，彭越復反，絕楚糧。項王乃謂海春侯大司馬曹咎等曰：「謹守成皋……我十五日必誅彭越，定梁地，復從將軍。」乃東，行擊陳留、外黃……當是時，項王在睢陽，聞海春侯軍敗，則引兵還。漢軍方圍鍾離眛於滎陽東，項王至，漢軍畏楚，盡走險阻。是時，漢兵盛食多，項王兵罷食絕……王乃與漢約，中分天下，割鴻溝以西者爲漢，鴻溝而東者爲楚……項王已約，乃引兵解而東歸。
> 〔註117〕

由於項羽率領的楚軍戰鬥力很強，劉邦漢軍防守的滎陽、成皋先後被楚軍攻佔，後來劉邦採取四項策略，才克服漢軍在滎陽戰役的危機，這四項策略是：一、計除范增，二、詐降脫險，三、南下機動作戰，四、彭越深入襲擊項羽後方，〔註118〕漢軍重新奪回成皋，並解除滎陽之圍。項羽與劉邦訂約，是因後方遭受彭越破壞，楚軍缺乏糧食，並非楚軍戰敗，楚軍仍然具有相當強的戰鬥力，這點可從劉邦背約追擊項羽的楚軍，在固陵（河南太康縣南）之役，被項羽的楚軍擊敗而得到證明。《史記·項羽本紀》記載：

> 漢五年，漢王乃追項王至陽夏南，止軍，與淮陰侯韓信、建成侯彭越期會而擊楚軍。至固陵，而信、越之兵不會。楚擊漢軍，大破之。漢王復入壁，深塹而自守。〔註119〕

項羽的楚軍，在撤退東歸時仍然能擊敗劉邦親率的漢軍，由此可知楚軍的戰

〔註117〕《史記》，卷7〈項羽本紀〉，頁325～331。
〔註118〕李德龍，《漢初軍事史研究》，頁36～39。
〔註119〕《史記》，卷7〈項羽本紀〉，頁331。

鬥力。

項羽楚軍的戰鬥力雖強，但部將變節降漢的不少，導致項羽集團實力減弱，影響整個集團的失敗。從項羽集團部將的結局，可分為以下幾類，其中變節降漢的超過三分之一，影響最大。

1. 兵敗自殺者：曹咎、章邯、司馬欣、董翳。統帥項羽也兵敗自殺。

2. 戰死者：司馬龍且、薛公……等。

3. 降漢者：申陽、司馬卬、張耳、鄭昌、周殷、鍾離昧（投靠韓信）、陳平、韓信、呂馬童、利幾、丁公、英布、項伯、項襄、項佗、項？、丁公、季布，丁公與季布是項羽死後才投降劉邦。集團成員 48 人中，降漢者 19 人，占 38%，超過三分之一，項羽集團中部將超過三分之一投降劉邦。項羽集團失敗的重要原因，是部將不忠於領袖項羽，變節降敵，削弱集團實力。項羽再英勇善戰，也無法挽回集團成員變節降敵對整個集團的傷害。

4. 被謀殺者：義帝熊心、韓廣、魏豹、田市。熊心被項羽謀殺，給劉邦製造有利的政治形勢，劉邦號召諸侯聯合反楚，導致一些項羽集團成員投降劉邦。

5. 中反間計被項羽疏遠及背叛者：范增、英布、周殷、鍾離昧。項羽中了陳平的反間計，「項王乃疑范增與漢有私，稍奪之權」。〔註 120〕項羽不用范增，乃是中了敵人的離間計而不自知。范增的離去，實為楚漢之爭雙方勝負逆轉的關鍵。〔註 121〕除了范增以外，九江王英的背叛，對項羽集團影響最大。〔註 122〕

表 5-1　項羽集團成員表

編號	姓　名	籍　貫	出身國	身　分	階　層	官　職	結　局
1	熊　心		楚	楚懷王之孫	貴族	楚懷王、義帝	為英布所殺
2	項　羽	下　相（江蘇宿遷縣）	楚	楚將項燕之孫	貴族	楚將、魯公、上將軍	自　殺
3	項　伯	下　相（江蘇宿遷縣）	楚	楚將項燕之子	貴族	漢封射陽侯	叛楚降漢

〔註 120〕《史記》，卷 7〈項羽本紀〉，頁 325。
〔註 121〕王仲孚〈論楚漢之爭的成敗關鍵〉，《國魂》，55 期，頁 56。
〔註 122〕王仲孚〈論楚漢之爭的成敗關鍵〉，《國魂》，55 期，頁 56。

4	項莊	下相 （江蘇宿遷縣）	楚	項羽族人	貴族	楚　將	
5	項襄	下相 （江蘇宿遷縣）	楚	項羽族人	貴族	楚　將	叛楚降漢，封桃侯
6	項佗	下相 （江蘇宿遷縣）	楚	項羽族人	貴族	楚　將	叛楚降漢，封平皋侯
7	項？	下相 （江蘇宿遷縣）	楚	項羽族人	貴族	楚　將	叛楚降漢，封玄武侯
8	項悍	下相 （江蘇宿遷縣）	楚	項羽族人	貴族	楚　將	
9	項聲	下相 （江蘇宿遷縣）	楚	項羽族人	貴族	楚　將	
10	曹咎		楚？	獄掾	平民	大司馬、海春侯	自　殺
11	陳嬰		楚	故東陽令史	平民	楚上柱國	
12	黥（英）布	六 （安徽六縣）	楚	刑徒	平民	楚將、當陽君、九江王	叛楚降漢
13	蒲？		楚？		平民	楚　將	
14	范增	居鄛 （安徽桐城縣）	楚		平民	楚將、項羽謀士	中陳平之計、疽發背而死
15	呂臣		楚	陳勝故涓人	平民	楚將、司徒	
16	呂青		楚	呂臣之父	平民	令　尹	
17	章邯		秦	原秦將	平民	雍　王	自　殺
18	司馬欣		秦	獄掾 長史 原秦將	平民	上將軍、塞王	自　殺
19	董翳		秦	督尉 原秦將	平民	翟　王	自　殺
20	司馬龍且		楚	項梁部將	平民	楚　將	爲灌嬰所殺
21	魏豹		魏	魏王咎之弟	貴族	魏王、西魏王	爲周苛、樅公合謀殺害
22	申陽	瑕丘 （山東兗州）		張耳寵臣	平民	河南王	叛楚降漢
23	韓成		韓	韓王室後裔	貴族	韓　王	爲項羽所殺
24	司馬卬		趙	趙將	平民	趙將、殷王	爲漢所虜

25	趙 歇		趙	趙王室後裔	貴族	趙王、代王	
26	張 耳	大 梁 （河南開封縣）	魏	魏國名士	平民	趙相國、常山王	叛楚降漢
27	吳 芮		楚	番君	平民	衡山王	叛楚降漢、封長沙王
28	共 敖		楚		平民	義帝柱國、臨江王	
29	韓 廣	上 谷 （河北懷來）	燕	故趙王武臣之將	平民	燕王、遼東王	爲臧荼所殺
30	臧 荼		燕	燕 將	平民	燕將、燕王	
31	田 市		齊		貴族	齊王、膠東王	爲田榮所殺
32	田 都		齊	齊 將	平民	齊 王	
33	田 安		齊	齊王建孫	貴族	濟北王	
34	梅 銷		楚	故秦番陽令吳芮之將	平民	楚 將	叛楚降漢、番君
35	鄭 昌		楚	吳縣令	平民	韓 王	叛楚降漢
36	蕭公角		楚	秦碭郡蕭縣縣令	平民	楚 將	
37	周 殷		楚		平民	楚大司馬	叛楚降漢
38	鍾離眛	伊 廬 （湖北襄陽南）	楚		平民	楚 將	中陳平之計爲項羽疏遠，後歸韓信自殺
39	陳 平	陽武戶牖鄉（河南蘭考東北）	楚		平民	督 尉	叛楚降漢
40	韓 信	淮 陰 （江蘇淮陰南）	楚		平民	項梁、項羽部下	叛楚降漢
41	呂馬童		楚	原楚將後降漢	平民	漢騎司馬	叛楚降漢
42	薛 公		楚	薛縣令	平民	楚 將	爲彭越所殺
43	利 幾		楚		平民	楚 將	叛楚降漢
44	周 蘭		楚		平民	楚 將	被灌嬰打敗
45	丁 公 （丁固）	薛 縣 （山東滕縣東南）	楚	楚將季布舅舅	平民	楚 將	項羽死後降漢，被斬
46	武 涉		楚		平民	楚 將	
47	季 布		楚	任俠有名於楚	平民	楚 將	項羽死後降漢，任郎中
48	桓 楚		楚	亡在澤中	平民	楚 將	

此表主要根據《史記‧項羽本紀》、《史記‧高祖本紀》、《漢書‧陳勝項籍傳》、《漢書‧高帝紀》整理

圖 5-1 項羽集團權力圈圖

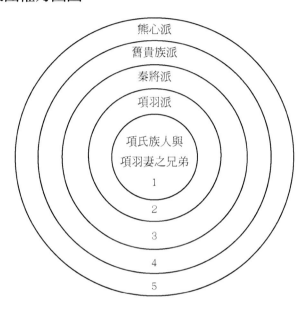

圖 5-2 項羽集團地位圖

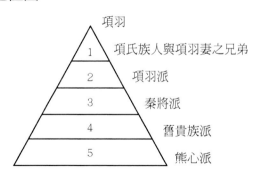

第六章 劉邦集團在楚漢戰爭成功的原因

　　秦末陳勝，吳廣首先起來抗秦，接著群雄紛起。陳勝、吳廣死後，反秦組織形成項羽和劉邦兩個集團。秦亡後，劉邦和項羽爲了爭奪領導權而互相戰爭，史稱「楚漢戰爭」，由於劉邦寬大，贏得民心；知人善任，人才樂爲所用；加以政略、戰略運用成功，終於勝利。另外，劉邦善於製造輿論，也是他成功的原因。根據史家的記載，中國歷史上的開國皇帝，往往有一些神奇事蹟，據說漢高祖劉邦是人龍混種，醉臥常現龍瑞相。赤帝之子化爲劉邦，斬殺白帝化身的大蛇。劉邦住地上空常有雲氣，呈龍虎五彩瑞相，莫非劉邦是眞命天子？中國歷代開國帝王常利用天命思想，假借符瑞造反，製造輿論，以獲得人民的擁護，劉邦即利用天命而成功。

第一節　劉邦成功的性格因素

一、豪　爽

　　劉邦個性豪爽，豪爽的人必不惜高位重金以寵人。〔註1〕《史記‧高祖本紀》曰：「高祖寬仁而愛人，喜施，意豁如也，常有大度。」〔註2〕

　　王陵說劉邦肯與天下同利：「陛下使人攻城略地，所降下者因以予之，與天下同利也。」〔註3〕酈食其對劉邦的個性，也有同樣的觀察：「漢王（劉邦）……降城即以侯其將，得賂即以分其土，與天下同其利，豪英賢才皆樂爲之用。」

〔註1〕　薩孟武，《中國社會政治史》（一），頁126。
〔註2〕　《史記》，卷8，〈高祖本紀〉，頁342。
〔註3〕　《史記》，卷8，〈高祖本紀〉，頁381。

〔註4〕因此，英雄豪傑大多被網羅到劉邦這邊，如張良是貴族，五世相韓，張蒼是秦御史，陳平是游士，樊噲是屠狗的，周勃是吹鼓手，灌嬰是布販，婁敬是車夫，韓信是流氓，彭越是強盜，這些謀臣戰將都被恰當地使用，各盡其所長。〔註5〕尤其是這些足智多謀之士，在楚漢相爭中，起了重大的作用。〔註6〕

　　劉邦豪爽的個性，肯與人同利，使他得人才，這些文武人才，有的幫他出計謀，有的帶兵衝鋒陷陣，終於擊敗項羽。

二、寬　大

　　劉邦個性寬大，「寬仁而愛人」，〔註7〕肚量大，性情溫和，能體諒別人，也能採納別人的意見。當初，楚懷王與諸將約定，先入定關中者，為關中王。不派項羽，而派劉邦西略入關，就是因為項羽殘暴，劉邦寬大，《史記・高祖本紀》曰：

> 懷王諸老將皆曰：「項羽為人慓悍猾賊。項羽嘗攻襄陽，襄城無遺類，皆坑之，諸所過無不殘滅。……不如更遣長者扶義而西，告諭父兄。秦父兄苦其主久矣，今誠得長者往，毋侵暴，宜可下。今項羽慓悍，今不可遣。獨沛公素寬大長者，可遣。」〔註8〕

當劉邦率義軍西進，包圍宛城（河南南陽）時，接受陳恢意見：與秦軍守將談判，秦軍立即向劉邦義軍投降，而劉邦封原來守將繼續守宛。結果談判成功，封宛守為殷侯，陳恢為千戶。自從宛城一地和平解決後，劉邦義軍一路勢如破竹，各地紛紛仿效宛守，向劉邦投降。〔註9〕劉邦溫和的作風，寬大的心胸，使秦將、秦民支持他，因此，進展迅速，首先入關中。

　　入關以後，除秦苛法，發布「約法三章」，《史記・高祖本紀》曰：

> （劉邦）召諸縣父老豪傑曰：「父老苦秦苛法久矣，誹謗者族，偶語者棄市。吾與諸侯約，先入關者王之，吾當王關中。與父老約，法三章耳：殺人者死，傷人及盜抵罪。餘悉除去秦法。諸吏人皆案堵

〔註4〕　《史記》，卷97，〈酈生陸賈列傳〉，頁2695。
〔註5〕　范文瀾，《中國通史簡編》，修訂本，第二編，頁29。
〔註6〕　宋公文、何曉明，〈略論劉邦的謀士群〉，《武漢師範學院學報》，1983：1。
〔註7〕　薩孟武，《中國社會政治史》（一），頁126。
〔註8〕　《史記》，卷8，〈高祖本紀〉，頁356。
〔註9〕　林劍鳴，《新編秦漢史》上，頁290。

如故。凡吾所以來，爲父老除害，非有所侵暴，無恐！……。」乃
使人與秦吏行縣鄉邑，告諭之。」〔註10〕

「約法三章」得到廣大苦於「秦苛法」的人民歡迎，「秦人大喜，爭持牛羊酒
食獻饗軍士……唯恐沛公不爲秦王。」〔註11〕劉邦寬大的個性，使他得到民
心，而民心的向背，是劉邦取勝，項羽失敗的重要原因。〔註12〕

三、知人善任

「知人善任」是劉邦性格的第三個優點。芮和蒸教授說：

> 爲領袖者，在能知人善任，集合眾人之智慧爲其智慧，融合眾人之
> 所長成其所長，此爲劉邦之所能，而爲項羽之所不能，故劉邦獲致
> 帝業而項羽終於失敗。〔註13〕

漢五年（西元前 202 年）二月初二日，漢朝建立，劉邦即皇帝位。五月，漢
高祖劉邦在洛陽南宮舉行慶功酒會，與群臣討論，楚漢戰爭劉邦勝利、項羽
失敗的原因：

> 高祖曰：「列侯諸將無敢隱朕，皆言其情。吾所以有天下者何？項氏
> 之所以失天下者何？」高起、王陵對曰：「陛下慢而侮人，項羽仁而
> 愛人。然陛下使人攻城略地，所降下者因以予之，與天下同利也。
> 項羽妒賢嫉能，有功者害之，賢者疑之，戰勝而不予人功，得地而
> 不予人利，此所以失天下也。」高祖曰：「公知其一，未知其二。夫
> 運籌策惟帳之中，決勝於千里之外，吾不如子房。鎮國家，撫百姓，
> 給餽饟，不絕糧道，吾不如蕭何。連百萬之軍，戰必勝，攻必取，
> 吾不如韓信。此三者，皆人傑也，吾能用之，此吾所以取天下也。
> 項羽有一范增而不能用，此其所以爲我擒也。」〔註14〕

漢高祖分析他能知人善任，用人之長，使興漢三傑張良、蕭何、韓信充分發
揮個人的潛能，施展了自己的才華。張良是謀略家，封留侯；〔註15〕蕭何是

〔註10〕《史記》，卷8，〈高祖本紀〉，頁362。
〔註11〕《史記》，卷8，〈高祖本紀〉，頁362。
〔註12〕曹家齊，〈劉邦布衣集團與西漢政權的建立〉，《徐州師範學院學報》（哲學社
　　　　會科學版），1991：1，頁94。
〔註13〕芮和蒸，《漢高祖完成帝業的分析研究》，收於王壽南等撰，《政治史》，（台北：
　　　　漢苑出版社，1988年），頁88。
〔註14〕《史記》，卷8，〈高祖本紀〉，頁380～381。
〔註15〕《史記》，卷55，〈留侯世家〉，頁2042。

政治家，封酇侯；〔註16〕韓信是軍事家，初封王，後降為淮陰侯。〔註17〕三傑同功一體，輔佐劉邦，使布衣登基做了皇帝，建立了漢朝。〔註18〕能否用人是劉邦成功、項羽失敗的關鍵之一，〔註19〕因此，知人善任，善於用人，是劉邦成功的因素。〔註20〕

第二節　劉邦成功的政略因素

一、取得關中為策源地

蕭何建議劉邦「養其民以致賢人，收用巴蜀，還定三秦（關中），天下可圖也。」〔註21〕劉邦採用蕭何的建議，在漢中整頓兵馬，拜韓信為大將。漢元年（西元前206年）八月，利用田榮併三齊，彭越又擊楚的機會，「明修棧道，暗渡陳倉」，漢軍擊敗不及防備的章邯軍，占領雍地，進入咸陽。又向東擊敗塞王，向北擊敗翟王，塞王司馬欣、翟王董翳皆望風而降，劉邦順利占有關中。

關中的地理，「形勢封閉，泉甘土肥，外可以止敵國之干擾，內可獎士民之生聚，從容以待天下之變，然後開關出擊，足以混一宇內」〔註22〕是政治勢力的醞釀地。劉邦入關滅秦後，蕭何「先入收秦丞相御史律令圖書藏之……漢王所以見知天下扼塞，戶口多少，彊弱之處，民所疾苦」，〔註23〕因此，劉邦充分瞭解關中的山川形勢及人力物力。秦地位於中國西北部，與少數民族接壤，民風最勇悍，因之秦民也是最殘酷之兵。〔註24〕劉邦接收了商鞅變法以來秦地的社會、經濟實力，得到秦民的支持，迅速鞏固關中基地，建立組織機構，定都櫟陽（西安市閻良鎮附近），做好與項羽作戰的準備。

〔註16〕《史記》，卷53，〈蕭相國世家〉，頁2015。
〔註17〕《史記》，卷92，〈淮陰侯列傳〉，頁2626～2627。
〔註18〕張大可、徐日輝，《張良蕭何韓信評傳》，（南京：南京大學出版社，2002年），頁3。
〔註19〕趙文潤，《漢唐人物評傳》，（西安：陝西師範大學出版社，1997年），頁6。
〔註20〕曹家齊，〈劉邦布衣集團與西漢政權的建立〉，《徐州師範學院學報》（哲學社會科學版），1996：1，頁91。
〔註21〕《漢書》，卷39，〈蕭何傳〉，頁2006～2007。
〔註22〕陸寶千，《中國史地綜論》，（台北：廣文書局，1962年），頁155。
〔註23〕《史記》，卷53，〈蕭相國世家〉，頁2014。
〔註24〕嚴耕望，〈戰國時代列國民風與生計—兼論秦統一天下之背景〉，《食貨月刊》，復刊14：9、10，頁9。

婁敬與張良皆曾分析關中地理形勢的優越，〔註 25〕劉邦能取得關中作爲策源地，乃是一種自覺性的選擇，也是一種繼承秦帝國宏願的抉擇，〔註 26〕這個抉擇是明智的，也奠定劉邦勝利的基礎。在楚漢相爭中，劉邦「常失軍亡眾」，〔註 27〕蕭何皆從關中不斷地補充；項羽向西進攻，一直無法攻入關中，破壞劉邦的後方根據地，而項羽的後方根據地常遭漢軍侵襲破壞。因此，劉邦取得關中，作爲堅固的後方根據地，是劉邦勝利的重要憑藉。

二、建王困敵政策

楚漢相爭中，劉邦爲了拉攏諸侯勢力，困頓敵人項羽，曾多次封立王位。列述如下：

1. 立韓太尉信爲韓王

漢王二年（西元前 205 年），韓太尉信擊降項羽封以距漢的韓王鄭昌，劉邦乃立他爲韓王。〔註 28〕劉邦立韓王信可能有兩個原因：一、是謀士張良一心爲韓，復立韓王可挽留張良。〔註 29〕二、是想用他幫助漢軍攻打項羽。

2. 立張耳爲趙王

漢王三年（西元前 204 年），韓信和張耳攻下趙地，韓信「遣使報漢，因請立張耳爲趙王，以鎮撫其國。漢王許之，乃立張耳爲趙王。」〔註 30〕除了鎮撫趙地之外，向南可牽制在滎陽作戰的楚軍，向東正對燕、齊之背，對於三面包圍項羽的戰略，影響很大。

3. 立英布爲淮南王

英布原爲項羽的勇將，封爲九江王。漢王二年（西元前 205 年）劉邦在彭城之役戰敗後，派隨何說服英布歸漢。漢王三年（西元前 204 年）十一月，英布發兵攻楚，但爲楚將龍且、項聲所敗，逃歸漢。英布雖敗，但拖滯了楚軍，使劉邦得以收集流散之兵，重新部署豫西防線。劉邦又派英布防守滎陽南方的宛、葉一帶，從側翼掩護豫西漢軍主戰場，又可威脅在淮南的楚軍。因英布在楚漢相爭中作用很大，故漢王四年（西元前 203 年）七月，「立布爲

〔註 25〕《史記》，卷 99，〈劉敬列傳〉，頁 2716。《史記》，卷 55，〈留侯世家〉，頁 2044。
〔註 26〕李偉泰，《漢初學術及王充論衡述論搞》，（台北：長安出版社，1985 年），頁 37。
〔註 27〕《史記》，卷 53，〈蕭相國世家〉，頁 2014。
〔註 28〕《史記》，卷 93，〈韓信列傳〉，頁 2632。
〔註 29〕阮芝生，〈論留侯與三略（上）〉，《食貨月刊》，復刊 11：2，1981 年 3 月。
〔註 30〕《史記》，卷 92，〈淮陰侯列傳〉，頁 2619。

淮南王」。〔註31〕鼓勵他一起攻擊項羽。

4. 立韓信為齊王

　　韓信率兵平定魏、代、趙，降服燕，佔領齊，完成由北側翼包圍項羽的戰略部署，功勞甚大。漢王四年（西元前203年），韓信派人向劉邦請求自立爲齊之假王，以鎮撫齊地。劉邦採用張良、陳平意見，「不如因而立，善遇之，使自爲守」，〔註32〕派張良帶印信立韓信爲齊王。

5. 立彭越為梁王

　　漢王二年（西元前205年）四月，漢王進襲彭城，彭越率三萬多人歸劉邦，被封爲魏相國。劉邦在彭城戰敗後，諸侯紛紛背漢歸楚，張良力勸漢王拉攏彭越。在楚漢相爭中，彭越常率游擊隊出沒魏地，破壞楚的後方，使項羽不能全力攻擊豫西的漢軍。〔註33〕漢王五年（西元前202年）十月，劉邦敗於固陵之役，在張良建議下，漢王將睢陽以北至穀城之地給予彭越，於是彭越率兵來會，在垓下擊敗項羽。劉邦立彭越爲梁王。〔註34〕

　　劉邦的「建王困敵」政策，可能是張良策劃，張良「常爲畫策臣，時時從漢王」，〔註35〕劉邦稱贊張良「運策帷幄中，決勝千里外」。〔註36〕所以建王困敵政策的成功是劉邦戰勝的重要因素。

三、爲義帝發喪

　　漢王二年（西元前205年）十月，項羽密令九江王英布、衡山王吳芮、臨江王共敖將義帝殺於郴，這項舉動加速了項羽所分封的諸侯的四分五裂。〔註37〕漢軍出關行至洛陽新城，有三老董公向劉邦獻策：

> 臣聞：「順德者昌，逆德者亡」，「兵出無名，事故不成」。故曰：「明其爲賊，敵乃可服」。項羽爲無道，放殺其主，天下之賊也。夫仁不以勇，義不以力，三軍之眾爲之素服，以告之諸侯，爲此東伐，四海之內莫不仰德。此三王之舉也。〔註38〕

〔註31〕《史記》，卷91，〈黥布列傳〉，頁2602。
〔註32〕《史記》，卷92，〈淮陰侯列傳〉，頁2621。
〔註33〕《史記》，卷90，〈彭越列傳〉，頁2592。
〔註34〕《史記》，卷90，〈彭越列傳〉，頁2592。
〔註35〕《史記》，卷55，〈留侯世家〉，頁2040。
〔註36〕黃震，《黃氏日抄·留侯世家》，卷46，四庫珍本，2集，159冊，頁29。
〔註37〕林劍鳴，《新編秦漢史》上，頁323。
〔註38〕《漢書》，卷1，〈高帝紀〉上，頁34。

劉邦欣然接受，立刻下令爲義帝發喪。自己則脫衣袒臂號啕大哭，臨哀三日。
劉邦又派人通知各諸侯，請他們一起來討伐項羽的大逆不道：

> 寡人親爲發喪，兵皆縞素，悉發關中兵，收三河士，南浮江漢以下，
> 願從諸侯王擊楚之殺義帝者。〔註39〕

從此，項羽處於政治上的被動地位，劉邦就爲與項羽的戰爭找到一個堂皇的理
由，爭取到多數諸侯的支持，使漢軍在道義上、輿論上居於主動地位。〔註40〕
自古以來，中國爲政者對「大義」特別的重視，師出必有名，可以說幾乎沒有
一個缺少大義名份的人能獲勝的，所以群雄的策士們對「大義」非常敏感，是
依楚，或是靠漢，完全在於大義名份和是否具體實現義理。〔註41〕劉邦爲義帝
發喪，不僅順應了楚地某些百姓的心願，而且用義帝這塊冠冕堂皇的招牌籠絡
了諸侯的人心，爲自己出關東找到了十分得體的藉口。〔註42〕也使民心完全傾
向於漢了，漢王才能號召塞王欣、翟王翳、魏王豹、殷王卬、趙王歇、代王餘
和河南王申陽，各諸侯共五十六萬軍隊，浩浩蕩蕩進擊彭城，討伐項羽。

第三節　劉邦成功的戰略與後勤補給因素

一、鞏固豫西防線

　　劉邦從彭城敗退後，以呂后兄呂澤駐在下邑的軍隊，掩護漢的敗軍西撤，
並遲滯楚軍追擊。同時，派隨何前往說服九江王英布背楚向漢，九江王叛楚，
項羽派龍且、項聲進攻淮南，此舉拖延楚軍數月之久，漢軍得到喘息機會，
重新鞏固豫西防線，蕭何及時從關中增援，使漢軍勢力大增。五月，楚軍攻
至，在滎陽以東的京、索一帶爲漢軍擊退，從此，漢軍的豫西防線穩固下來。

　　同時，劉邦又爭取到彭越與英布的支持，運用外交策略，使兩員勇將歸
附漢王。彭越駐軍河上（今黃河、蜀山湖間），在彭城以西；英布轄地在淮水
中游，位於彭城以南。這兩支軍隊的依附，使漢的南北兩側翼得到掩護，間
接鞏固豫西防線，而且，當楚軍西攻滎陽時，又可從南北打擊楚軍的側背，
在戰略上具有多重的意義。〔註43〕

〔註39〕《史記》，卷8，〈高祖本紀〉，頁370。
〔註40〕林劍鳴，《新編秦漢史》上，頁324。
〔註41〕禾日，《綜觀楚漢風雲》，（台北：國家出版社，1983年），頁16。
〔註42〕唐子恒，《漢高祖的領導藝術》，頁91。
〔註43〕冷欣，〈漢高祖之成功戰略〉，《戰史匯刊》，期5，1973年12月，頁46。

二、三面包圍戰略

從漢王二年（西元前 205 年）七月至漢王四年（西元前 203 年）八月，楚漢以鴻溝分界，中分天下為止，兩年多的時間，楚漢在豫西的滎陽、成皋之間對峙。

劉邦的戰略部署，是針對項羽的作戰特性而設計的，項羽慣於速戰速決，即以主力部隊直撲敵人，將其消滅。為了因應項羽的作戰方式，劉邦將主力擺在豫西防線，從正面牽制項羽的主力部隊，然後從南北兩個側面打擊項羽的後方，正面如果打贏，再向前推進，這就是三面包圍戰略。

漢王三年（西元前 204 年）四月，漢軍滎陽缺乏糧食，請和，范增勸阻，〔註44〕項羽急攻滎陽，形勢危急，漢王採陳平之計，離間項羽與范增關係，范增被疑，負氣出走，〔註45〕未至彭城即病死。〔註46〕

五月，項羽攻滎陽益急，將軍紀信假扮漢王詐降，掩護漢王逃出滎陽。〔註47〕劉邦逃至關中，帶兵至成皋據險防守。又採轅生之計，自率軍出武關，進至宛、葉間，引誘項羽主力南下，讓豫西漢軍重新整補；一面命令韓信率趙軍駐守修武，以威脅成皋附近的楚軍；一面又命令彭越渡睢水，侵擾楚軍的後勤補給。〔註48〕項羽進攻宛、葉，劉邦堅壁不出城應戰。此時，彭越在楚後方大敗楚軍，楚將薛公被殺，彭城震動。項羽引兵還擊彭越，劉邦趁機北上佔領成皋。項羽趕走彭越，聞劉邦又回到成皋，於是攻擊成皋，劉邦北渡黃河，逃至修武（河南獲嘉縣），收得韓信平定趙後所得之趙軍，勢力漸恢復。

此後，漢軍加強鞏縣防禦，阻止楚軍西進，又從修武引兵南下逼近黃河，威脅楚軍北面側背，使楚軍不敢貿然西進。一面派韓信率趙軍進擊齊地；一面派將軍盧綰和劉賈率兵兩萬，渡白馬津（河南滑縣），配合彭越侵擾楚後方，切斷楚的糧道，燒掉糧食積聚，彭越佔領楚的外黃等十七個城。〔註49〕

同年九月，項羽命曹咎與司馬欣守成皋，自率軍東擊彭越，收復外黃等

〔註44〕《史記》，卷 7，〈項羽本紀〉，頁 325。
〔註45〕阮芝生，「論留侯與三略（上）」，《食貨月刊》，復刊 11：2、3，1981 年 3 月，頁 11～13。
〔註46〕《史記》，卷 7，〈項羽本紀〉，頁 325。
〔註47〕《史記》，卷 8，〈高祖本紀〉，頁 373。
〔註48〕冷欣，〈漢高祖之成功戰略〉，《戰史匯刊》，期 5，1973 年 12 月，頁 47。
〔註49〕《史記》，卷 8，〈高祖本紀〉，頁 374。

十餘城。灌嬰也率五百騎兵襲擊陽夏，項羽又引兵南救陽夏。彭越趁機攻下昌邑附近二十餘城，得到栗十多萬斛，〔註50〕皆供給漢軍。

劉邦利用項羽東擊彭越的機會，渡河佔領滎陽、成皋。〔註51〕項羽聽說曹咎戰死，率軍趕來，漢軍放棄滎陽，防守廣武山，楚漢兩軍遂相持於廣武山。

此時，韓信已進襲齊地，齊王田廣向楚求救，項羽派龍且率兵二十萬救齊，漢王四年（西元前 203 年）十一月，韓信在濰水大敗齊楚聯軍，齊地盡爲漢所有。〔註52〕漢至此已完成北面包圍楚的部署。而英布與王陵駐守宛、葉，正準備進擊淮南，實施南面包圍楚軍的戰略。楚軍被漢軍機動作戰所困，戰力逐漸消耗，項羽率數萬大軍來回豫西與楚地，疲於奔命，加以後方糧食被毀，遂同意與漢談和，漢王四年（西元前 203 年）八月，雙方以鴻溝爲界，中分天下。〔註53〕鴻溝以西屬於漢，鴻溝以東屬於楚。

三、垓下會戰

九月項羽送還太公和呂后（漢二年四月，彭城戰役後，項羽在沛縣俘虜劉邦的父親太公和呂后），引兵東歸。〔註54〕劉邦採張良、陳平之計，〔註55〕違背盟約，追擊楚軍，至固陵（河南太康南），因韓信及彭越未能如約會擊，漢軍反被楚軍所敗。劉邦聽從張良的建議，派人告訴韓信和彭越「并力擊楚。楚破，陳以東傅海與齊王；睢陽以北至穀城與彭相國」〔註56〕果然，韓信、彭越率兵會合，漢五年（西元前202年）十二月，發生楚漢戰爭的決定性戰役「垓下之戰」，《史記・高祖本紀》對「垓下之戰」的記載很簡略：

> （漢）五年，高祖與諸侯兵共擊楚軍，與項羽決勝垓下。淮陰侯將三十萬自當之，孔將軍居左，費將軍居右，皇帝在後，絳侯、柴將軍在皇帝後。項羽之卒可十萬。淮陰先合，不利，卻。孔將軍、費將軍縱，楚兵不利，淮陰侯復乘之，大敗垓下。

垓下之戰楚漢雙方的兵力對比，漢代史家司馬遷說，楚軍是十萬人，照理推

〔註50〕《史記》，卷7，〈項羽本紀〉，頁329。
〔註51〕《史記》，卷8，〈高祖本紀〉，頁375。
〔註52〕《史記》，卷92，〈淮陰侯列傳〉，頁2620～2621。
〔註53〕《史記》，卷8，〈高祖本紀〉，頁377。
〔註54〕《史記》，卷7，〈項羽本紀〉，頁331。
〔註55〕《史記》，卷7，〈項羽本紀〉，頁331。
〔註56〕《史記》，卷7，〈項羽本紀〉，頁332。

估，楚軍從固陵退到垓下，已有相當損耗，似乎應已不足十萬。〔註57〕

漢軍總兵力約五六十萬人，其中僅韓信部即有三十萬人。〔註58〕假如項羽的楚軍仍以十萬計算，劉邦的漢軍以五十萬計算，則漢軍與楚軍的兵力比是五比一，漢軍享有數量上的優勢。

垓下之戰漢軍的兵力部署，司馬遷有簡要的說明：韓信位於漢軍中央指揮全軍，左側翼由孔將軍指揮，右側翼由費將軍指揮，此為第一線。韓信後方的部隊由劉邦親自指揮，劉邦後面的部隊由絳侯周勃與柴將軍指揮，當漢軍的後衛。另外，根據《史記·樊酈滕灌列傳》的記載，劉邦的騎兵將軍灌嬰是配屬在韓信的部隊，也參加垓下之戰，灌嬰的騎兵應位於漢軍右側翼後方，也就是右側翼費將軍的後面。（參閱附圖十三）楚軍的兵力部署，司馬遷沒有說明，應是集中由項羽指揮。

垓下戰役的經過分為三階段：

1. 韓信從漢軍中央位置首先向楚軍進攻（合），攻擊不順利向後方撤退，漢軍的陣勢呈現凹入形狀，楚軍立即向前追擊韓信的部隊。
2. 漢軍左右兩翼的兵力，同時向已突入漢軍的楚軍後方實施包圍（縱）。
3. 韓信同時也向已突入的楚軍發動反擊（復乘之），於是在漢軍前後包圍之下，楚軍大敗，結束了垓下戰役。〔註59〕

項羽敗退垓下（安徽靈壁），退守壁內，〔註60〕夜聞四面楚歌，軍心渙散。項羽以為漢軍已全部佔領了楚地，知道大勢已去，無心再與漢軍作戰。夜半，項羽率八百騎突圍南逃，灌嬰率五千騎兵追趕，至陰陵，因迷路陷於大澤中，後逃至烏江（安徽和縣東北），被漢軍騎兵圍困，終於自殺身亡。

四、後勤補給

劉邦有關中堅固的後方根據地，在楚漢相爭中，劉邦常打敗仗，蕭何不斷地從關中補充糧食與兵員，例如：

漢二年（西元前205年）春，漢王從彭城敗退，「蕭何亦發關中老弱未傳

〔註57〕鈕先鍾，〈垓下之戰〉，收於氏著，《中國歷史中的決定性會戰》，（台北：麥田出版社，2001，第五章，頁171。
〔註58〕李德龍，《漢初軍事史研究》，頁64。
〔註59〕鈕先鍾，〈垓下之戰〉，收於氏著，《中國歷史中的決定性會戰》，頁171。
〔註60〕鈕先鍾，〈垓下與赤壁——中國歷史上的兩次決定性會戰〉，《歷史月刊》，1988：10，頁103～109。

悉詣滎陽，復大振」〔註61〕

　　漢三年（西元前 204 年），漢王逃離滎陽入關，「收兵欲復東。……出軍宛、葉間」〔註62〕

　　漢四年（西元前 203 年），漢王「西入關，……復如軍，軍廣武。關中兵益出」〔註63〕

　　兩軍相戰，進至相持不決之際，最重要者乃是軍糧，〔註64〕漢軍最主要的糧食來源，是關中的糧食。此外，利用倉儲保糧也是糧食的重要來源。秦代爲了儲備關東糧食，在滎陽附近建立了敖倉，以供軍需之用。敖倉位於滎陽以西，自此渡河，即入河內。〔註65〕劉邦採納酈生的建議，〔註66〕佔據敖倉，軍心大振，使戰局起了根本的變化。一年之後，項羽即因無像敖倉這樣的糧食可供軍食之用，致造成兵疲糧絕的窘境，不得已乃與劉邦議和，以鴻溝爲界，中分天下，從此項羽由優勢轉爲劣勢，劉邦乃由被動漸爲主動。〔註67〕

　　另外，騎兵在後勤補給上的運用，也不可忽視。項羽在鉅鹿之戰後，能宰制天下，就是從秦將王離手中取得了樓煩騎兵。〔註68〕漢軍的騎兵成立較晚，彭城敗後才著手成立，灌嬰雖爲指揮官，實際領袖卻是秦人李必、駱甲。〔註69〕關中產優良的馬，〔註70〕秦人又習於騎兵訓練，故雖倉促成軍，一上戰場即能於滎陽以東之京、索之役，擊敗來犯的楚軍，其功甚偉。〔註71〕

　　漢的騎兵主要是用在破壞楚的後勤補給線及迂迴包圍之用，例如：漢三

〔註61〕《史記》，卷 7，〈項羽本紀〉，頁 324。

〔註62〕《史記》，卷 8，〈高祖本紀〉，頁 373。

〔註63〕《史記》，卷 8，〈高祖本紀〉，頁 377。

〔註64〕薩孟武，《中國社會政治史》（一），頁 131。

〔註65〕荊三林，「敖倉故址考」，《文史雜誌》，2：90，1943 年 10 月，頁 74。

〔註66〕《史記》，卷 97，〈酈生列傳〉，頁 2694。

〔註67〕徐進興，《關中對楚漢之爭成敗的影響》，（台北：師大歷史研究所碩士論文，1991 年），頁 113。

〔註68〕朱紹侯，〈關於秦末三十萬戍守北邊國防軍的下落問題〉，《史學月刊》，1958：4，頁 222。張傳璽，「關於『章邯軍』與『王離軍』的關係問題」，《史學月刊》，1958：11，頁 341。

〔註69〕《史記》，卷 95，〈灌嬰列傳〉，頁 2668。

〔註70〕秦鴻，〈秦俑坑兵馬俑軍陣內容及兵器試探〉，《文物》，1975：11。

〔註71〕史念海，〈秦漢時代關西人民的尚武精神〉，《東方雜誌》，41：22，1956 年 11 月，頁 12。

年（西元前 204 年）十月韓信、灌嬰奇襲井陘成功，以寡擊眾，擊潰趙軍。
〔註72〕漢三年八月灌嬰又出擊楚軍後方，絕其糧道，〔註73〕使項羽在前、後
方來回奔命，劉邦趁機攻下成皋。漢四年（西元前 203 年）十月，韓信、灌
嬰破齊。〔註74〕漢四年十二月，對楚後方大肆破壞，楚糧食產地遭嚴重損毀。
〔註75〕漢五年（西元前 202 年）十二月，垓下會戰後追擊項羽，終於逼使項
羽自殺。〔註76〕

由以上可知，漢軍騎兵在破壞楚糧食及牽制楚軍方面，發揮了極大的影
響力，這也是劉邦勝利的原因。

第四節　劉邦善於製造輿論

一、出身的輿論製造

劉邦的籍貫是楚國沛縣豐邑（今江蘇豐縣），農家子弟，名「季」，後來
做了皇帝，，才改名為「邦」。〔註77〕在家排行第三。據說劉邦是帝堯的後裔，
《漢書・高帝紀贊》曰：

> 《春秋》晉史蔡墨有言：「陶唐氏既衰，其後有劉累，學擾龍，事孔
> 甲，范氏其後也。」而大夫范宣子亦曰：「祖自虞以上爲陶唐氏，在
> 夏爲御龍氏，在商爲豕韋氏，在周爲唐杜氏，晉主夏盟爲范氏。」
> 范氏爲晉士師，魯文公世奔秦，後歸於晉，其處者爲劉氏。劉向云：
> 「戰國時，劉氏自秦獲於魏，秦滅魏，遷大梁，都於豐。故周市說
> 雍齒曰，豐，故梁徙也。」是以頌高祖云：「漢帝本系，出自唐帝，
> 降及於周，在秦作劉，涉魏而東，遂爲豐公。」豐公，蓋太上皇父，
> 其遷日淺，墳墓在豐鮮焉。及高祖即位，置祠祀官，則有秦、晉、
> 梁、荊之巫，世祠天地，綴之以祀，豈不信哉！由是推之，漢承堯
> 運，德祚已盛。〔註78〕

〔註72〕《史記》，卷 92，〈淮陰侯列傳〉，頁 2616。
〔註73〕《史記》，卷 95，〈灌嬰列傳〉，頁 2668。
〔註74〕《史記》，卷 95，〈灌嬰列傳〉，頁 2669～2670。
〔註75〕《史記》，卷 95，〈灌嬰列傳〉，頁 2670。
〔註76〕《史記》，卷 95，〈灌嬰列傳〉，頁 2671。
〔註77〕唐子恒，《漢高祖的領導藝術》，頁 14。
〔註78〕《漢書》，卷 1 下，〈高帝紀〉下，頁 81～82。

翦伯贊先生批評說：「劉邦本來出身於一個小地主的家庭，但是歷史家卻憑空替他謊造一部貴族的譜牒，說他是帝堯的後裔。」〔註 79〕劉邦出身微賤，泗水亭長是最下層的小吏，爲了替創業帝王鋪路，突顯皇帝的尊貴，班固只好僞造劉邦是古帝王的後代。

　　劉邦父母的名字，已無從查考，所以司馬遷只好記載「父曰太公，母曰劉媼」。〔註 80〕劉邦的出身很神奇，據說是人龍交配而生的，《史記・高祖本紀》曰：

　　　　其先劉媼嘗息大澤之陂，夢與神遇。是時雷電晦冥，太公往視，則
　　　　見蛟龍於其上。已而有身，遂產高祖。〔註 81〕

《漢書》也有同樣的記載。〔註 82〕劉邦本來是他父親太公的兒子，但是歷史家卻硬要誣蔑他的母親，說他不是人種，而是人龍混種。〔註 83〕類此記載，《史記・高祖本紀》又曰：

　　　　（劉邦）好酒及色，常從王媼、武負賒酒，醉臥，武負、王媼見其
　　　　上常有龍，怪之。高祖每酤留飲，酒讎雙倍。及見怪，歲竟，此兩
　　　　家常折卷棄債。〔註 84〕

趙翼《陔餘叢考》曰：

　　　　武負、王媼皆酒家，每值高祖酤飲，則人競買之，其獲利較倍於常
　　　　也。……蓋《高祖本紀》自澤陂遇神至芒、碭雲氣，皆記高祖微時
　　　　符瑞，而此特其一端耳。

古來爭天下者不但爭一時之富貴，且爭編史的權，藉此以取得永久的名譽。生則紅光滿室，貌則隆準龍顏，死則大雨滂沱，天亦落淚。人乎神乎，神乎人乎。神失敗則爲妖，人成功則爲神。〔註 85〕劉邦是人龍混種的傳說，皆是劉邦爲了神化自己所編造，劉邦爲了當皇帝，必須製造輿論，以爭取民心。

　　劉邦出身微賤，身爲泗水亭長，父太公爲一庸懦無能之匹夫。先天上已弱於項羽。事實具在，未便誇張。因此，高祖可誇耀者，當另外找題目。於

〔註 79〕翦伯贊，《秦漢史》，頁 101。
〔註 80〕《史記》，卷 8，〈高祖本紀〉，頁 341。
〔註 81〕《史記》，卷 8，〈高祖本紀〉，頁 341。
〔註 82〕《漢書》，卷 1，〈高帝紀〉上。
〔註 83〕翦伯贊，《秦漢史》，頁 101。
〔註 84〕《史記》，卷 8，〈高祖本紀〉，頁 343。
〔註 85〕薩孟武，《西遊記與中國古代政治》，（台北：三民書局，1974，第 1 章，〈菩薩與妖精〉，頁 7。

是不得不在天意上作文章，以為後來平天下，登基為帝王鋪路。所以〈高祖本紀〉於開始起兵前後，強調幾件天意歸劉邦的神奇現象，這樣使劉邦在天意上佔優勢，可以壓倒人事上佔優勢的項羽。這是太史公的一番苦心，一種辦法。太史公對劉邦，強調他出身微賤，不事家人生產，但是天意卻要以他為帝王天子。所以，一而再，再而三的強調此事。又不僅在〈高祖本紀〉為然，即在〈項羽本紀〉，亦屢次提到。暗示論出身，論個人能力，劉邦都遠不如項羽，但成敗異變卻完全相反，只好把事情推到天意上去。〔註86〕

二、面相的輿論製造

劉邦的長相，《史記・高祖本紀》曰：

> 高祖為人，隆準而龍顏，美須髯，左股有七十二黑子。

《史記索隱》引文穎曰：

> 高祖感龍而生，故其顏貌似龍，長頸而高鼻。

《史記正義》引《河圖》云：

> 帝劉季口角戴勝、斗胸、龜背、龍股，長七尺八吋。

《史記正義》又引《合誠圖》云：

> 赤帝體為朱鳥，其表龍顏，多黑子。

劉邦因為生來即具備討好的長相——「隆準而龍顏，美鬚髯」，加上巧合的特徵——左股有七十二黑痣，他的父母也迷信以為神異，於是附會蛟龍附身的故事，這本來是鄉間愚夫愚婦迷信的謠言，劉邦卻以此沾沾自喜，自以為異於常人，於是輕慢侮人，好酒及色，在鄉間遊蕩，不事生產。〔註87〕

中國古來真命天子的誕生，狀貌必異於常人，而又有許多神奇事蹟，即人們把「神」的性質加在人的身上，其人就變成真命天子。〔註88〕其實，真命天子的「神」性是由人的營造而發生的，史家為了替開國皇帝「取得永久的名譽」〔註89〕而編造出來的。這就是劉邦相貌與眾不同的由來。

劉邦的面相，據說有「貴人」之相，《史記・高祖本紀》曰：

> 單父人呂公善沛令，避仇從之客，因家沛焉。沛中豪傑吏聞令有重

〔註86〕徐文珊，《史記評介》，頁138～139。
〔註87〕汪惠敏，《史記政治人物述評》，（台北：師大書苑有限公司，1991年），頁69～70。
〔註88〕薩孟武，《水滸傳與中國社會》，（台北：三民書局，1971年），頁95。
〔註89〕薩孟武，《西遊記與中國古代政治》，第1章，〈菩薩與妖精〉，頁7。

客，皆往賀。蕭何爲主吏，主進，令諸大夫曰：「進不滿千錢，坐之堂下。」高祖爲亭長，素易諸吏，乃紿爲謁曰「賀錢萬」，實不持一錢。謁入，呂公大驚，起，迎之門。呂公者，好相人，見高祖狀貌，因重敬之，引入坐。蕭何曰：「劉季固多大言，少成事。」高祖因狎侮諸客，遂坐上坐，無所詘。酒闌，呂公因目固留高祖。高祖竟酒，後。呂公曰：「臣少好相人，相人多矣，無如季相，願季自愛。臣有息女，願爲季箕帚妾。」酒罷，呂媼怒呂公曰：「公始常欲奇此女，與貴人。沛令善公，求之不與，何自妄許與劉季？」呂公曰：「此非兒女子所知也。」卒與劉季。呂公女乃呂后也，生孝惠帝、魯元公主。〔註90〕

太史公藉呂公之口強調劉邦乃貴人之相，從面相美化劉邦的形象，預爲他將來當帝王天子留下線索。然猶未足，再補記一筆：

高祖爲亭長時，常告歸之田。呂后與兩子居田中耨，有一老父過請飲，呂后因餔之。老父相呂后曰：「夫人天下貴人。」令相兩子，見孝惠，曰「夫人所以貴者，乃此男也。」相魯元，亦皆貴。父老已去，高祖適從旁舍來，呂后具言客有過，相我子母皆大貴。高祖問，曰：「不遠」。乃追及，問老父。老父曰：「鄉者夫人嬰兒皆似君，君相貴不可言。」高祖乃謝曰：「誠如父言，不敢忘德。」及高祖貴，遂不知老父處。〔註91〕

太史公進一步再以父老看相之言印證呂公相人術之準確，也就是更加強調高祖之得天下，能以弱勝強，戰勝項羽，實由天意於默默中成之。太史公從呂后寫到孝惠、魯元，再由孝惠、魯元而高祖，最後以點睛結穴之筆點出呂后、孝惠、魯元之貴皆由於高祖。太史公抬出老父，老父不知何許人，又「不知老父處」，那麼，老父即是神與人之間的人。〔註92〕呂公與神秘老父之相術已將劉邦得天命明朗化了。

司馬遷相信相人術，《史記》中所記論相之事，每個都應驗。〔註93〕由此

〔註90〕《史記》，卷8，〈高祖本紀〉，頁344～345。

〔註91〕《史記》，卷8，〈高祖本紀〉，頁346。

〔註92〕徐文珊，《史記評介》，頁140。

〔註93〕〈高祖本紀〉記相呂后及高祖，〈外戚世家〉記相薄姬當生天子，〈黥布列傳〉記相黥布，〈絳侯世家〉記許負相周亞夫，〈佞幸列傳〉記相鄧通，〈衛將軍驃騎列傳〉記相衛青，都應驗。可參考祝平一，《漢代的相人術》，（台北：學生

可知他是相信有命相存在的。依相法而言，一切枯榮、成敗、禍福、吉凶，都是前定，這豈不是有「命」在「天」嗎？〔註94〕

三、赤帝子斬白帝子的輿論製造

劉邦斬蛇的事蹟，《史記・高祖本紀》曰：

> 高祖以亭長爲縣送徒酈山，徒多道亡。自度比至皆亡之，至豐西澤中，止飲，夜乃解縱所送徒。曰：「公等皆去，吾亦從此逝矣！」徒中壯士願從者十餘人。高祖被酒，夜徑澤中，令一人行前。行前者還報曰：「前有大蛇當徑，願還。」高祖醉，曰：「壯士行，何畏！」乃前，拔劍擊斬蛇。蛇遂分爲兩，徑開。行數里，醉，因臥。後人來至蛇所，有一老嫗夜哭。人問何哭，嫗曰：「人殺吾子，故哭之。」人曰：「嫗子何爲見殺？」嫗曰：「吾子，白帝子也，化爲蛇，當道，今爲赤帝子斬之，故哭。」人乃以嫗爲不誠，欲告之，嫗因忽不見。後人至，高祖覺。後人告高祖，高祖乃心獨喜，自負。諸從者日益畏之。

明代楊循吉批評劉邦斬蛇事蹟說：

> 斬蛇事，沛公（劉邦），自託以神靈其身而駭天下之愚夫愚婦。大虹、大霓、蒼龍、赤龍、流火之鳥，躍舟之魚，皆所以兆帝王之興起者，此斬蛇之計所由設也。〔註95〕

劉邦斬蛇起義的事蹟，是由於刑徒們的逃亡叛秦而引起的。在秦末起兵反秦，要動員更多的平民參加，還得利用神權的力量來號召。楊循吉的看法，正揭露劉邦假借符瑞，托於神靈的秘密。〔註96〕

專制時代的人民沒有什麼先進的思想，他們對專制統治的暴虐壓迫和剝削的抗爭，往往借助神權的力量，人民對秦朝的反抗，就廣泛地採用了這一形式。如《史記・秦始皇本紀》的「亡秦者胡」、「始皇帝死而地分」、「今年祖龍死」、《史記・陳涉世家》的「篝火狐鳴，魚腹藏書」，還有《史記・高祖本紀》中的神奇事蹟，皆是利用鬼神來動員人民，人利用神權爲自己服務。〔註97〕

書局，1990年）。

〔註94〕阮芝生，〈試論司馬遷所說的究天人之際〉，《史學評論》，1983：6，頁59。

〔註95〕瀧川龜太郎，《史記會注考證》，（台北：中新書局，1977年），卷8，〈高祖本紀〉引，頁157。

〔註96〕鍾肇鵬，《讖緯論略》，（台北：洪葉文化公司，1994年），頁166。

〔註97〕鍾肇鵬，《讖緯論略》，頁163、165。

劉邦微時曾經斬過一條蛇，這即使有之，也是一種極平常的事，但後來劉邦做了皇帝，於是那些陛下的贊頌人，便把斬蛇的故事神話化，說劉邦所斬的那條大蛇，就是象徵秦代政權的白帝子之化身，而斬蛇的劉邦，則是象徵漢代政權的赤帝之子。〔註98〕

戰國時代齊國的鄒衍，他的學說影響後世最大的，就是「五德終始」的歷史哲學；自秦始皇以至漢末，都在其籠罩之下。〔註99〕《呂氏春秋・應同篇》記其學說曰：

> 凡帝王者之將興也，天必先見祥乎下民。黃帝之時，天先見大螾大螻，黃帝曰「土氣勝。」土氣勝，故其色尚黃，其事則土。及禹之時，天先見草木，秋冬不殺。禹曰「木氣勝」。木氣勝，故其色尚青，其事則木。及湯之時，天先見金刃生於水。湯曰「金氣勝」。金氣勝，故其色尚白，其事則金。及文王之時，天先見火，赤烏銜丹書，集於周社。文王曰「火氣盛」。火氣勝，故其色尚赤，其事則火。代火者必將水，天且先水氣勝。水氣勝，故其色尚黑，其事則水。水氣至而不知數備，將徙於土。

鄒衍將陰陽的消長和五行相勝（剋）配合起來，創造了「五德終始說」。他把歷史上朝代的興衰，按照五行相勝排列起來，並與天的黃、青、白、赤、黑五種顏色相符應，每一個朝代，受一種「德」支配，每一種德都是由盛而衰，終於為另一種德所代替。五行依次循環，終而復始。〔註100〕

五德，為得到五行中的某行而成天子者的所據之德。「五德終始說」是以「土、木、金、火、水」相次轉移，其轉移的順序是照著五行相勝（剋）的原理規定的。因為木剋土，故木繼土後；金剋木，故金繼木後；火剋金，故火繼金後；水剋火，故水繼火後；土剋水，故土繼水後。換言之，新朝之起必因前朝之德衰，新朝所據之德必為前朝所不勝之德，這就是鄒衍「五德終始說」的中心思想。〔註101〕

「五行相剋說」就是木剋土，金剋木，火剋金，水剋火，土剋水。如以土、木、金、火、水的相剋順序，將五行配上顏色，就是黃、青、白、赤、

〔註98〕翦伯贊，《秦漢史》，1983年，頁101。
〔註99〕郭湛波，《中國中古思想史》，（香港：龍門書局，1967年），頁19。
〔註100〕顧頡剛，〈五德終始說下的政治和歷史〉，收於《古史辨》第五冊，（台北：藍燈出版社，1985年），頁417。
〔註101〕顧頡剛，〈五德終始說下的政治和歷史〉，頁417～418。

黑，五帝即黃帝、青帝、白帝、赤帝、黑帝。當時傳說秦帝國的皇帝就是白帝之子，以「五行相剋說」推論，剋白帝者必是赤帝，斬殺白帝化身的大蛇，必然是赤帝之子了。按照「五德終始說」和當時的傳說，斬殺大蛇的劉邦勢必推翻秦帝國，另建一個新帝國。劉邦相信自己就是秦帝國的繼承者。

自從他看到秦始皇出巡，儀隊威武，人馬浩蕩，他已猛然有所自覺；在他的心靈深處，產生了新的理想，以為「大丈夫當如是也」，〔註102〕他的「理想我」觀念，很快的與秦皇帝政治人物型態契合，從此，過去的種種都不值得一顧，他的生活有了新的目標，熱切的盼望自己有朝一日，也能成為政治領袖，縱橫捭闔，發號施令，領導眾人。他的作為開始朝此目標而努力，他的行為表現，也開始符合政治型的生活型態，將領導、聲望、權力看得比其他事物更重要；對鄉里間小官吏為五斗米折腰的姿態，更是不放在眼裡；一旦遇到可以攀升的機會，他必然積極把握，突出自己，使自己從眾人之中脫穎而出。〔註103〕為了配合當時的思想與傳說，因此，機智與深謀的劉邦，在沛縣起兵時，即「釁鼓旗，幟皆赤。由所殺蛇白帝子，殺者赤帝子，故上赤。」〔註104〕這表示他已受「五德終始說」的影響，而且他這樣做，的確可以抬高他的身價，張大他的聲勢，爭取擁護，這對他的得天下，應該是有些幫助的。〔註105〕

四、天子氣的輿論製造

劉邦有「天子氣」，《史記·高祖本紀》曰：

> 秦始皇常曰：「東南有天子氣」，於是因東游以厭之。高祖即自疑，亡匿，隱於芒、碭山澤巖石之間。呂后與人俱求，常得之。高祖怪問之。呂后曰：「季所居上常有雲氣，故從往常得季。」高祖心喜。沛中子弟或聞之，多欲附者矣。

《史記·項羽本記》也有記載：

> 范增說項羽曰：「沛公居山東時，貪於財貨，好美姬。今入關，財物無所取，婦女無所幸，此其志不在小。吾令人望其氣，皆為龍虎，成五采，此天子氣也。急擊勿失。」

〔註102〕《史記》，卷8，〈高祖本紀〉，頁344。
〔註103〕汪惠敏，《史記政治人物述評》，頁70。
〔註104〕《史記》，卷8，〈高祖本紀〉，頁350。
〔註105〕孫廣德，〈陰陽五行說與漢代政治〉，收於陳立夫等著《中華民族的歷史文化》，（台北：中央文物供應社，1980年），頁184。

劉邦到底是一個小地主出身，他多少要顧及自己的身家性命，他雖然野心勃勃，但不敢公然造反，只是「隱於芒、碭山澤岩石之間。」後來他聽到陳涉已經高舉叛旗，到處有農民蜂起響應，秦代的天下，大有土崩瓦解之勢，於是投機的心思觸發了他的冒險性。〔註106〕他常常假託神怪，以提高自己的身價。〔註107〕在風雲際會之時，劉邦善於運用群眾無知、盲目的迷信心理，成功的製造了「赤帝子斬白帝子」的神話謠言，將自己神秘化，以控制群眾；同時，他又假造了「呂后循雲氣尋沛公」的謠言，來招攬群眾，使沛縣子弟誤信沛公是真命天子，而來歸附。〔註108〕

大多數開國之君的神話，都是發生在他們得天下之前，神話所以發生在得天下之前，是因為那時候最需要。第萊西（Francis Delaisi）說：任何一種集團的領袖，只要掌握到一些神秘的事物，他的權威會馬上增加十倍。因而在逐鹿之中，要打敗群雄，取得政權，神話也是很有用的。有了神話，就與其他英雄不同，似乎是天命所歸。這一方面可以威脅對手，減弱他們的士氣，一方面也可爭取豪傑們的歸服及一般人民的擁戴。〔註109〕

愛聽神話寓言，幾乎是人類的第二天性。人類既有此種特性，所以荒誕不經之說，道聽途說之事，以及想入非非之談，一入群眾耳中，就如舊雨重逢，故人復至，頓時把他信得千真萬確。而且群眾的心理狀態，易想入非非，易信假為真，所以領導群眾的人，愛利用假相，去博得群眾銘心刻骨的印象。群眾的想像力，是產生大政治家及專制魔王勢力的根源，同時也是大政治家及專制魔王束縛群眾，馳驅群眾的利器。〔註110〕

謠言，本來就是一種不能證實，沒有事實根據的耳語，在紛亂不定的時局中，特別容易出現；依心理分析的用語，這是一種防衛機制（defense mechanism），它可以幫助人們清除過度焦慮所造成的心理壓力。〔註111〕謠言的傳佈大致經下列的過程：

（一）普通人對於任何傳說謠言，大都是不求甚解，貿然接受。人皆如

〔註106〕翦伯贊，《秦漢史》，頁101～102。
〔註107〕薩孟武，《中國社會政治史》（一），頁125。
〔註108〕汪惠敏，《史記政治人物述評》，頁71。
〔註109〕孫廣德，〈我國正史中的政治神話〉，收於《中國史學論文選集》，第6輯，（台北：幼獅文化公司，1986年），頁67，孫廣德引第萊西之言。
〔註110〕吳壽頤，《社會心理學新編》，（台北：台灣商務印書館，1972年），第7章，〈動態的社會心理——群眾心理（下）〉，頁93、110。
〔註111〕王惠敏，《史記政治人物述評》，頁71。

此，也就如此聽。

（二）不僅不求甚解貿然接受，而且不加思索，貿然傳佈。人皆如此說，也就如此傳給他人，所謂「人云亦云」，以訛傳訛是也。不僅如此，各人為好奇心所驅使，往往樂於即刻轉告他人，所謂「道聽途說」是也。

（三）聽謠言的人，不僅貿然接受貿然傳佈，而且有意無意的加以增補改造或聯想附合，很自然的把原來形式與內容，加以改變。

（四）其次，因為社會上一般人都是貿然接受貿然傳佈，傳佈時又常常加以增補改造，於是愈傳愈失其真相，愈傳愈離奇。若謠言的內容與性質，較為重要，足以引起全社會的注意與傳述，久而久之，便可成為民間傳說或神話故事。

（五）再次，假如初聽謠言者與傳佈謠言者不止一人而為許多人，則其傳佈的速率，真可過於幾何級數，這是必然的趨向了。〔註112〕

在亂世，人們總想要了解自己所處的環境，想要多知道一些，以便調整自己的腳步與因應的態度。一般而言，謠言是易生而難滅，而且繪聲繪影，附會愈傳神，流傳愈廣遠；不論謠言的動機如何，它的社會功能是好是壞，都是偏離社會正常的軌範的；有心人會利用這種心理狀態，製造謠言，來控制群眾，左右群眾的情緒，造成聲勢。劉邦在完全沒有任何依恃的條件下，他只有利用時勢、製造謠言來突顯自己，號召群眾、領導群眾了。〔註113〕

古來最善於利用神權觀念以覬覦大位的，莫過劉邦。高祖所居，上常有雲氣，別人看不見，看得見的只有呂后一人，而呂后說了之後，沛中子弟聞之，「多欲附者矣」。「劉季（邦）固多大言」〔註114〕，「呂后為人剛毅」，〔註115〕以大言之夫配以剛毅之妻，雄心勃勃，在國家將亂之時，利用神權，以取得人民擁護，在民智幼稚之時，常有極大的效用。〔註116〕所以陳勝起義之後，沛縣父老殺了沛令，「皆曰平生所聞劉季諸珍怪，當貴」，「乃立季為沛公」。〔註117〕劉邦

〔註112〕孫本文，《社會心理學》，上冊，（台北：台灣商務印書館，1971 年），第 14 章，〈謠言〉，頁 270。

〔註113〕汪惠敏，《史記政治人物述評》，頁 71。

〔註114〕《史記》，卷 8，〈高祖本紀〉，頁 344。蕭何之語。

〔註115〕《史記》，卷 9，〈呂太后本紀〉，頁 396。

〔註116〕翦伯贊，《秦漢史》，頁 101～102。

〔註117〕《史記》，卷 8，〈高祖本紀〉，頁 350。

與呂后的計畫果然成功了。〔註118〕

　　司馬遷記載高祖的天子氣，除了經由呂后正面說出，還由反面、側面反映之，陪襯之。經由秦始皇說出：「東南有天子氣」，這還不夠，又從范增之口說出，劉邦的天子氣呈龍虎五彩瑞相。仍不足，睢水戰敗乃有「大風從西北而起，折木發屋，揚沙石，窈冥晝晦，逢迎楚軍，楚軍大亂，壞散，而漢王（劉邦）乃得與數十騎遁去」。〔註119〕這些都是隱寓高祖之成功，有其先天的條件。從這些地方，歷史家就找出了劉邦之所以由亭長而皇帝的歷史根據。〔註120〕由此可知，劉邦確實善於製造輿論並瞭解群眾心理。

第五節　劉邦集團的分析

一、組織結構

（一）籍　貫

　　劉邦集團分兩期，以漢元年（西元前 206 年）四月入漢中就國為斷限，從沛縣起兵滅秦至進入巴蜀漢中者，為前期，史書稱從擊秦入蜀漢者。從漢中就國至漢五年（西元前 202 年），追隨劉邦參加楚漢戰爭者，為後期，史書稱為從擊項籍者。〔註121〕

　　根據李開源教授的統計，前期劉邦集團主要成員中，籍貫可知者共有73 人（參閱表 6-1 與 6-2），其中籍貫為沛縣者有 33 人，約占 45%，以郡計算籍貫，則泗水郡者 37 人，約占 51%；碭郡者 21 人，約占 29%（其中，碭縣籍者 12 人，占 16%），薛郡者 7 人，約占 10%（其中，從起於薛縣者 5人，占 7%），剩下之 10%，則由東郡（3 人，4%）、陳郡（2 人，3%）、三川郡（1 人，1%）、潁川郡（1 人，1%）、東海郡（1 人，1%）等諸郡之人分占。〔註122〕

　　後期劉邦集團主要成員中，籍貫所在之國可知者共有 47 人，其中，楚國

〔註118〕薩孟武，《西遊記與中國古代政治》，頁 164。

〔註119〕《史記》，卷 7，〈項羽本紀〉，頁 322。

〔註120〕翦伯贊，《秦漢史》，頁 101。

〔註121〕《史記》，卷 18，〈高祖功臣侯者年表〉，頁 877～976。《漢書》，卷 16，〈高惠高后文功臣表〉，頁 527～634。

〔註122〕李開源，《漢帝國的建立與劉邦集團──軍功受益階層研究》，（北京：三聯書店，2000 年），頁 152。

16 人，約占 35%，秦國 12 人，約占 26%，趙國 9 人，約占 20%，齊國 4 人，占 9%，燕、魏、韓國各 2 人，各占 4%。由上述數字可以看出，後期劉邦集團的地域構成，具有廣泛容納各國人士的特點，其中，又以楚人和秦人較多。〔註 123〕

（二）出 身

劉邦集團的文臣武將，大多起自布衣，領導人劉邦的出身也是布衣。漢朝建立後，張良有一次與劉邦對話說：「陛下起布衣」。〔註 124〕劉邦也說：「吾以布衣提三尺取天下」。〔註 125〕清代史家趙翼在《二十二史劄記》中，說到劉邦集團成員的出身背景：

> 漢初諸臣，惟張良出身最貴，韓相之子也。其次則張蒼，秦御史；叔孫通，秦待詔博士。次則蕭何，沛主吏掾；曹參獄掾；任敖，獄吏；周苛，泗水卒史；傅寬，魏騎將；申屠嘉，材官。其餘陳平、王陵、陸賈、酈商、酈食其、夏侯嬰等，皆白徒。樊噲則屠狗者，周勃則織薄曲吹簫給喪事者，灌嬰則販繒者，婁敬則輓車者，一時人才皆出其中，致身將相，前此所未有也。〔註 126〕

趙翼說劉邦集團「其君既起自布衣，其臣亦多亡命無賴之徒，立功以取將相」。〔註 127〕姜蘊剛教授在《中國古代社會史》中說：劉邦集團「自漢高帝以下，可以說是一個流氓集團。……劉邦是傾秦之流氓集團的首領」。〔註 128〕亡命無賴之徒就是流氓，這裏已經明確指出劉邦集團的性質。〔註 129〕

（三）權力圈

劉邦集團是由四個不同的地域集團層累地組成的。

1. 豐沛原從集團

即秦二世元年（西元前 209 年）九月，跟隨劉邦起兵於沛縣之地域集團，

〔註 123〕李開源，《漢帝國的建立與劉邦集團——軍功受益階層研究》，頁 166。

〔註 124〕《漢書》，卷 40，〈張陳王周傳〉，頁 2032。

〔註 125〕《漢書》，卷 1 下，〈高帝紀〉下，頁 79。

〔註 126〕趙翼撰，王樹民校証，《二十二史劄記校証》，（台北：仁愛書局，1984 年），頁 36。

〔註 127〕《二十二史劄記校証》，頁 36。

〔註 128〕姜蘊剛，《中國古代社會史》，（台北：華世出版社，1979 年），頁 126～128。

〔註 129〕曹家齊，〈劉邦布衣集團與西漢政權的建立〉，《徐州師範學院學報》（哲學社會科學版），1996：1，頁 91。

他們的人數約在三千人以內，幾乎皆為沛縣人。豐沛原從集團是劉邦集團的核心圈。

2. 碭泗楚人集團

即漢元年（西元前 206 年）四月，跟隨劉邦入漢中就國的地域集團。其成員，以劉邦西入關以前的部隊為基本，人數約在三萬以內，其出身地區，大體以秦之碭郡與泗水郡為中心，及於鄰近之陳郡、東海郡、薛郡、東郡、三川郡、穎川郡諸郡。這些地區，舊多屬楚國，故可以稱為楚人，他們構成了劉邦集團的中堅部分。

3. 秦人集團

即劉邦在漢中建國以後，加入劉邦集團之蜀漢關中地區出身的人，也就是舊秦國出身的人所形成的地域集團。他們的人數前後或有數十萬之多，構成漢建國以後劉邦集團的主力部分。

4. 多國合縱集團

也就是由楚秦以外的諸侯國人所形成的地域集團。楚漢戰爭期間，各諸侯國出身的人紛紛加入劉邦集團，他們的數量也或有數十萬之多，構成了劉邦集團的外圍部份。〔註130〕

劉邦集團的權力圈可以同心圓圖畫出（參閱圖 6-1）。劉邦集團內部各集團地位的高低可參閱圖 6-2。

二、權力運作

（一）縱向的權力關係

1. 領導方式

通觀劉邦集團的權力運作，可以看出劉邦本人很少能提出什麼謀略，幾乎所有的戰略策略，都是由謀士們提出，由他批准執行的。劉邦的謀士群有：蕭何、張良、酈食其、陸賈、韓信、陳平、叔孫通、婁敬等人。謀士群提出的戰略策略，環環相扣，關聯不斷，引導著劉邦集團一步一步地向最後的勝利前進。〔註131〕劉邦採納謀士的建議而發號施令，這是一種開明的領導方式。

〔註130〕李開源，《漢帝國的建立與劉邦集團 —— 軍功受益階層研究》，頁 174～175。
〔註131〕宋公文，何曉明，〈略論劉邦的謀士群〉，《武漢師範學院學報》，1983：1，頁 100～106。

2. 領導效能

劉邦的命令，大體上都能貫徹，部將都能聽從，從縱向的權力運作來看，劉邦有效領導他的集團。如韓信在井陘大捷，擊敗趙軍以後，劉邦將韓信的精兵抽調到滎陽前線，劉邦的做法，既可用韓信軍隊抵抗項羽的進攻，又可以削弱韓信兵力。又如楚漢戰爭剛結束，劉邦立即收奪韓信兵權，從齊王改封楚王。從這些事蹟可以看到劉邦的權力運作順暢，有效控制部將。

（二）橫向的權力關係

劉邦集團內部，部將之間，有時不能互相配合，協同作戰，如漢五年（西元前 202 年）十月，劉邦追擊項羽軍至陽夏（河南太康縣）南，派人與韓信、彭越聯絡，命令他們在固陵（河南太康縣南）會師，共同合圍殲滅項羽。劉邦率軍在固陵追上楚軍，因韓信、彭越軍隊未配合及時趕來會師，劉邦孤軍深入，反遭楚軍擊敗，損失慘重。由此可見，橫向權力運作，如果不順暢，也會使整個集團受到損傷。後來劉邦用建王困敵策略，彌補橫向權力運作的不順，終於殲滅項羽。

三、成敗得失

（一）領導人

1. 製訂政略的能力

劉邦在楚漢戰爭期間，製訂三個政略，奠定擊敗項羽的基礎，一是取得關中為策源地，二是建王困敵政策，三是為義帝發喪。

（1）取得關中為策源地：劉邦在前線與項羽作戰的損失，都是蕭何從關中運補糧食、物資、兵員，劉邦有堅固的後方根據地，是他勝利的憑藉。

（2）建王困敵政策：楚漢戰爭期間，劉邦為了拉攏諸侯勢力，困頓敵人項羽，曾多次封立王位。（1）立韓太尉信為韓王（2）立張耳為趙王（3）立英布為淮南王（4）立韓信為齊王（5）立彭越為梁王。項羽拙於利用爵邑制度，劉邦善於利用爵邑制度，拉攏諸將，這是劉、項勝負的重要因素。〔註132〕

（3）為義帝發喪：劉邦為義帝發喪，不僅順應楚地百姓的心願，而且也贏得諸侯的人心，為自己出關進攻項羽，找到合理的藉口。

〔註132〕廖伯源，〈試從爵邑制度論楚漢相爭之勝負〉，《東吳文史學報》，（台北：東吳大學），1982：4，頁84。

2. 擬訂戰略的能力

劉邦擬訂四項戰略對付項羽，一是鞏固豫西防線，二是三面包圍戰略，三是垓下會戰，四是騎兵襲擊。

（1）鞏固豫西防線：劉邦從彭城向西敗退，退至河南滎陽，漢二年（西元前 205 年）五月，項羽軍追來，在滎陽以東的京、索一帶，被劉邦的漢軍擊退，從此，劉邦集團在豫西的防線穩固下來。

（2）三面包圍戰略：劉邦將漢軍主力部署在豫西防線，從正面牽制項羽的主力部隊，另派韓信攻魏、代、趙、齊，從彭城北邊包圍項羽。英布、王陵從宛、葉進攻淮南，實施南面包圍楚軍的戰略。

（3）垓下會戰：漢五年（西元前202年）十二月，項羽敗退垓下（安徽靈壁），〔註133〕三面漢軍包圍之際，在這緊要時刻，楚軍駐在九江的大司馬周殷，也在劉邦的策動下，反叛了項羽，各軍會擊，共同圍困項羽於垓下。〔註134〕項羽戰敗，逃至烏江（安徽和縣東北），自殺身亡。

（4）騎兵襲擊：中國古代騎兵產生很早，在春秋以前，北方的遊牧民族不僅早已養馬，而且能騎馬作戰了。〔註135〕戰國時期，騎兵已作爲步兵的輔翼力量，配合戰車、步兵深入長驅，絕敵糧道，追擊敵兵，或襲擊敵人之兩翼，或掩襲敵之前後，已成爲當時最活躍的軍事力量。〔註136〕騎兵作戰到秦漢時期逐漸成熟，由戰術配合作戰轉變爲以主力面目出現的戰略騎兵。〔註137〕楚漢戰爭期間，項羽有一支機動性較強的騎兵部隊，給劉邦的漢軍威脅很大。彭城戰後，劉邦在堅守成皋時，派灌嬰迅速組建一支騎兵部隊，與楚軍對抗並曾破楚騎兵於滎陽以東，對戰局起了穩定的作用。韓信在「井陘之戰」中，以騎兵二千配合步、車主力，打得趙軍措手不及，並擒趙

〔註133〕亦有學者認爲「垓下」應爲「陳下」，如范文瀾在《中國通史簡編》修訂本第二編；蘇誠鑒，〈垓下戰場在河南不在安徽〉，《安徽師大學報》，1979：2；辛德勇，〈論所謂「垓下之戰」應正名爲「陳下之戰」〉，《中國社會科學院歷史研究所學刊》，第 1 集，2001 年，頁 79～87。

〔註134〕王仲孚，〈論楚漢之爭的成敗關鍵〉，《國魂》55 期，頁 56。

〔註135〕展力、周世曲，〈試談楊家灣漢墓騎兵俑──對西漢前期騎兵問題的探討〉，《文物》，1977：10，頁 22。

〔註136〕張濤，〈秦漢騎兵起源及其發展新探〉，《國立歷史博物館館刊》，11：2，2001，頁 68。

〔註137〕龔留柱，〈關於秦漢騎兵的幾個問題〉，《史學月刊》，1990：2，頁 8。

王歇，消滅項羽在北方的盟軍。〔註138〕

　　劉邦運用騎兵襲擊，破壞項羽的糧食產區，運糧補給線及牽制楚軍，對楚漢戰爭的勝負影響極大。

3. 危機處理的能力

　　劉邦善於危機處理，常適時採用謀士建議，使危機化險為夷。

　　（1）韓信請立「假王」的危機處理：漢四年（西元前203年）底，韓信佔領齊國後，派人向劉邦請求自立為齊之「假王」。史書記載劉邦的危機處理：

> 當是時，楚方急圍漢王於滎陽，韓信使者至，發書，漢王大怒，罵曰：「吾困於此，旦暮望若來佐我，乃欲自立為王！」張良、陳平躡漢王足，因附耳語曰：「漢方不利，寧能禁信之王乎？不如因而立，善遇之，使自為守。不然，生變。」漢王亦悟，因復罵曰：「大丈夫定諸侯，即為真王耳何以假為！」乃遣張良往立信為齊王，徵其兵擊楚。〔註139〕

廖伯源教授分析說：

> 封韓信為齊王，乃漢王對已成事實之承認，非漢王之意；若非鞭長莫及，漢王絕對不會立韓信。觀其遣張良之齊立韓信，可知漢王對此事極為重視。張良為其主要謀士而遣之齊，當是使張良說韓信，使不叛而助己滅楚。〔註140〕

劉邦所以強制自己壓下怒火，是因為楚未滅，韓信還有利用的價值。〔註141〕劉邦的政治頭腦比韓信高明，他採謀士張良、陳平的建議，先利用，以後再處理的策略，〔註142〕使危機安然渡過。

　　（2）固陵之役慘敗的危機處理：漢五年（西元前202年）十月，劉邦因韓信、彭越未如約圍擊項羽，在固陵（河南太康縣南）被楚軍擊敗，史書記載劉邦的危機處理：

〔註138〕展力、周世曲，〈試談楊家灣漢墓騎兵俑——對西漢前期騎兵問題的探討〉，《文物》，1977：10頁22～23。

〔註139〕《史記》，卷92，〈淮陰侯列傳〉，頁2621。

〔註140〕廖伯源，〈試從爵邑制度論楚漢相爭之勝負〉，《東吳文史學報》，1982：4，頁78。

〔註141〕趙文潤、鄭世敏，〈成也蕭何，敗也蕭何——韓信與蕭何之比較研究〉，《漢中師範學院學報》，社會科學，1996年，14：3（總第47期），頁45。

〔註142〕馬植傑，〈韓信新論〉，《貴州師範大學學報》社會科學版，1999：2，頁27。

漢王追楚，爲項籍所敗固陵。乃謂留侯曰：「諸侯兵不從，爲之奈何？」
留侯曰：「……與此兩國約：即勝楚，睢陽以北至穀城，皆王彭相國；
從陳以東傅海，與齊王信。齊王信家在楚，此其意欲復得故邑。君
王能出捐此地許二人，二人今可至；即不能，事未可知也。」於是
漢王乃發使使彭越，如留侯策。使者至，彭越乃悉引兵會垓下，遂
破楚。項籍已死。春，立彭越爲梁王，都定陶。〔註143〕

漢王劉邦以裂土封王爲餌，誘彭越、韓信等部將共滅項羽，變勝負不可知的
局面爲徹底的勝利。〔註144〕由以上二例，可知劉邦處理危機的能力。

（二）部將攻防能力

　　楚漢戰爭劉邦勝利的原因，除了謀士張良、陳平，丞相蕭何後勤補給之
功以外，全靠將領的衝鋒陷陣、攻防戰力。劉邦集團的將領都具有很強的攻
防能力，如韓信、曹參、周勃、灌嬰、樊噲、英布、彭越、酈商……等。其
中韓信功勞最大，楚漢戰爭中，韓信連戰連捷，未曾敗北，爲劉邦集團的最
後勝利奠定了基礎。〔註145〕司馬光總結韓信的軍功說：

世或以韓信首建大策，與高祖起漢中，定三秦，遂分兵以北，禽魏，
取代，仆趙，脅燕，東擊齊而有之，南滅楚垓下，漢之所以得天下
者，大抵皆信之功也。〔註146〕

漢代史家司馬遷也推崇韓信的功勞：

（韓信）於漢家勳可以比周、召、太公之徒。〔註147〕

劉邦集團的領袖，漢高祖劉邦對韓信的評語說：

連百萬之衆，戰必勝，攻必取，吾不如韓信。〔註148〕

韓信的軍功，就是劉邦集團部將攻防能力的最佳寫照，也是劉邦集團戰勝項
羽的重要因素

〔註143〕《史記》，卷90，〈魏豹彭越列傳〉，頁2593。
〔註144〕廖伯源，〈試從爵邑制度論楚漢相爭之勝負〉，《東吳文史學報》，1982：4，頁
　　　　78。
〔註145〕趙文潤、鄭世敏，〈成也蕭何，敗也蕭何——韓信與蕭何之比較研究〉，《漢
　　　　中師範學院學報》，1996，14：3，頁44。
〔註146〕《資治通鑑》，卷12，漢紀4，高帝11年（前196年），（台北：天工書局，
　　　　標點本，1992年），頁390。
〔註147〕《史記》，卷92，〈淮陰侯列傳〉，頁2630。
〔註148〕《漢書》，卷1下，〈高帝紀〉下，頁56。

表 6-1　前期劉邦集團主要成員籍貫表

編號	氏　名	官　位	爵　位	本籍地	階　層	從起之地
1	盧綰	太尉	燕王	泗水沛	軍層	泗水沛
2	周勃	太尉	絳侯	泗水沛	軍層	泗水沛
3	蕭何	丞相	酇侯	泗水沛	軍層	泗水沛
4	曹參	丞相	平陽侯	泗水沛	軍層	泗水沛
5	王陵	丞相	安國侯	泗水沛	軍層	泗水沛
6	審食其	丞相	辟陽侯	泗水沛	軍層	泗水沛
7	樊噲	將軍	舞陽侯	泗水沛	軍層	泗水沛
8	夏侯嬰	太僕	汝陰侯	泗水沛	軍層	泗水沛
9	任敖	御史大夫	廣阿侯	泗水沛	軍層	泗水沛
10	周苛	御史大夫	高京侯	泗水沛	軍層	泗水沛
11	周昌	中尉	汾陰喉	泗水沛	軍層	泗水沛
12	雍齒	將軍	汁防侯	泗水沛	軍層	泗水沛
13	周緤	參乘	蒯城侯	泗水沛	軍層	泗水沛
14	彭祖	中廄令	戴侯	泗水沛	軍層	泗水沛
15	呂澤	客	周呂侯	碭單父	軍層	
16	呂釋之	客	建成侯	碭單父	軍層	
17	酈食其	說客	高梁侯	碭陳留	軍層	碭陳留
18	酈商	衛尉	曲周侯	碭陳留	軍層	碭岐
19	灌嬰	丞相	潁陰侯	碭睢陰	軍層	碭碭
20	張蒼	丞相	北平侯	三川陰武	軍層	三川陰武
21	奚涓	將軍	魯侯	泗水沛？	軍層	泗水沛
22	朱軫	隊帥	都昌侯	泗水沛？	軍層	泗水沛
23	召歐	騎將	廣侯	泗水沛？	軍層	泗水沛
24	嚴不職	將軍	武強侯	泗水沛？	軍層	泗水沛
25	周止	騎郎將	魏其侯	泗水沛？	軍層	泗水沛
26	孫赤	上黨守	堂陽侯	泗水沛？	軍層	泗水沛
27	冷耳	楚國相	下相侯	泗水沛？	軍層	泗水沛
28	單父右東	郎	中牟侯	泗水沛？	軍層	泗水沛
29	衛無擇	衛尉	樂平侯	泗水沛？	軍層	泗水沛
30	徐厲	常山國相	松茲侯	泗水沛？	軍層	泗水沛
31	王吸	將軍	清陽侯	泗水沛？	軍層	泗水沛

32	薛歐	典客	廣平侯	泗水沛 ？	軍層	泗水沛
33	唐厲	都尉	斥丘侯	泗水沛 ？	軍層	泗水沛
34	陳速	都尉	猗氏侯	泗水沛 ？	軍層	泗水沛
35	朱濞	都尉	鄢陵侯	泗水沛 ？	軍層	泗水沛
36	周聚	將軍	傅陽侯	泗水沛 ？	軍層	泗水沛
37	毛釋之	郎將	張侯	泗水沛 ？	軍層	泗水沛
38	陳倉	將軍	紀信侯	泗水沛 ？	軍層	泗水沛
39	馮無擇	郎中	博成侯	泗水沛 ？	軍層	泗水沛
40	齊受	齊國相	平定侯	泗水留 ？	軍層	泗水留
41	爰類	都尉	厭次侯	泗水留 ？	軍層	泗水留
42	丁義	郎騎將	宣曲侯	泗水留 ？	軍層	泗水留
43	呂臣	都尉	寧陵侯	泗水留 ？	軍層	泗水留
44	陳涓	丞相	河陽侯	碭碭 ？	軍層	碭碭
45	蟲達	將軍	曲成侯	碭碭 ？	軍層	碭碭
46	陳濞	都尉	博陽侯	碭碭 ？	軍層	碭碭
47	孔聚	將軍	蓼侯	碭碭 ？	軍層	碭碭
48	陳賀	將軍	費侯	碭碭 ？	軍層	碭碭
49	周灶	都尉	隆慮侯	碭碭 ？	軍層	碭碭
50	戴野	將軍	台定侯	碭碭 ？	軍層	碭碭
51	劉到	將軍	東茅侯	碭碭 ？	軍層	碭碭
52	丁禮	都尉	樂成侯	碭碭 ？	軍層	碭碭
53	魏選	都尉	寧侯	碭碭 ？	軍層	碭碭
54	襄	治粟內史	棘丘侯	碭碭 ？	軍層	碭碭
55	郭亭	都尉	阿陵侯	碭 單父 ？	軍層	碭 單父
56	周信	河南守	成陰侯	碭 單父 ？	軍層	碭 單父
57	張平	中涓	魯侯	碭 單父 ？	軍層	碭 單父
58	傅寬	齊國相	陰陵侯	碭 橫陽 ？	軍層	碭 橫陽
59	許盎	中尉	柏至侯	碭 昌邑 ？	軍層	碭 昌邑
60	郭蒙		東武侯	薛薛 ？	軍層	薛薛
61	戎賜	將軍	柳丘侯	薛薛 ？	軍層	薛薛
62	陳胥	將軍	復陽侯	薛薛 ？	軍層	薛薛
63	華寄	都尉	朝陽侯	薛薛 ？	軍層	薛薛
64	秦同	都尉	彭侯	薛薛 ？	軍層	薛薛
65	林摯	燕國相	平棘侯	薛 亢父 ？	軍層	薛 亢父

66	杜得臣	郎 將	棘陽侯	薛 胡陵 ？	軍 層	薛 胡陵
67	靳 歙	將 軍	信武侯	東 宛胸 ？	軍 層	東 宛胸
68	陳 豨	代國相	陽夏侯	東 宛胸 ？	軍 層	東 宛胸
69	陳夫乞	都 尉	高胡侯	東 杠里 ？	軍 層	東 杠里
70	靳 強	南郡守	汾陽侯	陳 陽夏 ？	軍 層	陳 陽夏
71	馮 谿	將 軍	谷陽侯	陳柘 ？	軍 層	陳 柘
72	陽成延	少 府	梧 侯	潁川 郟 ？	軍 層	潁川 郟
73	張 良	策劃臣	留 侯	東海 下邳 ？	軍 層	東海 下邳

　　此表引自李開源《漢帝國的建立與劉邦集團：軍功受益階層研究》，頁151～154。

表6-2　後期要劉邦集團主要成員籍貫表

編號	氏 名	官 位	爵 位	本籍地	階 層	從起之地	備 註
1	韓 信	大將軍	淮陰侯	東海 淮陰	軍 層	內 史	楚 將
2	陳 嬰	楚國相	堂邑侯	東海 東陽	軍 層	？	楚 將
3	陳 平	丞 相	曲逆侯	碭 戶牖	軍 層	河內 修武	楚 將
4	劉 澤	衛 尉	陵 侯	泗水 沛	軍 層	？	劉 氏
5	叔孫通	奉 常		薛 薛	軍 層	泗水 沛	楚 臣
6	李 必	都 尉	戚 侯	內史 重泉	軍 層	內史 櫟陽	秦吏士
7	駱 甲	都 尉		內史 重泉	軍 層	？	秦吏士
8	楊 喜	郎中騎	赤泉侯	內史 華陰	軍 層	內史 杜	秦吏士
9	申屠嘉	丞 相	故安侯	三川 梁	軍 層	？	韓地征兵？
10	宋 昌	中 尉	狀武侯	楚？	軍 層	山 東	楚將宋義孫
11	陳 武	將 軍	棘蒲侯	楚？	軍 層	薛 薛	楚 將
12	許 猜	楚 將	庄 侯	楚？	軍 層	東 臨濟	楚 將
13	黃极忠	臨江國將	邔 侯	楚？	軍 層		楚 將
14	靈 常	中 尉	陽 羨	楚？	軍 層		楚令尹
15	陶 舍	中 尉	開封侯	楚？	軍 層		楚 將
16	呂 青	楚令尹	新陽侯	楚？	軍 層		楚 將
17	劉 襄	淮南太守	桃 侯	楚	軍 層	東 定陶	項氏族
18	劉 它	楚碭郡長	平皋侯	楚	軍 層		項氏族

19	劉纏	楚左令尹	射陽侯	楚	軍層		項氏族（項伯）
20	劉氏		玄武侯	楚	軍層		項氏族
21	趙衍	河間守	須昌侯	秦？	軍層	漢中	秦吏卒或漢征兵
22	呂馬童	司馬	中水侯	秦？	軍層	內史 好時	秦騎將？
23	王競	都尉	景侯	秦？	軍層	內史 高陵	秦司馬
24	楊武	騎都尉	吳房侯	秦？	軍層	內史 下邽	秦騎將（郎中騎將）
25	王虞人	將軍	高陵侯	秦？	軍層	內史 廢丘	秦騎將（騎司馬）
26	越	長沙國相	醴陵侯	秦？	軍層	內史 櫟陽	秦吏卒或漢征兵
27	王翳	郎中騎	杜衍侯	秦？	軍層	內史 下邽	秦騎將
28	呂騰	郎將	涅陽侯	秦？	軍層	從出關	秦吏卒或漢征兵（騎士）
29	杜恬	廷尉	長脩侯	秦？	軍層		秦御史？
30	繒賀	將軍	祈谷侯	趙？	軍層	晉陽	趙吏士
31	宣虎	將軍	南安侯	趙？	軍層	晉陽	趙吏士
32	趙堯	御史大夫	江邑侯	趙？	軍層		趙吏士
33	趙將夕	趙將	深澤侯	趙？	軍層		趙將
34	許瘛	趙將	宋子侯	趙？	軍層		趙將
35	馮解散	雁門守	闕氏侯	趙？	軍層		代太尉
36	強瞻	趙將	繁侯	趙？	軍層		趙將
37	程黑	將軍	歷簡侯	趙？	軍層	恒山 盧奴	趙將
38	張越	將軍	任侯	趙？	軍層	恒山 東垣	趙將
39	盧卿	齊將	昌侯	齊？	軍層	薛 無鹽	齊將
40	盧罷師	齊將	共侯	齊？	軍層	臨淄 臨淄	齊將
41	劉到	齊將	平都侯	齊？	軍層		齊將 田氏
42	虞將軍	齊將		齊	軍層		齊將
43	奚意	太原尉	成陽侯	魏？	軍層	三川 陽武	魏郎
44	蔡寅	將軍	肥如侯	魏？	軍層		魏太僕
45	溫疥	燕國相	栒侯	燕？	軍層		燕將軍
46	昭涉掉尾	燕國相	平州侯	燕？	軍層		燕相
47	蔡兼	常山相	樊侯	韓	軍層	阿	韓家子

　　此表引自李開源《漢帝國的建立與劉邦集團：軍功受益階層研究》，頁165~168。

表 6-3 劉邦集團成員簡表

編號	姓 名	籍 貫	出身國	身 分	階層	官 職	結 局
1	劉 邦	沛（江蘇沛縣東）	楚	亭長	平民	沛公、碭郡長、武安侯	先入關，漢皇帝
2	蕭 何	沛（江蘇沛縣）	楚	沛縣主吏	平民	丞相	漢朝丞相
3	曹 參	沛（江蘇沛縣）	楚	沛縣獄掾	平民	將軍	漢朝丞相
4	樊 噲	沛（江蘇沛縣東）	楚	屠狗	平民	舍人將軍	漢朝舞陽侯
5	雍 齒	沛（江蘇沛縣）	楚		平民	將軍	叛劉邦
6	曹無傷		楚		平民	左司馬	爲劉邦所殺
7	彭 越	昌邑（山東巨野東南）	楚	亡於巨野澤	平民	建成侯、梁侯	謀反、夷三族
8	柴 武				平民	剛武侯	
9	酈食其	陳留（河南開封）	楚	里門監	平民	監門、廣野君；說客	
10	酈 商	陳留（河南開封）	楚	酈食其弟弟	平民	將軍、衛尉	
11	張 良	城父（河南禹縣南）	韓	韓國丞相後代	貴族	留侯、策劃臣	留侯
12	陳 恢		秦	南陽守舍人	平民		封千戶
13	戚 鰓				平民	高武侯	
14	王 陵	沛（江蘇沛縣）	楚		平民	襄侯、信平侯、將軍	漢朝丞相、安國侯
15	梅 鋗		楚	故秦番陽令吳芮之將	平民	鄱軍將領、列侯	
16	甯 昌			魏人	平民		
17	陸 賈		楚		平民		
18	韓 信	淮陰（江蘇淮陰南）	楚		平民	齊王、淮陰侯	謀反、夷三族
19	張 耳	大梁（河南開封縣）	魏	魏國名士	平民	趙相國、常山王	降漢
20	薛 歐	沛（江蘇沛縣）	楚		平民	將軍	
21	王 吸	沛（江蘇沛縣）	楚		平民	將軍	
22	董 公				平民	三老	
23	周呂侯			呂后兄	平民		

24	黥（英）布	六縣（安徽六安東北）	楚	原楚將（九江王）	平民	武王、淮南王	判楚降漢，後反叛爲漢將所殺
25	隨　何				平民		
26	魏　豹		魏	魏王咎之弟	貴族	魏王、西魏王	爲周苛、樅公合謀所殺
27	紀　信				平民	將軍	爲項羽燒殺
28	周　苛	沛（江蘇沛縣）	楚	泗水郡卒吏	平民	御史大夫、高京侯	爲項羽烹殺
29	樅　公				平民		爲項羽所殺
30	袁　生				平民		
31	夏侯嬰	沛（江蘇沛縣）	楚	沛縣縣吏	平民	太僕、汝陰侯	漢朝太僕
32	盧　綰	沛（江蘇沛縣）	楚	劉邦鄰居、同學	平民	太尉、燕王	漢朝燕王
33	劉　賈				平民	將軍、荊王	
34	蒯　通				平民		
35	灌　嬰	睢陰			平民	騎將	漢朝丞相
36	陳　平	陽武戶牖鄉（河南原陽縣東南）	楚		平民	都尉	漢朝丞相
37	周　殷				平民	大司馬	叛楚
38	孔　熙				平民	將軍、蓼侯	
39	陳　賀	碭（安徽碭山縣）			平民	將軍、費侯	
40	柴　？				平民	將軍	
41	周　勃	沛（江蘇沛縣）	楚		平民	將軍	漢朝太尉、丞相
42	？　驩			故臨江王	平民		叛漢，爲盧綰、劉賈所殺
43	高　起				平民	將軍、都武侯	
44	劉　敬			齊人	平民		
45	利　幾			原項氏之將	平民		降漢
46	田　肯				平民		
47	陳　豨			趙相國	平民	列侯、代相國	爲漢將所殺
48	王　黃				平民		
49	郭　蒙				平民	將軍	

50	審食其	沛（江蘇沛縣）	楚		平民	辟陽侯	漢朝丞相
51	任　敖	沛（江蘇沛縣）	楚	沛縣獄吏	平民	賓客、御史	漢朝御史大夫
52	周　昌	沛（江蘇沛縣）	楚	泗水郡卒史	平民	旗幟	漢朝御史大夫
53	周　緤	沛（江蘇沛縣）	楚		平民	舍人	漢朝信武侯

　　此簡表主要根據《史記・項羽本紀》、《史記・高祖本紀》、《漢書・高帝紀》、《漢書・項籍傳》整理。

圖 6-1　劉邦集團權力圈圖

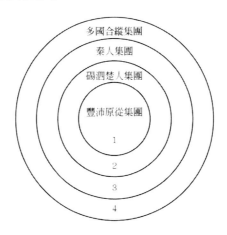

圖 6-2　劉邦集團地位圖

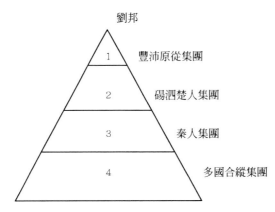

此圖根據李開源，《漢帝國的建立與劉邦集團——軍功受益階層研究》，頁 175 繪製。

第七章 結 論

　　秦末反秦起事的歷史背景很複雜，但多與東方六國有關，東方六國反秦復國意識可追溯到戰國時代的國家意識，戰國時代各國爲了生存競爭，必須保家衛國，國家意識油然而生，各國也都變法圖強，抵禦他國，有的國家鼓勵殺敵，秦實施軍功爵制，更凸顯敵我意識，東方六國爲了自保勢必激發同仇敵愾之國家意識。

　　秦在兼併戰爭中對六國軍民的殺戮，造成很多人的家恨國仇，父兄之仇不可不報，保鄉衛國的情操正是由此激發。秦對新占領區實施強制政策很容易引發東方人民的反彈，將秦國的法令制度強力在東方各國推行，這樣做只會加深秦人與非秦人之間的矛盾。

　　秦滅六國後對關東政策的錯誤，造成東方六國人民對秦政府的不滿，形成一股反秦潛在力量，隨時都可能爆發出來。名士張耳、陳餘與將軍武臣在秦末起兵，攻略趙地時，號召當地人民起來反秦，指責秦政府的亂政說：

> 秦爲亂政虐刑以殘賊天下，數十年矣。北有長城之役，南有五嶺之
> 戍，外內騷動，百姓罷敝，頭會箕斂，以供軍費，財匱力盡，民不
> 聊生。〔註1〕

武臣對趙地豪傑的話，盡情發洩他們對秦政府的刻骨仇恨。〔註2〕陳勝、吳廣起事以後，馮去疾對秦二世說：

> 關東群盜並起，秦發兵誅擊，所殺亡者甚眾，然猶不止，盜多，皆

〔註1〕 《史記》，卷89，〈張耳陳餘列傳〉，頁2573。
〔註2〕 曹永年、孟廣耀，〈秦始皇時期的社會經濟〉，《歷史研究》，1976：3。

以戍、漕、轉、作、事苦，賦稅大也。〔註3〕

「戍、漕、轉、作、事苦」和「賦稅大」，即指秦的賦稅徭役異常繁重。這是促使人民痛恨秦政府的一個重要原因。〔註4〕

秦對東方各國高壓政策終於激起了東方人民的反秦風潮，陳勝、吳廣首先在大澤鄉起事，接著群雄繼起，起事者以六國貴族最多，他們都以恢復故國為目標，也以各國舊名號與舊王室號召人民，這種方法的確有很大的力量。楚國貴族後裔項羽在鉅鹿之戰消滅秦軍主力，楚人劉邦也入關亡秦，不但應驗了「亡秦必楚」，也証明了東方六國的潛在勢力在秦末反秦起事中的關鍵性地位。

陳勝集團反秦的發展，大致上可分為三個階段：第一階段是初期，從二世元年（西元前209）七月在大澤鄉（安徽宿縣東南二十公里的劉村集附近）起事，到約八月，占領陳郡（河南淮陽）為止，這一階段，陳勝、吳廣的反秦得到初步勝利。第二階段是興盛期，從八月占領陳郡，陳勝稱王，建立「張楚」政權，九月周文率領的西征主力部隊攻到距秦首都僅百里的戲（陝西省臨潼境內），此時陳勝集團的發展到達頂峰，二世二年（西元前 208）十月，此年的首月，大約在此時，秦將章邯率刑徒大軍三十萬開始反擊，周文的西征主力軍從戲向東撤退。此期，陳勝集團的戰略，是以陳為中心根據地，向東、北、西三路進攻，而以西征軍為主力部隊。秦政府對於陳勝集團的反秦所採取的策略，一方面命令秦將章邯率三十萬已大赦的驪山刑徒，倉促組織秦軍反擊。一方面不顧匈奴的威脅，調回戍守在長城的三十萬北方邊防軍，來鎮壓黃河以北的反秦軍。第三個階段是敗亡期，從二世二年（西元前208）十一月開始，周文的西征主力軍在澠池（河南澠池縣西）被章邯殲滅，接著，吳廣被部下田臧所殺，田臧的西征軍又被章邯擊敗，兩支西征軍的失敗，注定陳勝集團失敗的命運，十二月，陳勝根據地陳郡失陷，陳勝向東退到下城父（安徽蒙城西北），被自己的車夫莊賈殺害。

陳勝的「張楚」政權只維持了六個月，它的興亡都非常快速。陳勝集團失敗的原因，有陳勝本身的弱點、戰略的失策，也有陳勝手下將領的錯誤，最大的敗因，則是集團內部的分裂，削弱了反秦的力量，使陳勝反秦革命失敗。

〔註3〕 《史記》，卷89，〈張耳陳餘列傳〉，頁271。
〔註4〕 林甘泉〈論秦始皇〉，《歷史研究》，1978：4。

　　陳勝本身的弱點，他本人只是一名雇農出身，儘管他有一定的才氣和英雄的膽略，但是他畢竟缺乏作為一名領袖人物所必須具備的文化、政治、軍事素質，這樣他在如火如荼瞬息萬變的情勢之下，就缺乏那種駕馭高度複雜局面的能力和運籌帷幄的智慧。〔註5〕陳勝殺害共患難的老友，使一些親信紛紛離開他。他被少數以苛察為忠的小人包圍，使賢人遠離，將領不親附他，離開人心的政權，只有加速失敗。

　　陳勝輕敵的弱點，使他防敵意識與防備薄弱，導致根據地陳郡失陷，敗逃而亡。他在戰略上的失策，是兵分東、北、西三路進攻，使兵力分散，不聽張耳、陳餘「親率大軍速西征」的建議，如集中兵力，迅速西征，直搗咸陽，讓秦政府沒有喘息的機會，則推翻秦王朝並非不可能。

　　陳勝集團內部的分裂，由六國舊貴族開始。六國舊貴族的割據自立，紛紛稱王，不僅大大削弱了反秦勢力，造成陳勝集團內部的公開分裂，更嚴重的是直接牽制和孤立了陳勝的西征軍，給秦王朝鎮壓陳勝集團的西征軍，扭轉戰局，提供難得的機遇。周文、田臧等這兩支西征軍，是在武臣、張耳拒不救援的情況下，慘遭失敗，整個陳勝反秦軍，也是在這些六國舊貴族熱衷於割據稱王，見危不救的困境中走向失敗的。

　　陳勝集團的反秦起事，雖然六個月就失敗了，沒有推翻秦王朝，但陳勝的反秦革命卻由後繼的項羽、劉邦繼續完成，因此，陳勝首先起事反秦的功勞，永不磨滅。

　　秦二世二年（西元前 208 年）六月，項梁在薛城會議中，採納范增的建議，「立楚之後」，以便號召楚地人民反秦。項梁採納范增的建議，就在民間找到正為人牧羊的楚懷王的孫子熊心，尊他為楚懷王，熊心集團正式成立。

　　熊心集團是一個反秦集團聯合的軍事政權，楚懷王是領導人，而實際統帥是項梁。九月，項梁在定陶（山東定陶縣北）戰死後，熊心正式取代項梁，接管項梁軍。楚懷王熊心最了不起的歷史功績，是擬訂和實施「北救趙與西入關」的戰略決策。北救趙的統帥是宋義，次將是項羽，末將是范增。後項羽殺宋義，熊心重新任命項羽為上將軍，統率北征軍救趙。熊心任命劉邦為西征軍統帥，又與諸將約：「先入定關中者王之」。後來，劉邦早項羽入關滅秦。

　　劉邦集團滅秦成功的原因有三：

〔註5〕　陳桐生，《史記名篇述論稿》，頁46。

一、項羽北救趙，殲滅秦軍主力，為劉邦集團西入關滅秦，創造了有利
　　的條件。

二、蕭何、酈食其、張良的出謀定策，排除劉邦集團西入關的障礙。

三、劉邦西入關的策略運用成功。

項羽鉅鹿之戰，擊潰秦軍，影響有三：

一、消滅秦軍主力，奠定熊心集團滅秦軍事勝利的基礎。

二、促成秦朝統治集團內部矛盾的激化，演變成秦將章邯投降，趙高殺
　　二世，子嬰殺趙高，從此，秦朝政權陷於瓦解。

三、轉移秦軍的注意力，為劉邦集團的西入關，創造了有利的條件。

劉邦率熊心集團的西征軍西攻咸陽，一切糧食、物資、兵員的補充，全
靠蕭何。酈食其、酈商兄弟的歸附，使劉邦集團西入關的形勢大為好轉，不
但獲得陳留大量的糧食，也得到投降的秦軍及酈商的軍隊，劉邦集團的兵力
增為二萬多人，實力大增。

張良用計使宛城（河南南陽）的秦軍投降，從此，劉邦的西征軍一路勢
如破竹，各地紛紛仿效宛守，向劉邦投降，劉邦的西征軍長驅直入，攻入武
關（陝西丹鳳附近），進至嶢關（陝西藍田東南）。劉邦採張良之計：「一方面
設疑兵，大張旗鼓，威脅秦軍；另一方面對守關秦將，以重寶引誘，使其反
叛，然後乘其不備進攻」。秦軍果然大敗，在藍田又大敗秦軍。張良的策略，
使劉邦先其他諸將進入關中滅秦，貢獻很大。

另外，劉邦也採用避實擊虛、邊進軍邊發展及收攬民心的策略，使西征
軍在西進途中，不但躲過秦軍的消滅，逐漸發展壯大，也贏得民心，奠定後
來楚漢戰爭勝利的基礎。

熊心集團滅秦以後的分裂，從劉邦入關以後，派兵守函谷關，拒納項羽
開始。由於部下與謀士的撥弄，雙方的矛盾迅速被激化起來。鴻門宴使劉邦、
項羽的矛盾暫時緩和下來。

劉邦按照楚懷王熊心之約，本該得到關中。項羽的分封不公，使劉邦丟
了關中，被困鎖到巴蜀、漢中，關中被不得民心的三位秦降將佔去。項羽的
分封失策，激化了劉邦、項羽的矛盾，種下了楚漢戰爭的禍根，使熊心集團
徹底分裂。

項羽是中國歷史上一個充滿傳奇的悲劇英雄人物。他從二十四歲起隨叔
父起兵反秦，到三十一歲兵敗垓下，自刎烏江，八年間做出了一番轟轟、吒

風雲的偉大事業，從西楚霸王到兵敗身死，身首離兮的悲劇下場。他的一生實在令人嘆息！他失敗的原因很複雜，他本人至死仍然無法弄清楚。因此，探討這位悲劇英雄人物的失敗原因，就很有啓發性的歷史意義。

項羽的性格，有優點也有弱點，這些特點影響了他的成敗功過。項羽有大志，有力氣，有膽識，他出身於楚國貴族，因此具有楚人的氣質和貴族的道德。〔註6〕在推翻暴秦的艱苦戰爭中，項羽一馬當先，攻城陷陣，勢不可當。這當然要靠他自己勇猛過人的膽略、氣魄和高超的戰術指揮能力，更重要的是他當時的行爲順應了人民反秦的歷史潮流。〔註7〕

鴻門宴不殺沛公劉邦，鴻溝講和後平安放回太公與呂后，表現了項羽做人坦誠、光明磊落的貴族作風。但是在鬥爭中，優美的人格，並不能決定事業的成敗；甚至可以說，人格高下與事業成敗之間存在著一種反比關係：人格低者易於成功，因爲他能夠不擇手段，無所顧忌，唯利是圖，通過捷徑奪取勝利，比如劉邦。人格高者不易成功，因爲他無法不擇守段，總是有所顧忌，因而很可能放過取勝良機而昭致失敗，比如項羽。〔註8〕

項羽性格上的弱點更多，影響了他的失敗。項羽的弱點以殘暴好殺最嚴重。他只知滅秦，不懂安民，他無視民心，以暴易暴，所過無不殘滅，因而由霸天下轉而爲失天下。〔註9〕他的性格弱點之二是缺乏政治智慧，因此在一些方針與策略上犯錯，例如殺義帝之事，反而給劉邦製造了討伐的藉口，使項羽在政治上處於被動的地位。項羽性格上的弱點之三是不善於用人。項羽恭謹，往往不易信人，只好用自己的親族，「蓋項氏故楚世家，其用人猶沿封建之世卑不踰尊、殊不踰戚之舊。」〔註10〕爭奪天下是一個錯綜複雜、激烈驚險的過程，其具體操作的過程，諸如政治、軍事、外交等方面策略的決定、實施，異常複雜，且充滿變數，個人的能力再強，也必然有侷限，有缺陷，而無法勝任全部操作，所以必須廣泛任用賢人，用其所長，虛心接受規諫，集思廣益，才能夠立於不敗之地。〔註11〕項羽剛愎自用，不能用人，人才先後離楚歸漢，後來連僅有的一個高級謀士范增，也由於猜疑而使之引退，死

〔註6〕　姚秀彥，《秦漢史》，頁76。
〔註7〕　唐子恒，《漢高祖的領導藝術》，頁102。
〔註8〕　周先民，《司馬遷的史傳文學世界》，頁142。
〔註9〕　周先民，《司馬遷的史傳文學世界》，頁138。
〔註10〕　呂思勉，《秦漢史》，（台北：台灣開明書局，1969年），頁48。
〔註11〕　周先民，《司馬遷的史傳文學世界》，頁139。

於途中。最後，項羽成了孤家寡人。〔註 12〕項羽不能用人，使他喪失人才，這是項羽失敗的重要原因。

項羽的地域關念，決定兩件大事，一是建都彭城，二是分封諸侯。建都彭城，無險可守，在地理形勢上已處於不利的地位，後來後方補給線常被侵擾，終因缺糧而敗。分封諸侯不能作為屏藩，反而引起內鬨及割據戰爭，這是項羽的失策。

司馬遷評論項羽說：

> 羽起隴畝之中，三年，遂將五諸侯滅秦，分裂天下，而封王侯，政由羽出，位雖不終，近古以來，未嘗有也。及羽背關懷楚，放逐義帝而自立，怨王侯叛己，難矣。自矜功伐，奪其私智而不師古，謂霸王之業，欲以力征，經營天下，五年卒亡其國；身死東城，尚不覺悟，而不自責，過矣。乃引「天亡我，非用兵之罪也」，豈不謬哉！
>
> 〔註 13〕

「背關懷楚」，是說地域觀念使他喪失了地利；「逐義帝」，言其失去人和；「自矜功伐」，是說他驕狂，沒有清醒的頭腦；「奪其私智」，是說他剛愎自用，不能納諫用人；「不師古」，是說他不學無術，又不能去效法先賢；「欲以力征經營天下」，是說他只懂得用武力征服，毫無政治頭腦；所以，最後失敗。司馬遷的話，明確的告訴世人：項羽失敗的責任不在天，而在人，由項羽本身的種種錯誤所招致的。〔註 14〕

項羽是楚國貴族後裔，個性恭謹，不易信人，剛愎自用，殘暴好殺，而且地域觀念濃厚，限制了他的眼光，使他看不清時代的潮流。最後失去了民心，才落得敗死烏江的下場。

項羽將秦朝三降將章邯、司馬欣、董翳封在關中，構成封鎖劉邦的第一道防線，防止劉邦進入關中。項羽又將申陽、魏豹、司馬卬、鄭昌等四人封在秦地以東，防止劉邦出關向東發展。項羽以第一道防線託之秦民共怨的降將，以第二道防線託之碌碌無能的諸侯，項羽封鎖劉邦的戰略已經失敗，難怪後來皆被劉邦突破防線。

劉邦趁項羽被牽制於齊地之際，於漢二年（西元前 205 年）三月率諸侯

〔註 12〕張傳璽，〈項羽論評〉，《文史哲》1954 年 10 月號。
〔註 13〕《史記》，卷 7，〈項羽本紀〉，頁 338、339。
〔註 14〕唐子恒，《漢高祖的領導藝術》，頁 136。

軍五十六萬人進攻彭城。項羽得知劉邦攻向彭城，仍堅持其「先齊後漢」戰略，將主力軍北上伐齊，被齊軍拖住，陷入泥沼，後方空虛，導致彭城被劉邦攻入。

項羽的後方根據地梁、楚九郡，位於黃淮大平原上，無險可守。楚漢相爭時，項羽後方常受彭越等人襲擊，不但糧食產區遭破壞，而且補給線受騷擾，以致於楚漢戰爭末期，項羽常常缺糧，不得已和劉邦談和。另外，項羽不焚毀又不堅守敖倉，讓糧食大倉庫拱手讓給劉邦，劉邦在糧食補給上已經勝利，這是項羽的失策。

劉邦成功的性格因素有三點：

一、豪爽：豪爽的人必不惜高位重金以寵人，能與人同利，謀臣策士武將皆來歸附，劉邦皆能重用，成為戰勝項羽的重要憑藉。

二、寬大：劉邦能寬大對待人民，因此得到民心，民心的向背，是劉邦勝利，項羽失敗的重要原因。

三、知人善任：劉邦擅用謀略家張良、政治家蕭何、軍事家韓信，使他們充分施展才華，輔佐劉邦，善於用人是劉邦成功的關鍵。

劉邦成功的政略因素有三點：

一、取得關中為策源地：在楚漢相爭中，蕭何從關中不斷地將糧食、物資、兵員運補劉邦，是劉邦勝利的因素。

二、建王困敵政策：楚漢相爭中，劉邦為了拉攏諸侯勢力，困頓敵人項羽，曾多次封立王位，如立韓太尉信為韓王、立張耳為趙王、立英布為淮南王、立韓信為齊王、立彭越為梁王。

三、為義帝發喪：從此，項羽處於處於政治上的被動地位，劉邦就為楚漢戰爭找到一個堂皇的理由，爭取到多數諸侯的支持，使漢軍在道義上、輿論上居於主動地位。

劉邦成功的戰略與後勤補給因素有四點：

一、鞏固豫西防線：劉邦鞏固豫西防線，使項羽的楚軍始終攻不到洛陽，也穩固了大後方關中的安全。

二、三面包圍戰略：劉邦將主力擺在豫西防線，從正面牽制項羽的主力部隊，然後派韓信從魏、代、趙、齊北面包圍項羽的後方；派英布、王陵從宛、葉進擊淮南，從南面包圍項羽的後方，三面包圍戰略使項羽陷入劣勢。

三、垓下會戰：漢五年（西元前 202 年）十二月，劉邦、韓信、彭越三
　　路漢軍在垓下（安徽靈璧）合圍項羽，項羽敗逃烏江（安徽和縣東北），
　　自殺身亡。

四、後勤補給：劉邦的糧食來源，主要靠蕭何從關中運來。另外，佔據
　　敖倉，也補充了部份短缺的糧食。劉邦糧食充足，項羽糧食缺乏，成
　　為雙方勢力消長的關鍵。

　　劉邦運用騎兵破壞項羽後方、補給線及迂迴包圍，發揮極大的影響力，
也是劉邦勝利的原因。

　　善於製造輿論也是劉邦成功的原因。論出身，論個人能力，劉邦都遠不
如項羽，只好在出身、面相、斬蛇、天子氣等方面製造輿論。在紛亂不定的
時局中，謠言特別容易出現。在亂世，謠言愈傳愈神，流傳愈廣遠。有心人
會利用這種心理狀態，製造謠言，來控制群眾，左右群眾的情緒，造成聲勢。
劉邦在完全沒有任何依恃的條件下，只有利用時勢、製造謠言、製造輿論來
突顯自己，號召群眾、領導群眾了。在國家將亂之時，利用神權，假藉天意，
製造謠言與輿論，以取得人民的擁護，在民智幼稚時，常有極大的效用，劉
邦的輿論製造果然成功了。

　　從反秦集團內部來分析，陳勝集團的組織結構，初興期的籍貫背景，其
成員都是原來楚國地區的人，張楚政權建立後，派軍向四方開拓，集團成員
擴大，因此，興盛期以後的陳勝集團，已從楚地的反秦集團擴大為全國的反
秦集團。從出身背景來看，初興期的陳勝集團是楚地農民的反秦集團，張楚
政權建立後，各階層、各行業的人士也加入張楚政權反秦，因此，興盛期以
後的陳勝集團，已從楚地農民反秦集團擴大為全國各階層的反秦集團。從權
力圈來看，初興期的陳勝集團，權力內層是陳勝、吳廣，及九百名戍卒中較
有能力者。興盛期以後的權力內層，是張楚王陳勝身邊的重要官員，權力外
層是各路軍隊的指揮官。

　　從權力運作的角度來看，初興期的陳勝集團縱向的權力關係，其領導方
式，能採納卜者的建議，假借鬼神來製造輿論，是開明的領導。興盛期以後
的陳勝集團領導方式，陳勝只信任他身邊的一兩位近臣，陳勝變成獨斷的昏
君，喪失人心，加速失敗。從領導效能來看，初興期的陳勝集團，部將都能
聽從指揮，陳勝是有效領導。興盛期以後的陳勝集團，部將已不聽陳勝的指
揮，陳勝的領導效能是屬於無效領導，縱向權力運作失敗，這是陳勝集團失

敗的重要原因。從橫向的權力關係來看，初興期的陳勝集團，其權力運作是協調的。興盛期以後的陳勝集團，北路趙王武臣的軍隊，不幫助西征中路軍周文的軍隊，陳勝集團內部，部隊之間已經不協調，橫向權力運作失敗，內部不團結，導致陳勝集團滅秦失敗。

從成敗得失的角度來看，領導人陳勝擬定的戰略有問題，他派兵分向東、北、西三路進攻，不聽張耳、陳餘親率大軍急急西征的建議，造成兵力分散，首尾不相救的戰略弱點，這是陳勝集團滅秦失敗的重要原因。從危機處理的能力來看，出身雇農，戍卒屯長的陳勝，他的見識、能力無法應付瞬息萬變的反秦形勢，無法迅速協調各路軍隊，救援西征中路軍周文的主力軍隊，使周文的主力軍隊被章邯的秦軍殲滅，這是陳勝失敗的原因之一。從部將攻防能力來看，陳勝集團的失敗，部分原因是部將攻防能力不足，一些部將見死不救，造成集團內部分裂，削弱反秦的力量，使陳勝集團滅秦失敗。

熊心集團的組織結構，其成員籍貫除了張良是韓國人，籍貫城父（河南禹縣南）以外，其餘都是楚國人。鉅鹿之戰以後投降的三位秦降將，是秦人。因此，熊心集團可以說是楚地的反秦集團。從出生背景來看，熊心集團的成員，除了領導人熊心是楚懷王的孫子，項梁、項羽是楚將項燕的後代，張良是韓國宰相後代，蔡賜是房君，屬於貴族以外，其他成員都是平民，因此，熊心集團的性質，是貴族領導的楚地反秦集團。熊心集團的權力圈，由幾個派系組成，一是陳勝派，由呂臣、呂青等組成，後來被熊心收編；二是項梁派，此派勢力最大，項梁死後，由項羽領導；三是劉邦派，成員有蕭何、曹參、張良等；四是熊心派，有宋義、宋襄、陳嬰等，後來又收編呂臣、呂青兩人；五是獨立派，有朱雞石、餘樊君等，此派因戰敗，有的戰死，有的為項梁所殺，派系瓦解。

從權力運作的角度來看，熊心集團縱向的權力關係，其領導方式，楚懷王熊心能採納諸老將的建議，是開明的領導。其領導效能，從北征軍指揮官項羽與西征軍指揮官劉邦，都能服從熊心領導來看，熊心是有效領導，命令能貫徹，縱向的權力運作順暢。從橫向的權力關係來看，項羽、劉邦兩支軍隊，能團結合作，項羽殲滅秦軍主力，為劉邦西征軍的入關，創造有利的形勢，顯示熊心集團內部橫向的權力關係運作順暢，這是滅秦的重要原因。

從成敗得失的角度來看，熊心集團的領導人，能擬定「北救趙」與「西入關」的戰略決策，可見熊心有高瞻遠矚的滅秦戰略眼光。從危機處理的能力來看，項梁戰死後，熊心立即將大本營，由盱台遷往彭城，並接管呂臣與

項羽的軍隊，命令呂臣軍駐紮於彭城東，項羽軍駐紮於彭城西，劉邦軍駐紮於碭，三支反秦軍構成犄角之勢，互相策應，以應付秦軍對彭城的進攻。從此事件的處理來看，領導人熊心能迅速處理反秦集團所面臨的危機，化險為夷，這是滅秦成功的領導因素。從部將攻防能力來看，項羽北救趙，殲滅秦軍主力，並俘虜二十多萬秦軍，實為滅秦最大的功臣。劉邦能採納謀士張良的計謀，避實擊虛，邊進軍邊發展，軍紀嚴明，收攬民心，鬥力與鬥智雙管齊下，交互應用，順利滅秦。熊心集團的部將，項羽、劉邦等人具有良好的攻防能力，因此，滅秦最後由熊心集團完成。

項羽集團的組織結構，集團成員 48 人中，籍貫是楚人者有 34 人，佔三分之二，其他 14 人分屬於燕、齊、韓、趙、魏、秦等六國。楚漢戰爭期間，項羽集團的籍貫，仍以楚人為主要構成分子。從出身的角度來看，項羽集團代表東方六國舊貴族集團。項羽集團的權力圈，由幾個派系組成，一是項羽派，由項羽的叔父項伯及其族人、謀士范增、將軍曹咎、英布、蒲將軍、司馬龍且等組成，勢力最大；二是熊心派，成員有呂青、呂臣、陳嬰及義帝熊心等，都是原熊心集團的重要官員；三是秦將派，成員有章邯、司馬欣、董翳，鉅鹿之戰以後投降項羽；四是舊貴族派，這些都是滅秦以後項羽所封的諸侯，不是王室後裔就是將軍，故統稱舊貴族派。

從權力運作的角度來看，項羽集團的縱向權力關係，其領導方式，項羽是獨斷式的領導，有時連謀士范增的意見也不聽，這種領導方式是封閉式的，好的計謀、策略進不了決策系統，使領導者、決策者喪失很多決策選項，導致決策失誤，這是項羽失敗的原因之一。從領導效能的角度來看，在分封以前，部將都能絕對服從，項羽的命令能貫徹。分封以後，田榮在齊地反項羽，項羽命令英布增援，英布稱病，不親自前往，只派部將率幾千人去增援。項羽的命令，部將開始不絕對服從，可見分封以後，項羽集團的縱向權力運作已出現問題。從橫向的權力關係來看，部將與部將之間，關係並不和諧，如鴻門宴時，因為項伯的阻擋，使謀士范增殺劉邦的計劃不能實行。另外，領導人與謀士之間的關係也不和諧，如鴻門宴時，謀士范增三次以玉玦暗示項羽殺劉邦，項羽不願意。項羽不重用謀士范增，是他最後失敗的重要原因。

從成敗得失的角度來看，領導人項羽的地域觀念，使他制訂的兩項政略失敗，一是建都彭城，二是分封諸侯，這兩項政策使他根據地遭受破壞及內部分裂，這是他後來失敗的重要原因。從擬訂戰略的能力來看，項羽對劉邦

的戰略，有三項失策，一是封鎖劉邦的戰略，二是先齊後漢的戰略，三是後勤補給的失策，這三項戰略失策，導致項羽集團在楚漢戰爭失敗。從危機處理能力來看，項羽作戰英勇，處理危機很明快，但都靠統帥項羽一人，事必躬親，使領導人項羽疲於奔命，去搶救危機，實力逐漸消耗，對項羽集團不利。從部將攻防能力來看，項羽的部將，因為兵敗自殺或戰死者很多，投降劉邦者，有 19 人，超過項羽集團 48 人中的三分之一，部將不忠於領導人項羽，變節降敵，削弱集團實力，這是項羽集團失敗的重要原因。項羽集團也有中劉邦反間計，被項羽疏遠及背叛者，如謀士范增、將軍英布、周殷、鍾離眛，項羽不用謀士范增，乃是中了陳平的離間計而不自知，范增的離去，實為楚漢戰爭，雙方勝負逆轉的關鍵，除了范增以外，九江王英布的背叛，對項羽集團影響最大。因此，項羽集團內部受到劉邦的分化，導致集團實力削弱，也是項羽集團失敗的重要原因。

　　劉邦集團分前後兩期，從沛縣起兵滅秦至進入漢中為前期（西元前 209 年～206 年）；從漢中就國至打敗項羽為後期（西元前 206 年～202 年）。劉邦集團的組織結構，從籍貫來看，根據李開源教授的統計，前期劉邦集團主要成員中，籍貫可知者，共有 73 人，其中籍貫為沛縣者有 33 人，約占 45%，以郡來計算籍貫，泗水郡有 37 人，約占 51%，碭郡者有 21 人，約占 29%，〔註 15〕籍貫是泗水郡與碭郡者，共占 80%。後期劉邦集團主要成員，籍貫所在之國可知者，共有 47 人，其中，楚國有 16 人，約占 35%，秦國有 12 人，約占 26%，籍貫是楚國與秦國者，共占 61%，可見後期劉邦集團的成員，以楚人和秦人較多。〔註 16〕從出身的角度來看，劉邦集團的成員，包括文臣、武將，大多起自布衣。劉邦集團的權力圈，是由四個不同的地域集團組成的，一是豐沛原從集團，這個集團幾乎皆為沛縣人，此集團是劉邦集團的核心圈。二是碭泗楚人集團，大體以秦之碭郡與泗水郡為中心，及於鄰近諸郡，他們構成劉邦集團的中堅部分。三是秦人集團，是劉邦在漢中建國以後加入的，此集團是漢建國以後，劉邦集團的主力部分。四是多國合縱集團，他們是由楚秦以外的諸侯國人所形成的地域集團，此集團構成劉邦集團的外圍部分。〔註 17〕

〔註 15〕李開源，《漢帝國的建立與劉邦集團─軍功受益階層研究》，（北京：三聯書店，2000 年），頁 152。
〔註 16〕李開源，《漢帝國的建立與劉邦集團─軍功受益階層研究》，頁 166。
〔註 17〕李開源，《漢帝國的建立與劉邦集團─軍功受益階層研究》，頁 174～175。

　　從權力運作的角度來看，劉邦集團的縱向權力關係，其領導方式，都是採納謀士的建議而發號施令，這是一種開明的領導方式。從領導效能來看，劉邦的命令，部將都能聽從，劉邦有效領導他的集團，如抽調韓信的兵到滎陽前線作戰；又如楚漢戰爭剛結束，立即收奪韓信兵權，從齊王改封楚王。從橫向的權力關係來看，劉邦集團的橫向權力運作，有時不順暢，部將之間有時不能協同作戰，如漢五年（西元前 202 年）十月的固陵之役。後來劉邦用建王困敵的策略，封彭越爲王，賜給彭越、韓信封地，彌補橫向權力運作的不順，終於殲滅項羽。

　　從成敗得失的角度來看，領導人劉邦具有制訂政略、擬訂戰略、危機處理的能力。在制訂政略的能力方面，劉邦制訂三個政略，一是取得關中爲策源地，二是建王困敵政策，三是爲義帝發喪，這三個政略，奠定擊敗項羽的基礎。擬訂戰略的能力方面，劉邦擬訂四項戰略對付項羽，一是鞏固豫西防線，二是三面包圍戰略，三是垓下會戰，四是騎兵襲擊，終於在楚漢戰爭擊敗項羽。在危機處理的能力方面，劉邦善於危機處理，常適時採用謀士建議，使危機化險爲夷。如韓信請立假王的危機處理，劉邦採納謀士張良、陳平的建議，先利用，以後再處理的策略，〔註 18〕使危機安然渡過。又如固陵之役慘敗的危機處理，漢王劉邦以裂土封王爲餌，誘彭越、韓信等部將共滅項羽，變勝負不可知的局面爲徹底的勝利。〔註 19〕由以上二例，可知劉邦處理危機的能力。從部將攻防的能力來看，劉邦集團的將領都具有很強的攻防能力，其中韓信功勞最大，在楚漢戰爭中，韓信連戰連捷，未曾敗北，爲劉邦集團的最後勝利奠定基礎。〔註 20〕韓信的軍功，就是劉邦集團部將攻防能力的最佳寫照，也是劉邦集團戰勝項羽集團的重要因素。

〔註 18〕　馬植傑，〈韓信新論〉，《貴州師範大學學報》社會科學版，1999：2，頁 27。

〔註 19〕　廖伯源，〈試從爵邑制度論楚漢相爭之勝負〉，《東吳文史學報》，1982：4，頁 78。

〔註 20〕　趙文潤、鄭世敏，〈成也蕭何，敗也蕭何 —— 韓信與蕭何之比較研究〉，《漢中師範學院學報》，1996 年，14：3，頁 44。

附錄一　反秦集團滅秦戰爭大事表

西元前 209 年（秦二世元年）

　　七月，陳勝，吳廣發動大澤鄉起義，天下聞風，揭竿而起。

　　同年八月，陳勝稱王于陳，號張楚，遣將四出攻秦。六國貴族與天下豪
　　　　　　傑蜂踴而起，各擁兵據地，自立爲王。

　　同年八月，葛嬰立襄彊爲楚王。

　　同年八月，武臣立爲趙王。

　　同年九月，田儋自立爲齊王。

　　同年九月，韓廣自立爲燕王。

　　同年九月，魏咎自立爲魏王。

　　同年九月，項梁、項羽叔姪起兵于吳，殺會稽守殷通。項梁號武信君。

　　同年九月，蕭何、曹參等迎劉邦入沛，共殺沛令，擁立劉邦爲沛公，得
　　　　　　眾兩千餘人。蕭何爲沛縣丞，督理庶事。

　　同年九月，張良在下邳聚少年百餘人起事。

　　同年九月，彭越亦聚數百人于巨野澤。

　　同年九月，周文率領的陳勝西征軍攻入函谷關，抵達咸陽附近的戲（陝
　　　　　　西臨潼境內）軍隊有數十萬人。

西元前 208 年（秦二世二年）

　　十月，秦將章邯率數十萬秦兵反擊陳勝集團。

　　同年十月，周文的西征軍被秦軍擊敗，退出函谷關，退至曹陽（河南靈
　　　　　　寶東北）固守。

同年十一月，周文的西征軍在澠池抵抗章邯軍十餘日，被擊敗，周文自
　　　殺，西征軍潰敗。

同年十一月，吳廣的部將田臧等人，假藉陳勝的命令，殺掉吳廣。

同年十一月，陳勝部將田臧、李歸在滎陽被秦軍擊敗，皆戰死。

同年十一月，陳勝部將鄧說在郟（河南郟縣）被章邯擊敗。

同年十一月，陳勝部將武徐在許（河南許昌東）被章邯擊敗。

同年十二月，陳勝的上柱國蔡賜與將軍張賀在陳縣戰死。

同年十二月，陳勝率殘兵向東退到汝陰（安徽阜陽），不久，又退到下城
　　　父（安徽蒙城西北），被自己的車夫莊賈殺害，莊賈投降秦
　　　軍。

同年十二月，陳勝西征南路軍統帥宋留，放棄南陽，向東退至距汝陰一
　　　百多里路的新蔡（河南新蔡），投降章邯軍，被押至咸陽車
　　　裂而死。

同年一月，秦嘉立景駒爲楚王。

同年一月，趙歇立爲趙王。

同年二月，項梁、項羽率江東八千子弟渡江北上，陳嬰、黥布皆屬。

同年二月，項梁過淮陰，韓信杖劍從，爲幕僚。

同年二月，沛公劉邦攻破秦碭郡，眾至九千。

同年二月，張良率百餘人歸沛公，會于留，沛公拜良爲廄將。良以《太
　　　公兵法》說沛公，沛公善之，常用其策，于是張良屬意沛公。

同年六月，張良隨沛公于薛附項梁。

同年六月，沛公與項梁共立故楚懷王孫熊心于薛，仍稱楚懷王以號召民
　　　眾。都盱台（今江蘇盱台東北），有眾十餘萬。

同年六月，張良說項梁立韓室公子韓成爲韓王。張良爲韓王申徒，辭沛
　　　公佐韓王成略韓地，游擊于潁川。

同年六月，蕭何爲沛縣丞，替沛公守碭郡，總理後勤及庶事。

同年八月，沛公與項羽共斬秦三川守李由于雍丘。李由，秦相李斯長男。
　　　李斯七月被趙高與秦二世腰斬于咸陽，先死李由一月。

同年八月，項梁大破秦軍章邯于東阿，有驕色。

同年九月，秦章邯趁項梁驕傲輕敵，進行反擊，大敗楚軍，殺項梁。項
　　　梁死，韓信屬項羽，爲郎中。

同年九月，沛公聞項梁死，與項羽還軍懷王。沛公軍於碭，項羽軍彭城
　　　西，呂臣軍於彭城東，懷王熊心并項羽、呂臣軍而自將。

後九月，楚懷王熊心分兵兩路擊秦。一路北上救趙，為楚軍主力，宋
　　　留為卜將軍，項羽為副將，范增為末將。另一路西征，由河
　　　南經函谷關入秦，以沛公為將，封武安侯。懷王熊心與諸將
　　　約：「先入關中者王之。」

西元前 207 年（秦二世三年）

十一月，宋義救趙，留滯河南安陽（今山東曹縣東南）四十六日，
　　　觀望不前。

同年十二月，項羽殺死宋義，當了上將軍，悉引兵渡漳河救趙，持三日
　　　糧，示全軍必死無還心，於是與秦軍戰，楚兵無不以一當
　　　十，英勇無比，呼聲震天，大破秦軍於鉅鹿城下。項羽威
　　　名大震，為諸侯上將軍，諸侯皆屬焉。

同年十二月，韓信為項羽郎中，隨軍征戰。

同年十二月，沛公西進，蕭何隨軍指劃謀略。

同年二月，沛公攻昌邑，彭越引兵助攻。

同年三月，沛公攻至陳留，酈食其及其弟酈商率四千餘軍隊來投靠，沛
　　　公聲威大震，有眾兩萬多人，並獲得陳留糧倉。沛公以陳留
　　　為基地，四出掠地。

同年四月，沛公至潁川，略定韓地，令韓王成守陽翟。

同年六月，張良再從沛公，勸沛公改變從函谷關入秦的計劃，繞過洛陽
　　　南下，攻略南陽。

同年六月，項羽大破章邯軍。

同年七月，秦將章邯投降項羽。一月至七月秦將章邯與項羽相持於漳水，
　　　達半年之久，七月章邯投降項羽。

同年八月，沛公用張良之策破武關。

同年八月，趙高殺秦二世。

同年九月，沛公用張良策，先說降秦嶢關守將，然後趁懈擊之，大破秦
　　　軍，克嶢關，又追擊秦軍於藍田，秦軍望風而逃。

同年九月，趙高立子嬰為秦王，去皇帝號。

西元前 206 年（漢元年）

　　十月，沛公破咸陽，受降秦王子嬰，秦亡。

（此表參考張大可、徐日輝，《張良蕭何韓信評傳》，南京：南京大學出版社，
2002，附錄〈漢初三傑年表〉，頁 327～329。）

附錄二　劉、項集團楚漢戰爭大事表

西元前 206 年（漢高祖元年）

　　　　十月（歲首），劉邦率兵 10 萬進軍關中滅秦。

　　同年十一月，項羽麾軍 40 萬至函谷關，舉行鴻門宴，放走劉邦。項羽火
　　　　　燒咸陽。

　　同年正月，（當時以十月為歲首，正月即當年第四個月），項羽佯尊懷王
　　　　　為義帝，二月，項羽自立為西楚霸王，王梁、楚九郡之地；
　　　　　分封劉邦等 18 人為諸侯王。

　　　　四月，諸侯罷兵戲下，各就國。

　　　　五月，田榮起兵於齊地。打敗項羽所封的齊王田都。

　　　　六月，田榮追兵田市於即墨，自立為齊王。

　　　　七月，田榮所授將軍彭越擊殺項羽所封濟北王田安，田榮兼併三齊
　　　　　之地。彭越南下攻楚之梁地，項羽遣將蕭公角與彭越戰，失
　　　　　敗。

　　　　八月，項羽所封的遼東王韓廣與燕王臧荼交戰，韓廣被殺於無終，
　　　　　臧荼兼併遼東。

　　劉邦還定三秦。塞王司馬欣、翟王董翳投降。雍王章邯守廢丘，劉邦基
　　本平定關中。

前 205 年（漢高祖二年）

　　　　十月，項羽命九江王英布等擊殺義帝。

　　同年正月，項羽率軍北上擊齊，連勝彭越、田榮，田榮為平原人所殺。

項羽大肆燒殺於齊地。

四月，田榮弟田橫立田榮之子田廣爲齊王，與項羽作戰。項羽陷入齊地戰爭之中。

四月，劉邦聯合魏王豹、韓王信、河南王申陽、殷王司馬卬、常山王張耳，率兵 56 萬，大舉進攻項羽楚地，奪取楚都彭城。項羽親率 3 萬騎兵回師反擊劉邦，奪回彭城。

五月，劉邦退守滎陽。

六月，立劉盈爲太子。漢軍水灌廢丘，章邯。劉邦完全平定關中。

八月，命蕭何守關中，計關中戶口，轉漕、調兵以補充前線漢軍。

九月，韓信擊敗代軍，代相夏說被擒斬。

前 204 年（漢高祖三年）

十月，韓信、張耳領兵數萬擊趙，於井陘口大破趙軍。殺趙王歇於襄國，平定代、趙之地。

同年十一月，劉邦遣隨何策反九江王英布。

四月，劉邦被楚軍困於滎陽，漢軍乏食，向項羽請和，范增鼓動項羽進擊漢軍，項羽不聽，范增離開楚軍，途中病死。

五月，劉邦用陳平、紀信之計詐降，逃出滎陽。經成皋入關中。楚軍奪回成皋。

六月，漢王劉邦奪張耳、韓信所領之兵，至鞏，拒楚軍。

八月，彭越攻梁地，下睢陽、外黃等 17 城。

九月，項羽引兵東歸，反擊彭越。

前 203 年（漢高祖四年）

十月，劉邦引兵渡河，挑戰楚軍成皋守將曹咎、塞王司馬欣，奪回成皋。

同月，項羽自梁地返回廣武，再次對漢軍發動進攻。項羽挑戰劉邦，劉邦堅守不出，遭項羽軍暗箭受傷。

十一月，韓信與齊楚聯軍 20 萬夾濰水列陣，韓信用數萬漢軍以少勝多，斬殺楚將龍且，渡河平定三齊之地，得 70 餘城。

七月，立英布爲淮南王，進一步擴大南方戰場。

八月，項羽食盡，助兵大減，韓信進軍擊楚，項羽與漢軍劃鴻溝爲界約和。

　　九月，項羽放歸劉邦之父及呂后，引兵東歸。

前 202 年（漢高祖五年）

　　十月，劉邦追擊項羽至固陵，楚軍回師大破漢軍。

　　十一月，劉賈渡過淮水，圍攻壽春，楚將大司馬周殷以九江兵投降
　　　　　　英布和劉賈，與劉邦、韓信軍會師。彭越率軍南下，諸路
　　　　　　大軍與項羽決戰。

　　十二月，項羽自固陵東退至垓下，漢軍包圍楚軍，項羽率 800 騎兵
　　　　　　突圍，逃至烏江自殺身亡，楚漢戰爭結束。

（此表引自李德龍，《漢初軍事史研究》，北京：民族出版社，2001，附
錄〈漢初軍事史大事系年〉，頁 247～249。）

參考文獻

壹、史　料

一、史　籍

（一）正　史

1. 司馬遷，《史記》，北京：中華書局，新校本，1982 年。
2. 施丁，《漢書新注》，西安：三秦出版社，1994 年。
3. 班固，《漢書》，北京：中華書局，新校本，1962 年。
4. 張大可，《史記全本新注》，西安：三秦出版社，1992 年。
5. 趙超，《新唐書宰相世系表集校》，北京：中華書局，1998 年。
6. 瀧川龜太郎，《史記會注考證》，台北：中新書局，1977 年。

（二）編年史

1. 司馬光，《資治通鑑》，新校本，台北：天工書局，1988 年。
2. 荀悅，《漢紀》，收於張烈點校，《兩漢紀》，北京：中華書局，2002 年。
3. 顧棟高輯，吳樹平、李解民點校，《春秋大事表》，北京：中華書局，1993。年

（三）國別史

1. 溫宏隆註譯，《戰國策》上，台北：三民書局，1996 年。

二、諸　子

（一）先秦諸子

1. 中國叢書編輯委員會，《商君書註譯》，台北：莊嚴出版社，1984 年。
2. 王冬珍、王讚源校註，《墨子》上，台北：國立編譯館，2001 年。

3. 周瀚光，朱幼文，戴洪才，《管子直解》，上海：復旦大學出版社，2000年。

4. 曹操等注，《十一家註孫子》，台北：里仁書局，1982年。

5. 梁啓雄，《荀子柬釋》，台北：台灣商務印書館，1968年。

6. 楊伯峻譯注，《孟子譯注》，台北：源流出版社，1982年。

（二）秦漢諸子

1. 王符原著，彭丙成注譯，《潛夫論》，台北：三民書局，1998年。

2. 陳奇猷校釋，《呂氏春秋校釋》上冊，台北：華正書局，1988年。

3. 劉文典撰，《淮南鴻列集解》，北京：中華書局，1997年。

4. 劉向撰，王瑛、王天海注，《說苑》下，台北：臺灣古籍出版公司，1996年。

三、志書、類書

1. 李昉等纂，《太平御覽》，上海：上海書店，1985年。

2. 馬端臨，《文獻通考》，台北：台灣商務印書館，1987年。

3. 鄭樵，《通志》，台北：台灣商務印書館，1987年。

四、史　論

1. 洪邁撰，《容齋隨筆》，台北：漢欣文化公司，1993年。

2. 趙翼撰，王樹民校證，《二十二史劄記校證》，台北：仁愛書局，1984年。

3. 趙翼撰，《陔餘叢考》，收於杜維運考證，《校證補編二十二史劄記》，台北：華世出版社，1977年。

五、歷史地理

1. 顧祖禹，《讀史方輿紀要》，台北：新興書局，1956年。

六、考古資料

1. 睡虎地秦墓竹簡整理小組，《睡虎地秦墓竹簡》，北京：文物出版社，1978年。

貳、專　書

一、歷　史

1. 《中國軍事史》編寫組編，《中國軍事史》，第二卷，兵略（上），北京：解放軍出版社，1986年。

2. 《中國歷代戰爭史》，第二冊，台北：黎明公司，1976年。

3. 《中國歷代戰爭史》，第三冊，台北：黎明公司，1976 年。

4. 《中國歷史紀年表》，台北：華世出版社，1978 年。

5. 《古代政治家傳記》上，北京：中華書局，1988 年。

6. 《秦始皇陵兵馬俑》，台北：駱駝出版社，1988 年。

7. 卜憲群，《秦漢官僚制度》，北京：社會科學文獻出版社，2002 年。

8. 于迎春，《秦漢士史》，北京：北京大學出版社，2000 年。

9. 于振波，《秦漢法律與社會》，長沙：湖南人民出版社，2000 年。

10. 于琨奇，《秦始皇評傳》，江蘇：南京大學出版社，2002 年。

11. 孔慶明，《秦漢法律史》，西安：陝西人民出版社，1992 年。

12. 王文清主編，《江蘇史綱》，江蘇：古籍出版社，1986 年。

13. 王廷洽，《中國早期知識分子的社會職能》，鄭州：河南人民出版社，1997 年。

14. 王青，《漢朝的本土宗教與神話》，台北：洪葉文化公司，1998 年。

15. 王恢，《漢王國與侯國之演變》，台北：國立編譯館中華叢書編審委員會，1984 年。

16. 王壽南，《中國歷代創業帝王》，台北：嘉新水泥公司文化基金會，1964 年。

17. 王學理，《秦俑專題研究》，西安：三秦出版社，1994 年。

18. 王聯斌，《中國武德通史》，北京：解放軍出版社，1998 年。

19. 北京大學歷史系編，《北大史學》，第四期，北京：北京大學出版社，1997 年。

20. 古方，《驪山的夕陽》，香港：中天出版社，1998 年。

21. 史念海，《河山集》，臺北：弘文館出版社，1986 年。

22. 甘肅省文物局，《秦直道考察》，蘭州：蘭州大學出版社，1996 年。

23. 白壽彝總主編，《中國通史》，第 4 卷，〈秦漢時期〉上，上海：上海人民出版社，1995 年。

24. 禾日，《綜觀楚漢風雲》，台北：國家出版社，1983 年。

25. 安作璋、孟祥才，《劉邦評傳》，濟南：齊魯書社，1988 年。

26. 安作璋主編，《山東通史·秦漢卷》，濟南：山東人民出版社，1993 年。

27. 朱大昀主編，《中國農民戰爭史》，秦漢卷，北京：人民出版社，1990 年。

28. 朱紹侯主編，《中國古代史》，上冊：三明，福建人民出版社，2001 年。

29. 何茲全，《中國古代及中世紀史》，廈門：鷺江出版社，2003 年。

30. 何茲全，《中國古代社會》，北京：北京師範大學出版社，2001 年。

31. 余同元等主編，《萬里江山千年大戰》，台北：派色文化出版社，1995 年。

32. 余宗發，《雲夢秦簡中思想與制度鉤摭》，台北：文津出版社，1992 年。

33. 余英時，《史學與傳統》，台北：時報文化出版公司，1982 年。

34. 吳澤主編，《賀昌群史學論著選》，北京：中國社會科學出版社，1985 年。

35. 呂克勤主編，《中國古代史》，上冊，上海：華東師範大學出版社，2000 年。

36. 呂思勉，《呂思勉讀史札記》，台北：木鐸出版社，1983 年。

37. 呂思勉，《秦漢史》，台北：開明書局，1969 年。

38. 呂蘇生，《河北通史》，石家庄：河北人民出版社，2000 年。

39. 宋治民，《戰國秦漢考古》，成都：四川大學出版社，1993 年。

40. 李玉福，《秦漢制度史論》，濟南：山東大學出版，2002 年。

41. 李定一，《中華史綱》，台北：傳記文學出版社，1986 年。

42. 李振宏，《居延漢簡與漢代社會》，北京：中華書局，2003 年。

43. 李偉泰，《漢初學術及王充論衡述論搞》，台北：長安出版社，1985 年。

44. 李開源，《漢帝國的建立與劉邦集團 —— 軍功受益階層研究》，北京：三聯書店，2000 年。

45. 李源澄，《秦漢史》，台北：台灣商務印書館，1977 年。

46. 李福泉，《千古一帝秦始皇歷史之謎》，台北：風雲時代出版公司，1995 年。

47. 李德龍，《漢初軍事史研究》，北京：民族出版社，2001 年。

48. 李學勤，《簡帛佚籍與學術史》，台北：時報文化出版公司，1994 年。

49. 杜正勝，《周代城邦》，台北：聯經出版公司，1979 年。

50. 杜正勝，《編戶齊民》，台北：聯經出版公司，1990 年。

51. 汪惠敏，《史記政治人物述評》，台北：師大書苑有限公司，1991 年。

52. 邢義田，《秦漢史論稿》，台北：東大出版社，1987 年。

53. 周先民，《司馬遷的史傳文學世界》，台北：文津出版社，1995 年。

54. 周道濟，《秦漢政治制度研究》，台北：臺灣商務印書館，1968 年。

55. 孟祥才，《先秦秦漢史論》，濟南：山東大學出版社，2001 年。

56. 帛書出版社編輯部編《雲夢秦簡研究》，台北：帛書出版社，1986 年。

57. 林瑞翰，《中國史》，台北：三民書局，1993 年。

58. 林劍鳴，《秦史》，台北：五南出版社，1992 年。

59. 林劍鳴，《新編秦漢史》上，台北：五南圖書公司，1992 年。

60. 林聰舜，《史記的人物世界》，臺北：三民書局，2003 年。

61. 林聰舜，《西漢前期思想與法家的關係》，台北：大安出版社，1991 年。

62. 武國卿、慕中岳，《中國戰爭史》，第 2 冊：金城出版社，1992 年。

63. 姜蘊剛，《中國古代社會史》，台北：華世出版社，1979 年。

64. 姚秀彥，《秦漢史》，台北：里仁書局，1981 年。

65. 姚秀彥，《霸王情深項羽》，臺北：久大文化公司，1994 年。

66. 姚偉鈞、陳業新，《中國第一位平民皇帝——劉邦》，台北：旭昇公司，2000 年。

67. 洪家義著，《呂不韋評傳》，江蘇：南京大學出版社，1995 年。

68. 范文瀾，《中國通史簡編》，修訂本第一編，香港：南回出版社，1954 年。

69. 范文瀾，《中國通史簡編》，修訂本第二編，香港：南回出版社，不註出版年月年。

70. 唐子恒，《漢高祖的領導藝術》，台北：知青頻道出版公司，1994 年。

71. 孫家洲，《韓信評傳》，南寧：廣西教育出版社，1997 年。

72. 孫廣德，《先秦兩漢陰陽五行說的政治思想》，台北：台灣商務印書館，1994 年。

73. 孫鐵主編，《影響中國歷史的重大事件》，台北：大地出版社：2004 年。

74. 徐文珊，《史記評介》，台北：維新書局，1985 年。

75. 徐亮之，《張良與諸葛亮》，台北：華世出版社，1975 年。

76. 晁福林主編《中國古代史》，北京：北京師範大學出版社，1996 年。

77. 祝平一，《漢代的相人術》，台北：學生書局，1990 年。

78. 翁惠明，《戰陣、韜略、謀道》，南寧：廣西教育出版社，1995 年。

79. 馬怡，唐宗瑜編《秦漢賦役資料輯錄》，太原：山西經濟出版社，1992 年。

80. 馬非百，《秦集史》，台北：弘文館出版社，1986 年。

81. 高敏，《秦漢史探討》，河南：中州古籍出版社，1998 年。

82. 高敏，《秦漢史論稿》，台北：五南出版社，2002 年。

83. 陝西歷史博物館，《陝西考古重大發現》，西安：陝西人民出版社，1986 年。

84. 張大可、徐日輝，《張良蕭何韓信評傳》，南京：南京大學出版社，2002 年。

85. 張分田，《秦始皇傳》，北京：人民出版社，2003 年。

86. 張文立，《秦始皇評傳》，台北：里仁書局，2000 年。

87. 張正明，《楚史》，武漢：湖北教育出版社，1995 年。

88. 張玉法總校訂，《中國歷史人物・名臣評傳 1・先秦──西漢》，台北：萬象圖書公司，1993 年。

89. 張建國，《帝制時代的中國法》，北京：法律出版社，1999 年。

90. 張豈之，《先秦史》，台北：五南出版公司，2002 年。

91. 張傳璽，《秦漢問題研究》，北京：北京大學出版社，1985 年。

92. 張傳璽等編，《戰國秦漢史論文索引》，北京：北京大學出版社，1982 年。

93. 張蔭麟，《中國古代史綱》，台北：里仁書局，1982 年。

94. 張濤，《秦始皇兵馬俑》，台北：藝術家出版社，1999 年。

95. 曹旅寧，《秦律新探》，北京：中國社會科學出版社，2002 年。

96. 郭湛波，《中國中古思想史》，香港：龍門書局，1967 年。

97. 陳守亭，《李斯相秦之研究》，台北：蘭臺出版社，1994 年。

98. 陳明，《儒學的歷史文化功能──士族：特殊形態的知識分子研究》，上海：學林出版社，1997 年。

99. 陳桐生，《史記名篇述論稿》，汕頭：汕頭大學出版社，1996 年。

100. 陳啓天，《中國法家概論》，台北：中華書局，1985 年。

101. 陳寬強，《歷代開國功臣遭遇》，台北：嘉新水泥公司文化基金會，1966 年。

102. 陸寶千，《中國史地綜論》，台北：廣文書局，1962 年。

103. 彭友生，《秦史》，台北：帕米爾書店，1965 年。

104. 曾資生，《中國政治制度史》，台北：啓業書局，1974 年。

105. 曾資生，《中國政治制度史》，第 2 冊秦漢，台北：啓業書局，1969 年。

106. 鈕先鍾，《中國戰略思想史》，台北：黎明文化事業公司，1992 年。

107. 鈕先鍾，《中國歷史中的決定性會戰》，台北：麥田出版社，2001 年。

108. 馮夢龍，《東周列國志》，北京：人民文學出版社，1983 年。

109. 黃今言，《秦漢軍制史論》，南昌：江西人民出版社，1993 年。

110. 黃留珠、周天游著，《陝西通史・秦漢卷》，西安：陝西師範大學出版社，1997 年。

111. 黃留珠主編，《周秦漢唐文明》，西安：陝西人民出版社，1999 年。

112. 黃震，《黃氏日抄・留侯世家》，卷 46，台北：台灣商務印書館，四庫珍本，2 集，159 冊年。

113. 楊光輝，《漢唐封爵制度》，北京：學苑出版社，1999 年。

114. 楊東晨，《漢人秘史》，西安：陝西人民教育出版社，1996 年。

115. 楊寬，《戰國史》，台北：谷風出版社，增訂本，1994 年。

116. 楊寬,《戰國史》,台北:臺灣商務印書館,1997 年。

117. 葛志毅、張惟明,《先秦兩漢的制度與文化》,哈爾濱:黑龍將教育出版社,1998 年。

118. 鄒紀萬,《秦漢史》,台北:長橋出版社,1979 年。

119. 鄒逸麟,《黃淮海平原歷史地理》,合肥:安徽教育出版社,1993 年。

120. 廖伯源,《秦漢史論叢》,台北:五南出版社,2003 年。

121. 廖伯源,《歷史與制度 —— 漢代政治制度試釋》,台北:台灣商務印書館,1998 年。

122. 廖伯源,《簡牘與制度 —— 尹灣漢墓簡牘官文書考證》,台北:文津出版社,1998 年。

123. 熊傳薪主編,《楚國、楚人、楚文化》,台北:藝術家出版社,2001 年。

124. 趙文潤,《漢唐人物評傳》,西安:陝西師範大學出版社,1997 年。

125. 趙克堯,《漢唐史論集》,上海:復旦大學出版社,1993 年。

126. 趙儷生、鄭寶琦主編,《中國通史史論辭典》,哈爾濱:黑龍江人民出版

127. 劉開楊,《秦末農民戰爭史略》,北京:新華書局,1959 年。

128. 劉煒,《中華文明傳真》,第四卷,〈秦漢〉,上海:上海辭書出版社,2001 年。

129. 劉懷中主編,《古今征戰在徐州》,北京:解放軍出版社,1988 年。

130. 鄭良樹,《竹簡帛書論文集》,台北:源流出版社,1982 年。

131. 鄧之誠,《中華二千年史》,卷一,台北:台灣商務印書館,1980 年。

132. 翦伯贊,《秦漢史》,北京:北京大學出版社,1983 年。

133. 蕭璠,《先秦史》,台北:長橋出版社,1979 年。

134. 賴漢屏,《史記評賞》,台北:三民書局,1998 年。

135. 錢穆,《中國歷代政治得失》,台北:東大圖書公司,1981 年。

136. 錢穆,《國史大綱》上,台北:台灣商務印書館,1994 年。

137. 閻步克,《品位與職位 —— 秦漢魏晉南北朝官階制度研究》,北京:中華書局,2002 年。

138. 繆鳳林,《中國通史要略》,台北:台灣商務印書館,1989 年。

139. 謝祥皓,《中國兵學》,漢唐卷,濟南:山東人民出版社,1998 年。

140. 鍾肇鵬,《讖緯論略》,台北:洪葉文化事業有限公司,1994 年。

141. 薩孟武,《中國社會政治史》(一),台北:三民書局,1975 年。

142. 薩孟武,《水滸傳與中國社會》,台北:三民書局,1971 年。

143. 薩孟武,《西遊記與中國古代政治》,台北:三民書局,1974 年。

144. 鄺士元，《國史論衡》，第 1 冊，台北：里仁書局，1980 年。

145. 嚴潔，《秦漢盛衰興亡史》，台北：財經與貿易雜誌社，1977 年。

146. 蘇俊良，《漢朝典章制度》，長春：吉林文史出版社，2001 年。

147. 顧頡剛，《秦漢的方士與儒生》，台北：里仁書局，1985 年。

148. 顧頡剛等，《古史辨》第 5 冊，台北：藍燈出版社，1985 年。

二、社會科學

1. 白秀雄等合著，《現代社會學》，台北：巨流圖書公司，1978 年。

2. 吳壽頤，《社會心理學新編》，台北：台灣商務印書館，1972 年。

3. 呂亞力，《政治學》，台北：三民書局，1985 年。

4. 呂亞力，《政治學方法論》，台北：三民書局，1980 年。

5. 易君博，《政治學論文集：理論與方法》，台北：台灣省教育會，1975 年。

6. 姜占魁，《行政學》，台北：五南圖書出版公司，1980 年。

7. 孫本文，《社會心理學》，上冊，台北：台灣商務印書館，1971 年。

8. 張尚德譯，普林頓原著，《革命的剖析》，台北：帕米爾書店，1967 年。

9. 華力進，《政治學》，台北：經世書局，1980 年。

10. 瞿海源，《社會心理學新論》，台北：巨流圖書公司，1989 年。

參、論 文

1. 卜憲群，〈秦制、楚制與漢制〉，《中國史研究》，1995：1。

2. 王子今，〈劉項屠城史事辨正〉，《淮陰師範學院學報》，1998：4。

3. 王雲度，〈秦漢時期對中央集權與地方分權關係的探索〉，《徐州師範學院學報》哲社版，1988：3。

4. 王仲孚，〈試論六國滅亡的順序〉，《中等教育·歷史教育專號》，46：1，台灣師大中輔會，1995。

5. 王仲孚〈論楚漢之爭的成敗關鍵〉，《國魂》，55 期。

6. 王堯，〈高祖沛豐邑中陽里人新考〉，《貴州社會科學》，1987：12。

7. 冬守琴，〈劉邦性格與其功業的關係〉，《昭烏達蒙族師專學報》，23：1。

8. 史念海，〈秦漢時代關西人民的尚武精神〉，《東方雜誌》，卷 41：22，1956 年 11 月。

9. 田昌五，〈論秦末農民起義的歷史根源和社會後果〉，《歷史研究》1965：4。

10. 田餘慶，〈說張楚 —— 關於"亡秦必楚"問題的探究〉，《歷史研究》，1989：2。

11. 田靜，〈秦末與漢初的黃老政治〉，《人文雜誌》，1994：3。

12. 田靜，〈秦統一後的六國貴族〉，《歷史教學》，1994：3。

13. 石言，〈《南郡守騰文書》與秦的法治路線〉，《歷史研究》，1976：3。

14. 石徵，〈項羽自刎於烏江〉，《歷史教學》，1994：10。

15. 石徵，〈秦滅六國順序辨〉，《吉林大學社會科學學報》，1986：2。

16. 邢義田，〈從安土重遷論秦漢時代的徙民與遷徙刑〉，收於《秦漢史論稿》，台北：東大圖書公司，1987。

17. 吉書時，〈略論漢代的三老〉，《北京師範大學學報》，1983：6。

18. 朱紹侯，〈關於秦末三十萬戍守北邊國防軍的下落問題〉，《史學月刊》，1958：4。

19. 江俐蓉，〈論黥布之悲劇〉，《浙江師大學報》，2001：5。

20. 余英時，〈說鴻門宴的坐次〉，收於《史學與傳統》，台北：時報文化出版公司，1982。

21. 冷欣，〈漢高祖之成功戰略〉，《戰史匯刊》，期 5，1973 年 12 月。

22. 冷鵬飛，〈劉邦、趙高勾結瑣談〉，《武漢大學學報》，1984：3。

23. 吳仰湘，〈建國以來反秦王朝鬥爭研究縱述〉，《中國史研究動態》，1994：9。

24. 吳仰湘，〈項羽自殺原因新探〉，《晉陽學刊》，1994：3。

25. 吳仰湘，〈項羽烏江不渡新析〉，《爭鳴》，1992：2。

26. 吳景超，〈一個內亂的分析 —— 楚漢之爭〉，《金陵學報》，1931 年 1：2。

27. 呂春盛，〈試論秦末六國的復國意識〉，《史原》，1991：18。

28. 宋公文、何曉明，〈略論劉邦的謀士群〉，《武漢師範學院學報》，1983：1。

29. 李仁守，〈項羽、韓信、竇嬰命運試論〉，《海南師院學報》，1997：4。

30. 李西勇，〈關於張良的年齡及其他〉，《歷史教學》，1985：7。

31. 李東湖，〈子嬰乃始皇之弟考辨〉，《武漢教育學院學報》，1991：2。

32. 李開源，〈秦末漢初的王國及其王者〉，《燕京學報》，北京大學出版，1998：5。

33. 李新達〈關於秦漢的蒼頭軍問題〉《文史哲》1978：2。

34. 辛德勇，〈楚漢彭城之戰地理考述〉，《學術集林》，上海：遠東出版社，卷 8，1996。

35. 辛德勇，〈論所謂「垓下之戰」應正名爲「陳下之戰」〉，《中國社會科學院歷史研究所學刊》，第 1 集，2001。

36. 阮芝生，〈試論司馬遷所說的究天人之際〉，《史學評論》，1983：6。

37. 阮芝生，〈論留侯與三略〉上，《食貨月刊》復刊 11：2，1981。

38. 周乾濚，〈漢人對陳勝農民起義態度的轉變〉，《史學集刊》，1991：4。

39. 孟明漢，〈關於能否把王侯將相實有種乎作爲秦末農民起義口號的問題〉，《河南師範大學學報》，1991：2。

40. 孟明漢、廖文俊，〈關於陳勝出身問題的探討〉，《陰山學刊》，1993：2。

41. 林劍鳴，〈秦人的價值觀和中國的統一〉，《人文雜誌》，1988：2。

42. 林劍鳴，〈秦漢政治生活中的神秘主義〉，《歷史研究》，1991：4。

43. 芮和蒸，《漢高祖完成帝業的分析研究》，收於王壽南等撰，《政治史》，台北：漢苑出版社，1988。

44. 施偉青，〈關於太半之賦的若干問題——與劉文同志商榷〉，《中國社會經濟史研究》，1991：2。

45. 施樹民，〈論陳平的爲人〉，《浙江師大學報》，1995：3。

46. 段建海、康少鋒，〈權力欲與服以欲的二重矛盾人格——李斯人格特質的歷史心理學剖析〉，《渭南師專學報》，1991：1。

47. 胡一華，〈秦末起義是以農民起義爲先導的全民大起義〉，《浙江師大學報》，1991：3。

48. 胡一華，〈秦末漢初階級鬥爭特點淺讀〉，《浙江師大學報》，1992：3。

49. 胡大貴，〈關於秦代謫戍制的幾個問題〉，《西南師範大學學報》，1991：1。

50. 胡安蓮，〈司馬遷筆下的漢高祖形象〉，《南都學壇》，1998：1。

51. 胡珠生，〈蒼頭軍非奴隸軍辨〉，《人文雜誌》，1959：3。

52. 范學輝，〈重評韓信的滅齊之戰〉，《江海學刊》，1994：1。

53. 韋天富，〈論劉邦成功的七個因素〉，《廣西大學學報》，1996：5。

54. 夏子賢，〈略論秦王朝的覆滅〉，《安慶師院社會科學學報》，1994：2。

55. 孫廣德，〈我國正史中的政治神話〉，收於《中國史學論文選集》，第6輯，台北：幼獅出版公司，1986。

56. 孫廣德，〈陰陽五行說與漢代政治〉，收於陳立夫等著《中華民族的歷史文化》，台北：中央文物供應社，1980。

57. 展力、周世曲，〈試談楊家灣漢墓騎兵俑——對西漢前期騎兵問題的探討〉，《文物》，1977：10。

58. 徐勇，〈秦統一前後的李斯〉，《歷史教學》，1985：2。

59. 徐連達，〈秦末社會矛盾再探討〉，《許昌師專學報》，1992：1。

60. 徐進興，《關中對楚漢之爭成敗的影響》，台北：師大歷史研究所碩士論文，1991。

61. 晁福林，〈關於王侯將相寧有種乎〉，《歷史研究》，1978：5。

62. 秦鴻，〈秦俑坑兵馬俑軍陣內容及兵器試探〉，《文物》，1975：11。

63. 紐先鍾，〈垓下與赤壁 —— 中國歷史上的兩次決定性會戰〉，《歷史月刊》，1988：10。

64. 荊三林，〈敖倉故址考〉，《文史雜誌》，卷 2：90，1943 年。

65. 馬王堆漢墓帛書處理小組，〈《五星占》附表釋文〉，《文物》，1974：11。

66. 馬育良，〈漢初政治與賈誼的禮治思想〉，《孔子研究》，1993：4。

67. 馬勇，〈李斯的思想品格與秦文化政策的得失〉，《齊魯學刊》，1992：5。

68. 馬植傑，〈韓信新論〉，《貴州師範大學學報》，社會科學版，1999：2。

69. 高敏，〈南郡守騰的經歷及其發布「文書」的意義〉，收於《雲夢秦簡初探》，河南人民出版社，1978。

70. 崔向東，〈論劉邦項羽的性格及對成敗的影響〉，《錦州師範學院學報》，1996：1。

71. 康立，〈論張良政治立場的轉變〉，《歷史研究》，1974：1。

72. 張廷超，〈論劉邦傑出的軍事指揮藝術〉，《徐州師範學院學報》，1996：2。

73. 張桂英，〈太史公筆下的項羽〉，《綿陽師範高等專科學校學報》，2000：1。

74. 張傳璽，〈項羽論評〉，《文史哲》，1954：10。

75. 張傳璽，〈關於章邯軍與王離軍的關係問題〉，《史學月刊》，1958：11，

76. 張濤，〈秦漢騎兵起源及其發展新探〉，《國立歷史博物館館刊》，11：2，2001。

77. 曹家齊，〈劉邦分封與西漢統一政權的建立和鞏固〉，《徐州師範學院學報》，1993：1。

78. 曹家齊，〈劉邦布衣集團與西漢政權的建立〉，《徐州師範學院學報》（哲學社會科學版），1996：1。

79. 曹爾琴，〈論秦郡及其分佈〉，《中國歷史地理論叢》，1990：4。

80. 梁效，〈論陳勝吳廣農民大起義的歷史功勛〉，《歷史研究》，1975：1。

81. 梅凌，〈一曲悲劇英雄的頌歌 —— 讀《項羽本紀》所思考的幾個問題〉，《江蘇大學學報》，1995：4。

82. 許倬雲，〈西漢政權與社會勢力的交互作用〉，收於《求古編》，台北：聯經出版公司，1982。

83. 許倬雲，〈由新出簡牘所見秦漢社會〉，《中央研究院史語所集刊》，51：2，1980。

84. 郭化民，〈試論有關秦末農民大起義的幾個問題〉，《史學月刊》，1958：7。

85. 郭秀琦，〈從戰國時期地主階級人生價值觀看劉邦與韓信的關係〉，《陰山學刊》，1996：3。

86. 郭秀琦、宋建華，〈論彭越在楚漢戰爭中的作用〉，《陰山學刊》，1999：1。

87. 郭沫若,〈秦楚之際的儒者〉,收於《郭沫若全集》,北京:人民出版社,1982,歷史編,第一卷。

88. 郭興文,〈秦亡原因新探〉,《文博》,1988:2。

89. 陳玉屏,〈劉邦與異姓諸侯王〉,《西南民族學院學報》,1995:3。

90. 陳明漢、廖文俊,〈關於陳勝出身問題的探討〉,《陰山學刊》社會版(包頭),1993:2。

91. 勞榦,〈秦的統一與其覆亡〉,《中央研究院史語所集刊》,48:2,台北:中央研究院,1977。

92. 勞榦,〈戰國時代的戰爭及戰爭方法〉,收於《中國史論集》,中冊,台北:茂昌圖書公司,1990年。

93. 賀昌群,〈秦末農民起義的原因及其歷史作用〉,《歷史研究》,1961:6。

94. 閔躍進,〈項羽敗因淺析〉,《婁底師專學報》,1997:1。

95. 馮慶餘、閻忠,〈春秋戰國時期的人才流動〉,《史學集刊》,1991:1。

96. 黃留珠,〈秦客卿制度簡論〉,《史學集刊》,1984:3。

97. 楊維、任澤全,〈楚漢戰爭試析〉,《武漢大學學報》,哲學社會科學版,1974:3。

98. 葉永新,〈也談項羽烏江自刎原因 —— 與吳仰湘同志商榷〉,《晉陽學刊》,1995:3。

99. 董治祥,〈秦末社會矛盾再探討 —— 兼評秦楚之際的地方差異性〉,《許昌師範學報》,1992:1。

100. 董治祥,〈彭城建都考〉,《徐州教育學院學報》,2001:3。

101. 廖伯源,〈試從爵邑制度論楚漢相爭之勝負〉,《東吳文史學報》,1982:4。

102. 管東貴,〈秦漢封建與郡縣由消長到統合過程中的血緣情結〉,《燕京學報》新5期,北京:北京大學出版社,1998。

103. 管東貴〈從秦皇到漢武歷史急劇震盪的深層含義 —— 論中國皇帝制的生態〉,《燕京學報》,北京大學出版,2003:14。

104. 趙文潤,〈重評劉邦、項羽的成敗原因及是非功過〉,《人文雜誌》,1982:6。

105. 趙文潤、鄭世敏,〈成也蕭何,敗也蕭何 —— 韓信與蕭何之比較研究〉,《漢中師範學院學報》,社會科學,1996,14:3(總第47期)。

106. 鳴柳,〈兼聽則明 —— 劉邦戰勝項羽原因管見〉,《探索與求是》,1994:4。

107. 劉乃和,〈帛書所紀「張楚」國號與西漢法家政治〉,《文物》,1975:5。

108. 劉文瑞,〈征服與反抗 —— 略論秦王朝區域文化衝突〉,《文博》,1990:5。

109. 劉雪豐，〈秦末農民戰爭中的懷王心〉，《文史雜誌》（成都），1991：1。

110. 劉雲友，〈中國天文史上的一個重要發現——馬王堆漢墓帛書中的《五星占》〉，《文物》，1974：11。

111. 潘策，〈從睡虎地秦墓竹簡看秦的土地政策〉，《歷史教學與研究》，1983：2。

112. 蔡行發，〈試談楚漢戰爭〉，《史學月刊》，1986：5。

113. 鄭良樹，〈論陳涉的崛起及其失敗〉，《大陸雜誌》，52：1。

114. 鄭欽仁，〈鄉舉里選——兩漢的選舉制度〉，收於《中國文化新論·制度篇》，台北：聯經出版公司，1982。

115. 鄭實，〈從雲夢秦簡看秦代的主要矛盾〉，《武漢大學學報》，1977：6。

116. 鄧翠萍，〈《史記》中項羽、劉邦形象比較〉，《江蘇大學學報》，1999：2。

117. 儒昌德，〈以吳起變法失敗看楚國的衰亡——楚滅於秦原因初探〉，《湖北師範學院學報》，1987：4。

118. 閻鴻中，《從崇尚長者的風氣看西漢前期政治》，台灣師大歷史研究所碩士論文，1988。

119. 薛權開，〈項羽緣何放走劉邦〉，《華夏文化》，2002：2。

120. 矗國棟，〈司馬遷筆下的劉邦〉，《四川大學學報》，1981：2。

121. 雛飛，〈約法三章句讀辨正〉，《河南大學學報》，1993：1。

122. 魏文清，〈秦末農民大起義口號芻議〉，《哈爾濱師大學報》，1987：2。

123. 譚其驤，〈陳勝鄉里陽城考〉，《社會科學戰線》，1981：2。

124. 譚宗義，《漢代國內陸路交通考》，香港：新亞研究所專刊，1967。

125. 嚴耕望，〈戰國時代列國民風與生計——兼論秦統一天下之背景〉，《食貨月刊》，復刊 14：9、10。

126. 蘇忠權，〈張楚不是一個稱謂〉，《復旦學報》，1992：1。

127. 蘇貴慶，〈論劉邦〉，《鹽城師範學院學報》，2000：2。

128. 蘇誠鑒，〈垓下戰場在河南不在安徽〉，《安徽師大學報》，1979：2。

129. 蘇興遺作，蘇鐵戈整理，〈讀《史記·項羽本紀》三題〉，《史學集刊》，2000：3。

130. 顧頡剛，〈五德終始說下的政治和歷史〉，收於《古史辨》第 5 冊，台北：藍燈出版社，1985。

131. 龔留柱，〈關於秦漢騎兵的幾個問題〉，《史學月刊》，1990：2。

肆、外國學者著作

1. 木村正雄，《中國古代農民叛亂の研究》，東京大學出版會，1983 年。

2. 田村實造、羽田明主編,《亞洲史講座‧中國史》,日本:岩崎書店,1995年。

3. 伊藤道治等著,吳密察譯,《中國通史》,台北:稻鄉出版社,1992年。

4. 好並隆司,《秦漢帝國史研究》,日本:未來社,1978年。

5. 西島定生,《中國古代帝國の形成と構造》,日本:東京大學出版會,1980年。

6. 西島定生著,黃耀能譯《白話秦漢史》,台北:三民書局,1998年。

7. 板出祥伸,《秦漢思想研究文獻目錄》,日本:關西大學出版社,1978年。

8. 宮崎市定著,邱添生譯,《中國史》,台北:華世出版社,1980年。

9. 韓復智主譯,《劍橋中國史‧秦漢篇》,台北:南天出版社,1996年。

附　圖

附圖一　陳勝集團滅秦路線圖

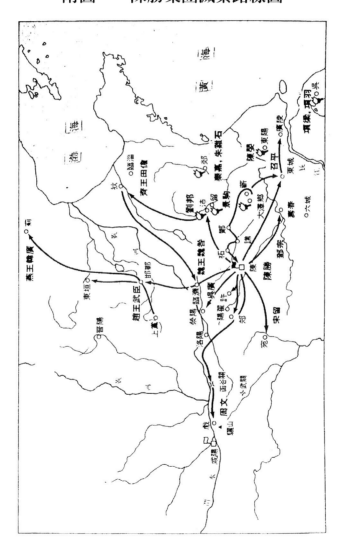

此圖引自《文化中國之旅全集》，第二冊，歷史人物之旅，台北：華嚴出版社，
1987，頁 177。

附圖二　陳勝集團敗逃路線圖

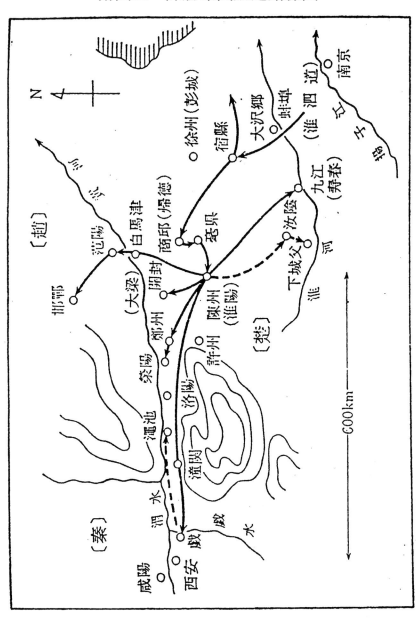

此圖引自,《兵法項羽對劉邦》,台北:將門文物出版公司,1989,頁26。

附圖三　項梁集團反秦進軍路線圖

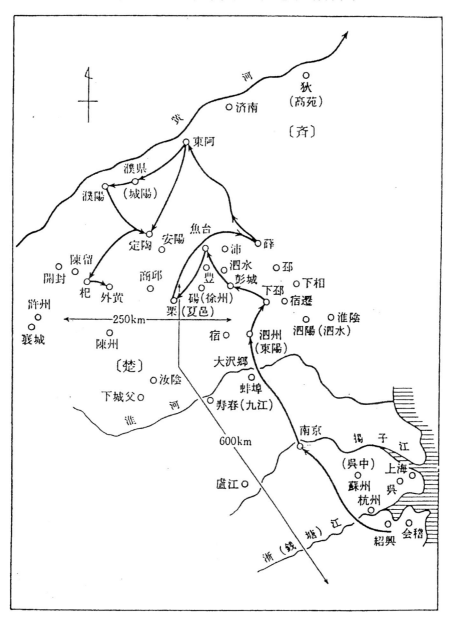

此圖引自，《兵法項羽對劉邦》，台北：將門文物出版公司，1989，頁32。

附圖四　劉邦集團西入關路線圖

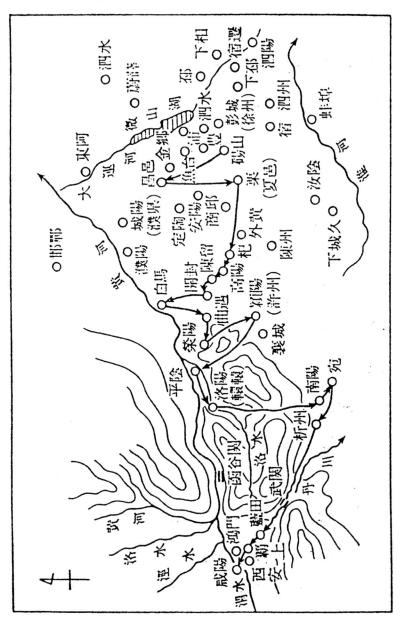

此圖引自，《兵法項羽對劉邦》，台北：將門文物出版公司，1989，頁 46。

附圖五 項羽與劉邦西入關路線比較圖

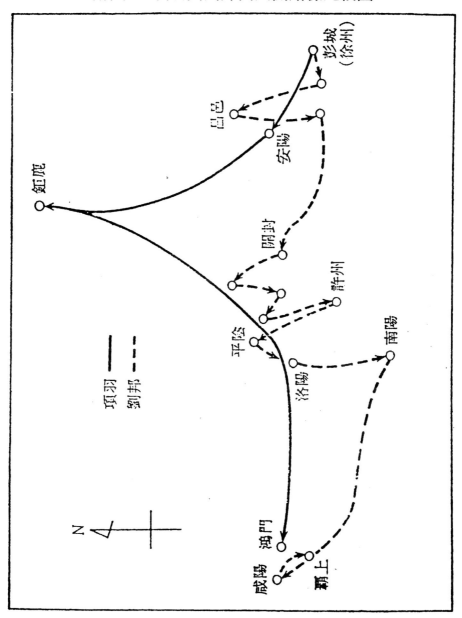

此圖引白，《兵法項羽對劉邦》，台北：將門文物出版公司，1989，頁 53。

附圖六 劉邦駐軍霸上，項羽駐軍鴻門位置圖

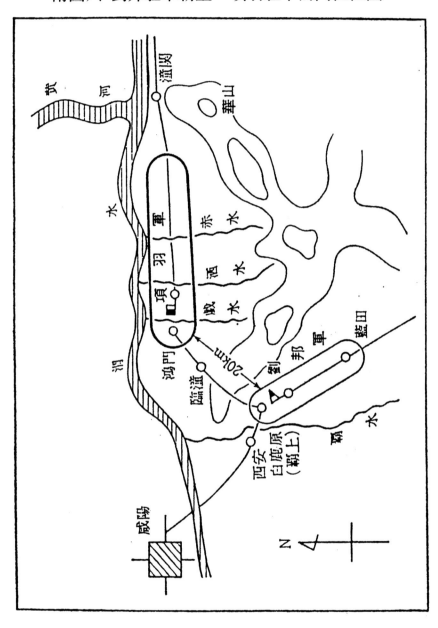

此圖引自，《兵法項羽對劉邦》，台北：將門文物出版公司，1989，頁 56。

附圖七　鴻門宴座位圖

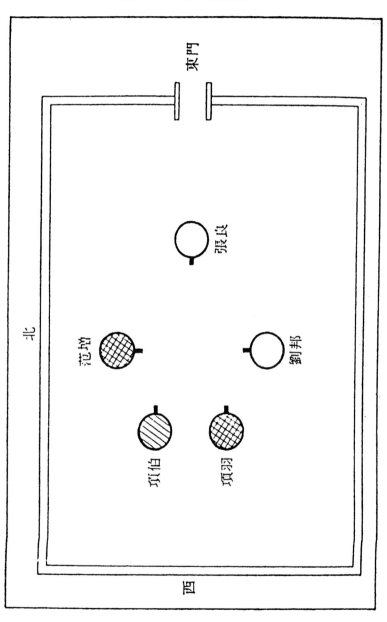

此圖引自，《兵法項羽對劉邦》，台北：將門文物出版公司，1989，頁59。

附圖八　彭城之役（西元前 205 年 4 月）項羽集團從齊地回師擊敗劉邦集團路線圖

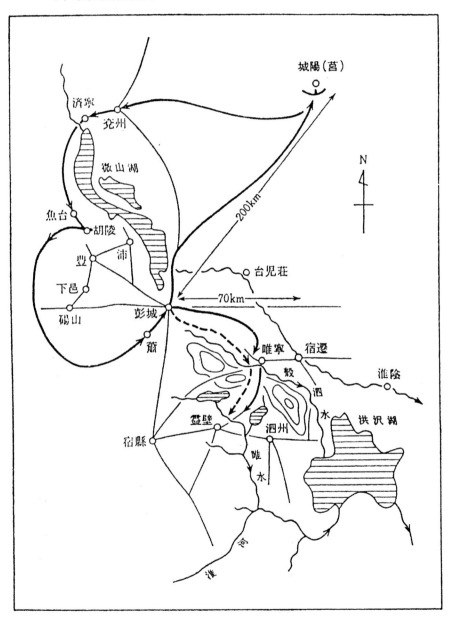

此圖引自，《兵法項羽對劉邦》，台北：將門文物出版公司，1989，頁 96。

附圖九　彭越、劉賈騎兵襲擊項羽集團後方圖

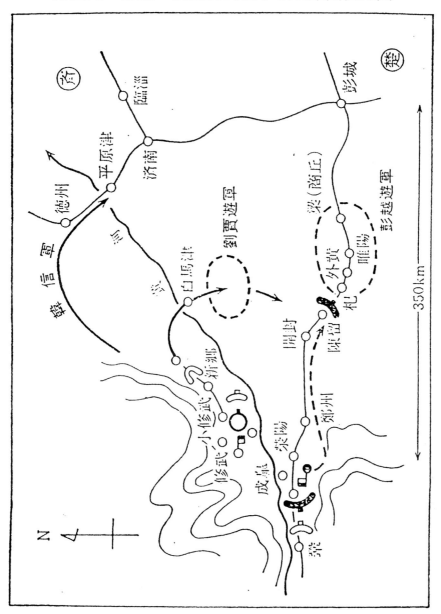

此圖引自，《兵法項羽對劉邦》，台北：將門文物出版公司，1989，頁 135。

附圖十　劉邦集團三面包圍項羽集團戰略圖

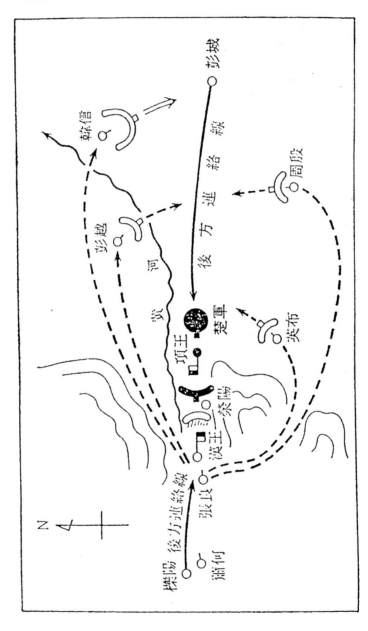

此圖引自，《兵法項羽對劉邦》，台北：將門文物出版公司，1989，頁169。

附圖十一　項羽集團敗逃路線圖

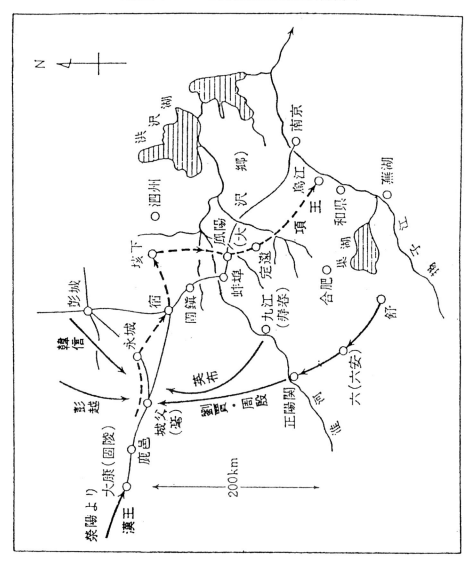

此圖引自,《兵法項羽對劉邦》,台北:將門文物出版公司,1989,頁 162。

附圖十二　陳下之戰亦即所謂垓下之戰示意圖

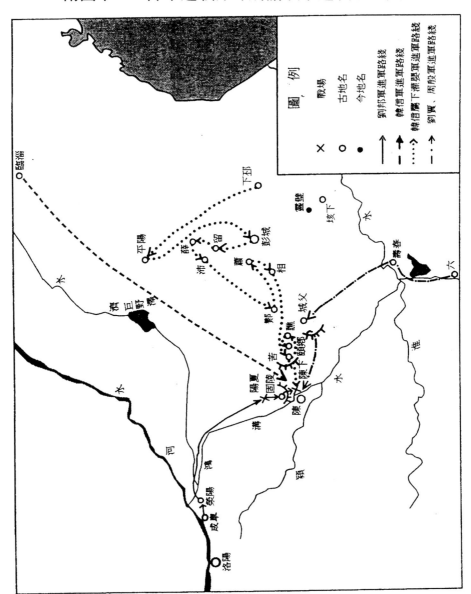

此圖引自辛德勇，〈論所謂垓下之戰應正名爲陳下之戰〉，北京：《中國社會科學院歷史研究所學刊》，第 1 集，2001，頁 84。

附圖十三　楚漢垓下決戰態勢圖

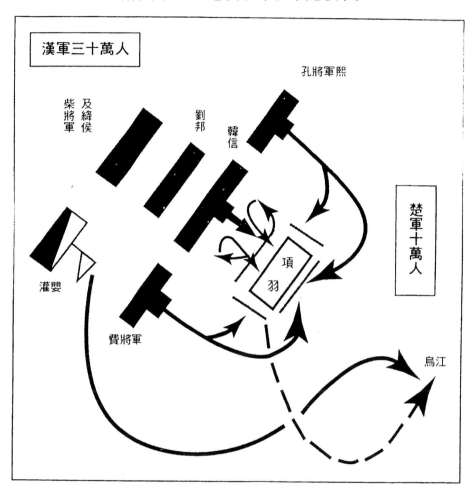

此圖引自鈕先鍾《中國歷史中的決定性會戰》，台北：麥田出版社，2001，頁172。

附圖十四　鉅鹿之戰圖

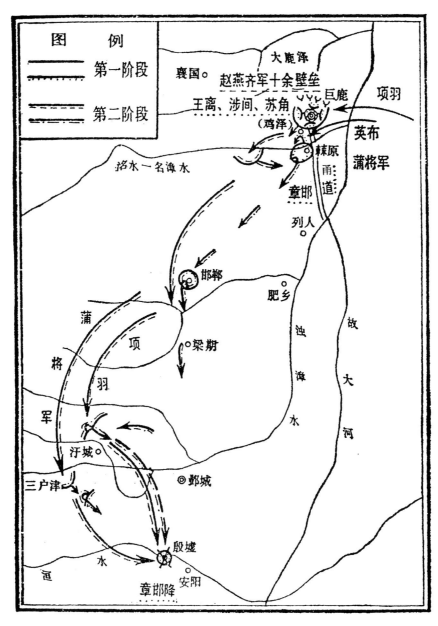

此圖引自《中國軍事史》，第二卷，兵略上，北京：解放軍出版社，1986，頁
195。

附圖十五　項羽分封十八王圖

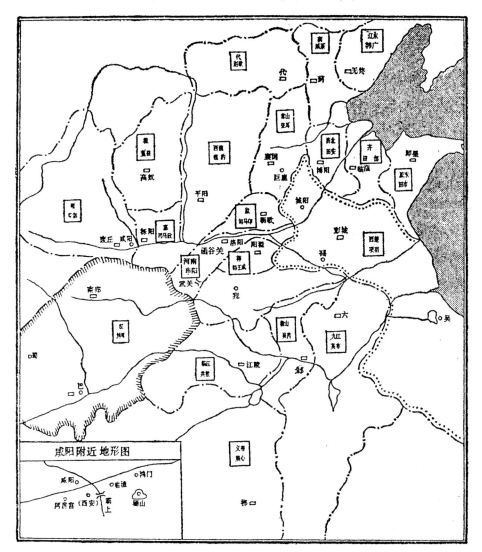

此圖引自《中國軍事史》，第二卷，兵略上，北京：解放軍出版社，1986，頁208。

附圖十六　楚漢戰爭圖

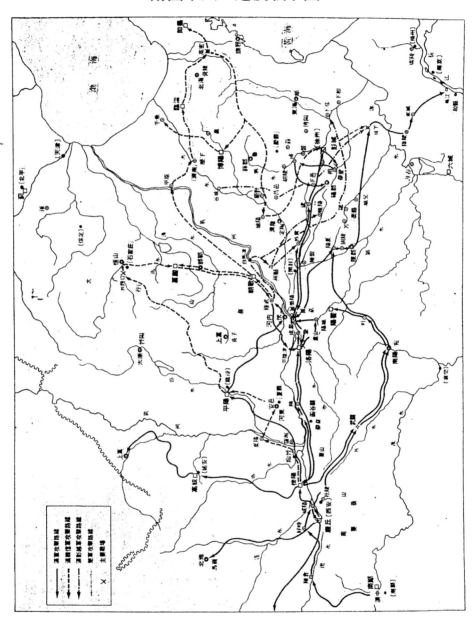

此圖引自《文化中國之旅全集》，第二冊，歷史人物之旅，台北：華嚴出版社，
1987，頁 220。

附圖十五　項羽分封十八王圖

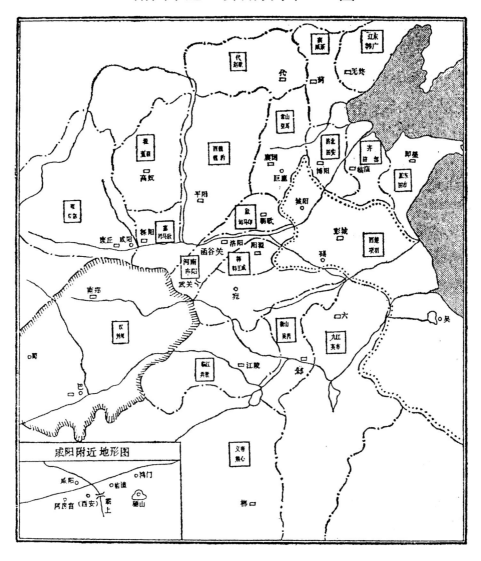

此圖引自《中國軍事史》，第二卷，兵略上，北京：解放軍出版社，1986，頁208。

附圖十六 楚漢戰爭圖

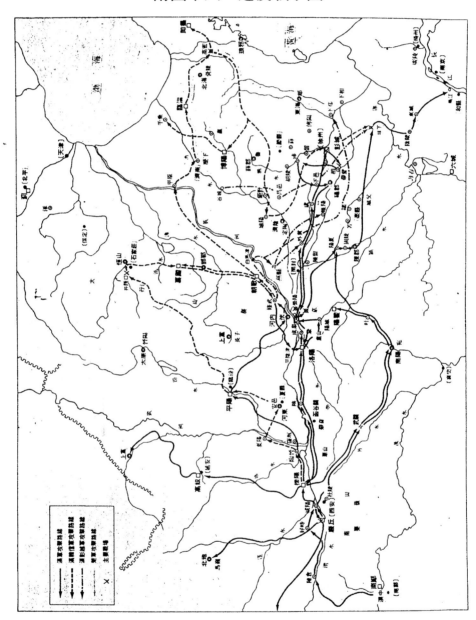

此圖引自《文化中國之旅全集》，第二冊，歷史人物之旅，台北：華嚴出版社，
1987，頁 220。